I0661630

Joseph Bender

Geschichte der philosophischen und theologischen Studien in Ermland :

Festschrift des Königl. Lyceums Hosianum zu Braunsberg zu seiner fünfzigjährigen Jubelfeier, sowie zur Erinnerung an das vierhundertjährige Bestehen der Hosianischen Anstalten

Joseph Bender

Geschichte der philosophischen und theologischen Studien in Ermland :
Festschrift des Königl. Lyceums Hosianum zu Braunsberg zu seiner fünfzigjährigen Jubelfeier, sowie zur Erinnerung an das vierhundertjährige Bestehen der Hosianischen Anstalten

ISBN/EAN: 9783741158551

Hergestellt in Europa, USA, Kanada, Australien, Japan

Cover: Foto ©Andreas Hilbeck / pixelio.de

Manufactured and distributed by brebook publishing software
(www.brebook.com)

Joseph Bender

Geschichte der philosophischen und theologischen Studien in Ermland :

GESCHICHTE
DER PHILOSOPHISCHEN UND THEOLOGISCHEN STUDIEN IN ERMLAND.

FESTSCHRIFT

DES

KOENIGL. LYCEUM HOSIANUM ZU BRAUNSBERG

ZU SEINER FUENFZIGJAEHRIGEN JUBELFEIER

SOWIE ZUR ERINNERUNG AN DAS DREIHUNDERTJAEHRIGE BESTEHEN DER HOSIANISCHEN ANSTALTEN UEBERHAUPT.

HERAUSGEGEBEN

VON

PROFESSOR DR. JOS. BENDER.

Geschichte
des ermländischen höhern Unterrichtswesens im Allgemeinen und des königlichen Lyceï Hosiani zu Braunsberg im Besondern.

I.

Einleitende Andeutungen über die kulturhistorische Stellung Preussens im Allgemeinen und Ermlands im Besondern. Ueber Bildungsmittel, Gelehrsamkeit, Unterrichtswesen in früherer Zeit. Ringen nach einer eigentlichen Hochschule.

Die Gründung des deutschen Ordensstaates in Preussen war eine grosse Idee und eine noch grössere That des im übrigen Europa schon wankenden Ritterthums. Die Idee hatte Hermann von Salza, geschult an den Höfen der Grossen, ein Vermittler zwischen Kaiserthum und Kirche, gefasst; die Ausführung, die Erreichung des Zieles, war das Ergebniss eines fünfzigjährigen Kampfes des Deutschthums gegen das hinwelkende heidnische Preussenthum. So wurden die Marken des deutschen Vaterlandes weit nach Osten und Nordosten vorgerückt; durch die deutschen Waffen, noch mehr durch das Hinausströmen des deutschen Geistes entstand in diesen baltischen Landesräumen ein neues verjüngtes Deutschland, wurde ein Bollwerk der mitteleuropäischen Kultur gegründet, ein Ausgangspunkt zur Bezwingung, zur Bildung der rohern Nachbarn gewonnen. Es bedurfte des streng organisirten Militairstaates der deutschen Ordensritter, um den zähen Widerstand der erbitterten Altpreussen zu brechen, um das Land nicht nur zu erobern und zu augenblicklichen Zwecken der Sieger auszubeuten, sondern um es auch zu dem zu machen, was es geworden ist, ein deutscher Staat im vollsten Sinne des Wortes. Deshalb wurde der volle Strom des deutschen Bürgerthums nach Preussen gelenkt. Von dem Kerne deutscher Gesittung in Städten und Ordensburgen, in Klöstern und an den Bischofssitzen verbreitete sich das Deutschthum allmälig über das ganze Land. Es entstand nicht wie in andern Kolonialländern, namentlich wie in Liefland, eine blosse Herrschaft der Sieger als der Herren über Besiegte, nicht eine blosse Vermischung der Deutschen mit den Preussen, sondern es vollzog sich eine gänzliche Umwandlung der alten Bewohner in Deutsche, eine Germanisirung im vollsten Sinne des

Worten. Indem Preussen aus allen Theilen Deutschlands seine reichen physischen und geistigen Kräfte bezog, wurde es um so mehr ein frischer Boden, auf dem sich alle Güter der deutschen Kultur ausbreiten und jugendlich gedeihen konnten. So war es, so lange der Orden seiner hohen Aufgabe sich bewusst war, so lange seine weltliche Staatskunst nicht den Gedanken gänzlich ertödtete, den er als geistliche Genossenschaft aus der Kirche, der ersten, wenn nicht der einzigen, Kulturmacht des Mittelalters, empfangen hatte. Unter Winrich von Kniprode hatte der Ordensstaat seinen Höhepunkt erreicht; ein wenn auch politisch zweifelhaftes Glied des deutschen Reichskörpers, so doch kulturhistorisch von Deutschland untrennbar.

Da der deutsche Ordensstaat bei aller straffen Organisation des Ordens selbst nicht ein starrer Einheitsstaat war, sondern ähnlich wie das vielstaatige Deutschland, durch die Sonderstellung seiner Bisthümer und durch die Zugehörigkeit seiner grössern Städte zum Hansabunde in sich mehrfach gegliedert war, so war damit auch eine Vervielfältigung der Kulturstätten gegeben. Jedoch die langwierigen blutigen Kriege, die der Orden zu führen hatte, innerer Zwiespalt mit den ihm fremd bleibenden Landesbewohnern waren dem fröhlichen Gedeihen einer höhern Geisteskultur nicht günstig, zumal sein Streben zunächst und vornehmlich auf Hebung der materiellen Wohlfahrt gerichtet war. Was von Seiten des Ordens für Wissenschaft und Gelehrsamkeit geschah, bezog sich auf die nothwendige Bildung der Ordensbrüder und auf die unmittelbaren Bedürfnisse des Staates und der Kirche. Der Orden war dem gelehrten Mönchthume, wie es durch die Benediktiner vertreten war, nicht hold; diejenigen Klöster, welche die willigfrohe Armuth als Tugend umfassten, die Dominikaner und Franziskaner, waren wenigstens Anfangs in Preussen zunächst mehr darauf bedacht, der heidnischen Bevölkerung das Kreuz zu predigen, als eine Pflanzstätte von Gelehrsamkeit und Wissenschaft überhaupt zu sein [1]. Vornehmlich blieb die Aufgabe, höhere Bildung zu verbreiten, den Landesbischöfen und Kapiteln [2]) vorbehalten, die sie nach Kräften zu lösen

---

[1]) Jedoch ist es nicht zu bezweifeln, dass auch in Preussen ihre Schulen nicht blos die Bildung der eignen Ordensbrüder bezweckten, sondern dass sie auch über ihren eigenen Kreis hinaus für Verbreitung einer höhern Bildung mittelbar und unmittelbar thätig waren. Dies bezeugt der letzte Minoritenkustos Preussens Johann Rollau zu Danzig in einer Urkunde von 1560, indem er sagt, dass „vor Alters, ehe und zuvor Universitäten aufgerichtet, die Klöster anstatt der Universitäten und Zuchtschulen gewesen." S. Hirsch, Gesch. des akad. Gymnas. in Danzig; Programm 1837 S. 60. Wie hätten auch die Orden, die einen Thomas von Aquin und einen Duns Scotus zu ihren Mitgliedern zählten, sich in Preussen der Pflege der Wissenschaften entziehen können! — Die Schule der Benediktiner, von welcher Dusburg 3, 346 und die Urkunden in Voigt's Cod. Prus. 2, S. 137, 140, 141, 152 Andeutungen geben, da sie über das Jahr 1323 von den wilden Litauern bereitete schreckliche Verhängniss berichten, lag schon ausserhalb Preussens im Dobrinerlande in der Diöcese Plock. Vgl. Töppens Anmerk. zu Dusburg und Beckmann, Ind. Lect. 1857/58 S. 5.

[2]) Während wir unter den Ordensbeamten keinen erwähnt finden, dem das Schul- und Unterrichtswesen besonders obgelegen hätte, haben wir in allen preussischen Domkapiteln

besucht waren, während auch der Orden seit dem Hochmeister Winrich von Kniprode in gleicher Richtung thätig war. Unter ihm entwickelte sich zwar eine seltene Blüthe der bildenden Künste, in ihren grossartigen Denkmälern der weltlichen und kirchlichen Baukunst noch jetzt den Gedanken des vom Orden mit dem Schwerte vertheidigten Kreuzes verkündend, aber die freiern Künste hielten mit dieser plastischen Kultur nicht gleichen Schritt. Abgesehen von den Volksschulen waren in den an der See und um die Hauptordenshäuser entstandenen Städten, an den Kathedralen und in den Bischofsitzen gehobene Schulen entstanden, die überall in Winrich's Zeitalter einen höhern Aufschwung nahmen. Manche städtische Schulen hatten frühzeitig einen guten Ruf. Die eigentlichen höhern Studien aber hatten in Preussen nur insofern einen Platz, als Kirche und Staat ihren künftigen Dienern die Gelegenheit zur Erwerbung derjenigen Kenntnisse darboten, die zu ihrem Berufe nothwendig waren. Während die Geistlichen an den Schulen der Domkapitel oder vielleicht auch in den Klöstern und, wie erzählt wird, bei dem schon erprobten Klerus ihre Vorbereitung erhielten, hatte auch Winrich an **seinem Hofe** *) **Theologen**, um die Ordensbrüder zu instruiren, und hielt eine Art von

---

schon in frühern Zeiten ein zu den Prälaten gehöriges Mitglied, den **Scholasticus**, der die Domschule zu leiten hatte. In **Ermland** wurde die Dignität des Scholasticus schon 1260 urkundlich gestiftet; Scholastiker waren: Volquinus 1297, Bertholdus 1309 u. 1317; Johann Gles 1343, ermländischer Domherr, keine Scholasticus von Bezeln. S. Cod. Warm., Wölky, Script. Warm. p. 7, 341. C. W. 2, 31. Unter dem Scholasticus stand der Rektor der Domschule und seine Socii, wie unter dem Cantor der Succentor. Rektoren: 1323 der Rektor mit dem Succentor erwähnt, Cod. Warm. 1, 335; Wölky l. c. 313; Rektoren: Matthias von Reddin 1428; Heinrich Sander 1445, ibid. 347. — In **Pomesanien** Scholastiker: Hinricus de Byrgelow 1323, M. Johannes 1343, Dymarus v. Garnsee 1371, Johannes Lobloch de Thorn 1389, Heyricus Paler 1393, M. Petrus Gdanczk 1409. Daneben und unter ihnen der Rektor, so Christian Czelaw rector scholarium in ecclesia Pomezaniensi um 1404, und die Lehrer. S. Voigt, C. Pr. 2, 135; 3, 64; 4, 91; 5, 17 und 64; Hipler, Joh. Marienwerder in Zeitschr. für Erml. 3, 169, 311, 290, 290. — In **Culm**: *Johannes scholasticus*. Voigt C. Pr. 2, 175. — In **Samland**: Her Rudiger der Scholasticus 1340. Cod. Warm. Reg. 163; dominus Petrus Scholasticus 1332. C. Warm. 2, 339. — Was den Orden betrifft, so finden wir, dass die Besetzung der Schule in der Ordensstadt Mühlhausen sich der Hochmeister 1338 selbst vorbehielt. Voigt, C. Pr. 3, 21. Die Schule der Hauptordensstadt Marienburg stand unter dem Grosskomthur; er hatte die Aufsicht, Anordnung des Unterrichts und die Anstellung der Lehrer. Voigt, Gesch. Marienburgs S. 290. Vgl. das Programm des Gymnas. zu Marienburg von 1864. S. 6 ff.

*) Für den Glanz seines *Hofes* wird von Pisanski (Preuss. Litterärgesch. I. 14) eine Stelle aus Weissel (Chronica S. 121) angeführt: „Zu der Zeit sagten viel *Leute*, dass sie in keinem Lande soviel weise, verständige, gelahrte und rechtserfahrene *Leute* gesehen, als im Orden zu *Preussen*; derohalben viel Herren, Ritter und Knechte begehreten den Orden zu sehen, und kamen mit Macht in Preussen." Zu den Herren, die kamen, den Orden zu sehen, gehört auch König Kasimir von Polen, der 1366 den Hochmeister in Marienburg besuchte, um, wie Dlugoss (hist. Polon. 1, 1131) sagt, ordinem et politiam Cruciferorum speculaturus. Vgl. Joh. v. Posilge (in Scr. R. Pr. 3, 86): Kasmirus was da des meisters gast. Conrad Bitschin ebend. S. 479 und die Anmerkk. der Herausgeber.

Rechtsschule für seine künftigen Beamten [*]. Aber immer fühlbarer wurde das Bedürfniss nach einer Hochschule, woselbst die begabte preussische Jugend für ihren Wissensdrang Genüge finden konnte. Zunächst strömten sie hinaus, um ausserhalb der engen Grenzen des Vaterlandes ihre Studien zu machen. Vornehmlich war die seit 1348 gestiftete prager Universität ihr Zielpunkt. Die prager Universität, von Anfang an getheilt zwischen Slaven und Deutschen, wurde bald der Schauplatz nationaler Stürme, wodurch schliesslich alles verloren ging, was sie von deutschen Elementen besessen hatte. Schon 1385 war der Sieg des Czechenthumes entschieden. Da reifte in der Seele des Hochmeisters Zölner von Rotenstein, welcher sich des deutschen Berufes seines Ordens wohl bewusst und gewiss auch von dem Wetteifer ergriffen war, der alsbald allgemein in Deutschland zur Stiftung von Universitäten hindrängte, der Plan, für Preussen eine eigene Landesuniversität an der Grenzwarte des deutschen Wesens, in Culm, zu errichten, woselbst nach dem Vorbilde der Schule von Bologna besonders die theologischen und juridischen Wissenschaften

---

*) Winrich hatte bestimmt, dass in jedem Ordenskonvente zwei gelehrte Ordensbrüder, der eine in der Gottesgelahrtheit, der andere im Rechte unterrichtet sein sollte; dass, wie Lukas David 7, 37 sagt, „zum wenigsten 2 gelerte Männer, ein Theologus und Jurist bestellt und ehrlich unterhalten werden, die den Brüdern täglich lesen und sie erforderst in Gottes Sachen und auch in weltlichen Händeln beraten und unterrichteten." Die Pflanzschule aber sollte das Haupthaus Marienburg sein. Wie Winrich sich überhaupt die Verbesserung des Gerichtswesens angelegen sein liess, so berief er aus Deutschland und Italien Gelehrte, besonders Rechtsgelehrte, an seinen Hof. Somit entstand in Marienburg eine Art Rechtsschule. Diese Männer sollten nicht nur unterrichten, sondern auch in vorkommenden Fällen, die geistlichen und weltlichen Rechte betreffend, Urtheile abfassen. Nach Schütz hist. pruss. Bl. 78 errichtete Winrich zu Marienburg ein Consistorium von rechtserfahrenen Leuten, „die von allen sachen, und zweiffelhafftigen fällen, im Lande urtheil finden und geben, was sich zu geistlichem und Weltlichem Recht gebühret;" worin Voigt eine Art von hohem Gerichtshofe erkennt. Diese Juristen bekamen einen solchen Ruf, dass von auswärts Rechtshändel nach Preussen zur Entscheidung geschickt wurden. Vgl. Pisanski S. 15; Voigt, Gesch. Marienb. S. 168 ff.; Gesch. Pr. 5, 100 ff. Der bekannte pomes. Bischof Johannes Rymann (1410—1417) war als Ordensjurista seit 1390 von dem bedeutendsten Einfluss am hochmeisterlichen Hofe. Aber schon vor Winrich (1351—1382) begegnen uns die gelehrten Juristen unter den Ordensbrüdern, so unter den Zeugen der Stiftungsurkunde des samländ. Domkapitels von 1285 (Gebser, Gesch. d. Domkirche zu Königsberg, S. 47): Frater Henricus doctor decretorum; Magister Hyldebrandus iuris peritus. Im Jahre 1339 finden wir in Elbing im Gefolge des Hochmeisters den bruder Paulus eyn meister von Rechte C. Warm. 1, 488. — So wenig es im Allgemeinen bei den Ordensbrüdern auf gelehrte Studien ankam („die ungelehrten Brüder sollen im Orden ohne Urlaub nicht lernen; die gelehrten aber mögen das Gelernte üben, wenn sie wollen" heisst es in den Ordensgesetzen; zur Aufnahme in den Orden gehörte, dass Einer das Paternoster, das Avemaria und den Glauben wusste), so gab es doch, wie überall bei den preuss. Stiftern, auch in den Konventen Hausschüler, freilich, wie es scheint, zunächst zum Dienste des Ordenskaplanes, der den Gottesdienst versah. Jedoch schickte der Hochmeister, ebenso wie die Bischöfe und Domkapitel, auch talentvolle Jünglinge auf auswärtige hohe Schulen (Bologna, Pavia, Wien, Leipzig, Krakau), um im geistlichen und weltlichen Rechte ihre Studien zu machen. S. Voigt, Gesch. Marienb. S. 379; Gesch. Pr. 6, 486, 494.

betrieben werden sollten. Leider kam sie nicht in des Hochmeisters Sinne und nach der Absicht Urban's VI., die dieser Papst in der Stiftungsurkunde vom 9. Februar 1387 ausspricht, zu Stande. Nur als schwacher Nachhall begegnet uns wieder 1406 die unsichere Notiz, dass Papst Innocenz VII. die Akademie in Culm abermals bestätigt habe (Voigt Gesch. Pr. V. 495), und die Nachricht aus Godfr. Zamelius Msc. de scholarum illustrium in Borussia initiis incrementis et vicissitudinibus von Arnoldt in seiner Historie der königsberger Universität (1, 6) gegebene Notiz, dass 1440 den Culmern verwilligt worden, die zur Zeit des baselschen Concilii gesammelten Ablassgelder, die der Hochmeister wegen der damaligen Spaltung in der Kirche nicht aus dem Lande lassen wollte, an die culmische Schule zu verwenden. Auf jeden Fall lebte nicht nur die Ueberlieferung an die einst beabsichtigte hohe Bedeutung dieser Schule, sondern die später oft wiederholten Versuche, die Schule wieder zu heben, sie zu einer allgemeinen preussischen Landesschule zu machen, recurriren auf die erste Gründung, sowie auf die zu einer höhern Schule in Culm 1472 ausgesetzten Güter. Spätere Urkunden nennen die Schule Academia Culmensis filia Bononiensis nach dem Ausdrucke der Urkunde von 1387: studium generale ad instar studii Bononiensis. Die ferneren Nachrichten handeln stets von Ansätzen und Versuchen, die immer wieder sinkende Anstalt zu heben.

Unter den Kathedralschulen haben wir namentlich noch aus dem 15. Jahrhundert Kunde von dem Bestehen der in Frauenburg, sowie von der Schule für eingeborne Preussen in Heilsberg *). Sonst waren, da die Absicht der culmer Universität gescheitert war, die höhere Studien verfolgenden Jünglinge aus den preussischen Landen auf die ausländischen Universitäten angewiesen, die auch sehr zahlreich besucht wurden.

Der für Preussen so unglückselige 13jährige Krieg von 1454—1466 hat nicht nur sein materielles Wohl für lange Zeit vernichtet, sondern auch alle geistigen Blüthen abgestreift. Die allgemeine Zerrüttung führte das Land wieder hinter den Kulturzustand des 14. Jahrhunderts zurück. Die früheren Schulen waren untergegangen, auch die frauenburger Domschule; ähnlich war es in den Ordensgebieten.

Wenn für Preussen überhaupt, so ist für Ermland besonders der Abschluss jenes inneren Krieges, der thorner Friede von 1466, verhängnissvoll geworden. Er bereitete das mit der Kirchentrennung vollendete Ausscheiden Ermlands aus dem bisherigen innigen Verbande mit dem übrigen Preussenlande und seine künftige Sonderstellung innerhalb desselben vor. Zwar war dieselbe schon vom ersten Bischof Anselm grundgelegt, indem er es verhindert hatte, dass Ermland nicht wie die übrigen Bisthümer ein Ordensbisthum geworden war, dadurch dass der Stuhl und das Kapitel von Ermland allein stets mit Weltpriestern besetzt wurden; zwar hatte der

*) In Betreff der Geschichte des ermländischen Schul- und Unterrichtswesens verweisen wir ein für allemal auch auf die Abhandlung von Beckmann de rei scholasticae in Warmia origine ac progressu in den Indices Lect. Lyc. Hos. von 1857 u. 1858.

Orden es nie an Versuchen fehlen lassen, seinen Einfluss auf Ermland bald auf diesem, bald auf jenem Wege geltend zu machen: immer aber waren die Bischöfe deutsch gewesen und hatten nach Aussen hin mit dem Orden eine deutsche Politik verfolgt. Noch während jenes verwüstenden Krieges hatte, wie früher Bischof Franz (Kuhschmalz, 1424 bis 1457), so Bischof Paul (von Legendorf, 1458—1467), Anfangs neutral, im Kampfe gegen die Polen zum Hochmeister gestanden, zuletzt aber erkannt, dass nur durch Anschliessen an die Uebermacht Polen die Selbstständigkeit des Landes gerettet werden könnte.

Der petrikauer Vertrag von 1512 knüpfte Ermland fester an die Krone Polens. So war Ermland unter polnische Oberhoheit gekommen, ein Umstand, worin, nach menschlichem Urtheile, ein Hauptgrund liegt, dass Ermland den alten Glauben behielt, und dadurch einen neuen Beruf unter den Ostseeländern bekam. Wenn auch Culm zu den Ordensbisthümern gehörte (obgleich hier keineswegs alle früheren Bischöfe Ordenspriester waren), so hörte dies Verhältniss mit dem thorner Frieden[6]) auf, um so mehr, da dieses Land noch unmittelbarer nach Lage und Bevölkerung mit Polen zusammenhing, als das entferntere deutsche Ermland. Seit der Zeit und aus diesen Gründen finden wir Ermland und Culm einander näher gebracht und zu dem gleichen Zwecke, der Erhaltung des Katholicismus unter den ähnlichen Umständen (beide standen unter der Krone Polens) vielfach zusammenhandeln. Das geschah namentlich in der Zwischenzeit vom thorner Frieden bis zu der in Folge der Kirchentrennung geschehenen Berufung der Jesuiten auf dem Gebiete, das wir hier vorzugsweise im Auge halten.

Unter Vincenz Kielbassa, Bischof von Culm (1466—1479, einem Manne „von guter deutscher Zunge", S. Voigt, Gesch. Pr. 8, 685), nahm das höhere Schulwesen in seinem Lande wieder einen Aufschwung.

Die alte Schule von Culm, über die uns alle nähern Nachrichten abgehen, war in den kriegerischen Unruhen untergegangen. Die Bürgerschaft von Culm war es, welche den Anstoss gab, wieder eine höhere Schule, zwar nicht ein studium generale, so doch ein studium particulare zu errichten. Es sollte den Brüdern des gemeinschaftlichen Lebens

---

6) Das (öfters gedruckte) thorner Friedensinstrument setzte die Schicksale der preuss. Bisthümer definitiv fest. Episcopatus et ecclesia Sambiensis sub ditione Domini Magistri et Ordinis sui perpetuo consistat et remanebit. — Culm, worüber Bartholom. (seit 1457) der letzte Ordensbischof gewesen, wird dem poln. Erzbisthume Gnesen untergeordnet und aus einem Regularbisthum (Ordensbisthum) in ein Säkularbisthum umgewandelt unter der Oberherrschaft und dem Schutze Polens. Der vom Könige nominirte Bischof von Culm Vincenz Kielbassa soll Pomesanien auf Lebenszeit administriren. Seine Eigenschaft als Regularbisthum bleibt vorbehalten. Nach Vincenz Tode soll es wieder unter des Königs Schutze ein Ordensbisthum sein. — Ermland soll in Regis et Regni Poloniae ditione, subjectione et protectione consistat. Auf diese 3 Rechte und alle andern etwaigen Rechte verzichtet der Hochmeister zu Gunsten des Königs. (Der König erhielt also über Ermland nicht mehr und nicht weniger Rechte, als der Hochmeister gehabt.)

übergeben werden. 1472 am Aegidiitage gab Bischof Vincenz die vorläufige Concession zur Gründung der Schule und bald darauf erfolgte die erste Dotation Seitens der Stadt; unter dem 4. August 1473 gab der Bischof die Genehmigung, worauf denn die endgültige Dotation der schola culmensis 1489 erfolgte [1]. Dass in gleicher Zeit Nicolaus von Tüngen, Bischof von Ermland, auf Wiedererrichtung der ebenfalls während des 13jährigen Krieges wie es scheint ganz eingegangenen Kathedralschule bedacht war, zeigt dessen Testament vom 30. Januar 1489 [2].

Was damals Bischof Nicolaus (1467—1489) intendirte, kam nicht zur Ausführung; aber sein Nachfolger Lucas Watzelrode (1489—1512) suchte nicht nur eine Schule, eine Tochter der damaligen culmer, in Frauenburg zu errichten, sondern sein Geist strebte, der Zeitforderung Rechnung tragend, höher, strebte nach Gründung einer Universität innerhalb seiner Diöcese. Eine Universität, noch vor der religiösen Spaltung Preussens gestiftet, hätte in Verwirklichung ihres universalen Charakters anscheinend vielleicht die Geister noch im letzten Momente zusammen zu halten vermocht. Aber die Verhältnisse im Lande waren damals schon zu bedenklich geworden; überall keimte der Samen der Unzufriedenheit. Der Wetteifer der beiden durch gemeinsames Interesse verbundenen Bischöfe von Culm und Ermland scheiterte noch vor den Zeiten der eindringenden Kirchenneuerung an dem Zwiespalte, der schon seit dem thorner Frieden die gemeinsamen Interessen Preussens auseinandergerissen

---

[1]) Die Nachrichten über die culmer Schule finden sich zerstreut in verschiedenen Werken, die meistens bei Voigt, Gesch. Pr. 5, 493 ff. citirt sind. Der Rektor Köhler der höhern Bürger- und Stadtschule in Culm hat die Geschichte der Schule in den Programmen seiner Anstalt von 1853 und 1855 geliefert und in letzterem die bezüglichen Urkunden mitgetheilt und wiederholt in Preuss. Prov. Bl. 1856. 1. S. 111 ff. Dahin gehört auch das culmer Gymnas. Prog. von Łożyński von 1857. Köhler's Arbeit und einen Aufsatz von Łożyński in der Zeitschrift Orędownik von 1843 hat Łukaszewicz in seiner Historya szkół w koronie i w wielkiem księstwie Litewskiem (Posen 1849 I. p. 36 und 1851 III. S. 373—416) seiner Kolonia akademicka w Chełmnie zu Grunde gelegt und hinzugefügt: Consensus Academici pro R. R. Dnis Academiae Culmensis Professoribus und die Leges studiosorum Academiae Culmensis, filiae Cracoviensis. Die falsche Jahreszahl 1449 statt 1473 bei Köhler ist auch in Łukaszewicz übergegangen. Obgleich 1473 die Priesterbrüder Johannes Westerwald und Gerardus Coesvelt ex domo clericorum de Zwollis (Zwolle) beim Bischof Vincenz in Riesenburg nach der Urkunde dieses Jahres gegenwärtig waren, so lässt doch Simon Grunau erst im Jahr 1479 einige Ordensgeistliche aus Zwolle und Deventer aus dem Orden der Cutullen oder Lollharden (ein Schimpfname für diese verdienten fratres communis vitae) nach Culm berufen werden, dass sie da eine Universität aufrichten sollten. „Aber das vermochten sie nicht, weil keine Zinsen dazu da waren." Darauf haben sie die dortige Schule eine Zeitlang geleitet, indem sie die sieben freien Künste, besonders Philosophie, an derselben lehrten, und sie erlangte eine solche Blüthe, dass ihr, wie Grunau meldet, damals keine andere Anstalt gleich kam u. s. w. S. Hirsch, Gesch. des akadem. Gymnas. zu Danzig, Programm von 1837 S. 2.

[2]) Es heisst darin: Item pro scola apud ecclesiam cathedralem construenda et instauranda et pro refectione et vestitu pauperum scolarium legavit centum et XX marcas bonas. S. Beckmann Ind. Lect. 1861 p. 9.

hatte, wenn auch nicht der Wohlstand des Landes im Allgemeinen so sehr gesunken gewesen wäre.

Als die culmer Stadtgemeinde für die Subsistenz der Schule der Brüder des gemeinsamen Lebens nicht hinreichend aufkam, nahmen sich die Bischöfe derselben an, was um so mehr mit der Zeit geschah, als die Stadt Culm in den Besitz des Bischofs übergegangen war (1505). Kurz vorher, im Jahre 1501, berief Lucas Watzelrode die culmer Brüder (fratres de Culmen), um in Frauenburg eine Schule einzurichten. Sie erschienen vor dem ermländischen Domkapitel und baten, ihnen zur Errichtung der Schule (pro scola erigenda) einen Platz und den nöthigen Unterhalt anzuweisen; der Platz wurde bewilligt, aber das Kapitel erklärte urkundlich sein Unvermögen, für den Unterhalt des Rector scolarum und seiner Collaboratoren aufkommen zu können [9]).

So scheiterte das schöne Vorhaben an der Ungunst der Zeiten, keineswegs aber an dem guten Rufe der Schulbrüder. Das ersehen wir aus dem im Jahre 1508 von den Ständen des polnischen Preussens gemachten Vorschlage, in Elbing eine Provinzialschule zu errichten und dafür ebenfalls die Schulbrüder (sie werden hier Lolharden genannt) zu berufen. Auch dieser Plan kam nicht zur Ausführung [10]). Aber Bischof Lucas war noch nicht ermüdet in seinem Streben für die gute Sache. Wie einst Conrad Zölner v. Rotenstein, suchte er im folgenden Jahre nach dem misglückten Versuche, eine preussische Provinzialschule in Elbing zu gründen, 1509, den grossartigen Plan zu verwirklichen, in Preussen eine Universität zu gründen. Elbing, die bedeutendste Stadt seiner Diöcese, sollte der Ort für das neue universale studium sein.

Seine Ueberweisung der Güter des verlassen stehenden Brigittenklosters in Elbing, die Zustimmung des Königs Sigismund von Polen, seine Berathung mit den preussischen Landständen und mit dem Rathe der Stadt Elbing, welche Stadt dadurch aus ihrer Gesunkenheit und Armuth sich hätte erheben können, führten leider wieder nicht zu dem grossartig gedachten Ziele. Elbing, erfüllt von Hass gegen des Bischofs wohlwollende Absichten, hintertrieb den Plan und zog es vor, das Kloster in kläglichem Maassstabe wieder herzustellen [11]).

Wir können bei dieser Gelegenheit die allgemeine Betrachtung nicht unterdrücken, wie die damaligen Bischöfe Preussens dem berechtigten Einflusse des Humanismus, welchem sich die Kirche als verschlossen

---

9) Die betreffende Urkunde ist abgedruckt bei Bachmann, Ind. Lect. 1859, p. 15.

10) Nach Zamelius Berichte. S. Arnoldt a. a. O. I, 9; Pisanski a. a. O. I, 20; Kramer, in Beitr. zur Kunde Pr. 5, 416; Hirsch a. a. O. S. 2.

11) S. die betreffende Urkunde bei Bachmann, l. c. p. 15. Es heisst darin unter andern: Cujus occasione Lucas Episcopus impetravit a Rege Sigismundo tres villas profanas pro ecclesia sua perpetuis temporibus: postea tamen cum consulatu Elbingensi et Consiliariis terrarum praestito communicatione habuit de constituendo universali studio in civitate Elbingensi etc.

hat, allseitig Bahn zu machen sich bestrebten [17]). Ungefähr zu derselben Zeit, da Lucas Watzelrode seine Stiftungen beabsichtigte, war ein anderer hervorragender Landesbischof, der gelehrte Hiob von Dobeneck von Pomesanien (1501—1521), zum Theil Watzelrode's Zeitgenosse, ein wahrer Mäcenas Prussorum, in ähnlicher Weise und zwar mit mehr Glück thätig. Mit grossen Kosten und trefflichen Einrichtungen gründete er in Riesenburg eine Schule, die nicht nur der Stadt und dem Bisthume, sondern auch dem ganzen Lande zum Nutzen und zur Zierde gereichte. Ausserdem stiftete er in derselben Stadt 1512 auch eine gelehrte Gesellschaft, welche die Pflege der Wissenschaften (der alten Sprachen, der Beredtsamkeit, Dichtkunst und Musik) zum Ziele hatte. Die Seele derselben war der an seinem Hofe weilende Eoban Hessus [18]), um den sich eine Schaar von Liebhabern der Wissenschaft sammelte. Unter den Mitgliedern der Gesellschaft war auch der damalige polnische Sekretär, spätere ermländische Bischof Johannes Dantiscus.

Der blutige Krieg von 1519 vernichtete auch diese schöne Geistesblüthe; Dobeneck's Tod 1521 machte seinen Schöpfungen vollends ein Ende.

Die culmer Schule (Gymnasium Culmense), welche unter dem M. Hieronymus Aurimontanus (aus Goldberg in Schlesien) Wildenberg, den Arnoldt a. a. O. S. 7 den letzten Rektor zu Culm nennt, im Anfange des

---

[17]) Wir brauchen, weil die Sache zu bekannt ist, unter den ermländischen Bischöfen vor Lucas nur an Aeneas Sylvius zu erinnern, und nach demselben nur Johannes Dantiscus und Tidemann Giese zu nennen, denen wir auch unsern Kopernikus anreihen, welcher zu Padua zu den Füssen des Humanisten Lazarus Bonamicus sass (qui tunc in Italia principatum in dicendo [illegible]; in ejusque se [illegible] [illegible]; v. Gassendi, vita Copern. p. 27.) Mit Recht rechnet Beckmann (erml. Zeitschr. 1, 8) als die ersten Humanisten Preussens die Brüder des gemeinsamen Lebens und Kopernicus, dessen Erzieher aber sein Oheim Lucas Watzelrode war, der eine besondere Vorliebe für jene Brüder hegte.

[18]) Dobeneck hatte den bekannten Humanisten Eobanus Hessus 1512 am Hoflager zu Krakau kennen gelernt, ihn an seinen Hof gezogen, zu seinem beständigen Begleiter und zum Genossen der Dicht- und Tonkunst gemacht; auch bediente er sich seiner in der Kanzlei, in Staatsgeschäften und Gesandtschaften. S. hierüber Pisanski, a. a. O. S. 26; 131. Helius Eobanus Hessus dedicirte seinem Gönner Job (principi pio et liberali domino suo et gratioso ita perpetuo observando) seine Heroidas Christianas (Leipzig 1514), in deren Vorrede fol. VI. b er sagt: Quid enim quod meum est tibi non debeatur? qui unicus es nostrorum studiorum liberalissimus Mecoenas, qui et ipse per literarum gradus ad tam sublime fastigium evectus literas ipsas ita amice suspicis, ita diligis, ita veneraris, ut earum vindicatorque hoc est literatis omnibus fautor, adjutor et patrocinator. Cujus rei praeclarissimum testimonium esse potest ludus ille litteratorius magnis impensis, majori cura, summa vero prudentia apud Risenburgum tuum paucis ante annis a te erectus et fundatus, quo non solum tuae ditionis ingeniis, sed et toti Prussiae optime consuluisti. Quum ergo [illegible] literarum celeberrimus [illegible], [illegible] quoque [illegible] [illegible] [illegible], ita ut post illustrissimum Principem Adalbertum Marchionem Brandenburgensem, Magnum Magistrum Prussiae, merito principem locum obtineas. Zu den Gelehrten, die von Job ihre Aufmunterung erhielten, gehört auch Erasmus Stella, der sein Büchlein de Borussiae antiquitatibus, wie er in der Vorrede (acta Boruss. 1, 104) sagt, nicht tam sua sponte, quam jussu [illegible] antistitis Jobi Pomesaniensis geschrieben hat.

16. Jahrhunderts (auf jeden Fall vor 1515, in welchem Jahre er Stadtphysikus in Thorn wurde) wieder einen Aufschwung genommen hatte (die von Wildenberg in usum Gymnasii Culmensis verfassten Bücher zeigen, dass damals in Culm die verschiedenen Zweige der Philosophie — philos. rationalis, naturalis, moralis — betrieben wurden) [14]), bedurfte eines Hebels, um nicht ganz ihrem drohenden Untergange entgegen zu gehen. Bischof Johannes Konopatzki (1508—1530) nahm sich mit warmem Interesse der Sache an. Wo er konnte, stellte er das Eigenthum der Schule sicher, so 1518. Von entscheidender Wichtigkeit war aber der Schritt, den er im folgenden Jahre that. Laut Urkunde (actum Culmen in domo canonicorum collegiatorum fer. V. post visitat. Mariae 1519; ungedruckt, im bischöfl. Arch. zu Pelplin) erhob Johannes die Pfarrkirche zu Culm zu einer Collegiatkirche, übergab dieselbe den Professoren des Partikulars daselbst, mit der Verpflichtung, die Schule weiter zu unterhalten, und wies denselben verschiedene Einkünfte und Rechte an. So waren die culmer Brüder des gemeinsamen Lebens in regulirte Canoniker verwandelt. Auch die Stände bezeigten ihre Theilnahme für die Schule, indem sie ihr 1525 die Güter wieder zuerkannten, die ihr durch den Magistrat entrissen worden waren. (Ungedruckt, im pelpl. Archiv.) Trotz alledem scheint bald nach dieser Zeit die Schule ganz untergegangen zu sein. Jene Zeiten, da Krieg und Pest und religiöse Zwietracht im Lande herrschten und überall fühlbarer Lehrermangel war, waren dem Aufblühen solcher Anstalten nicht günstig.

Aber trotz alledem verloren die katholischen Bischöfe nicht den Gedanken aus dem Auge, höhere Schulanstalten in der Heimath zu gründen. Dies Bedürfniss war um so dringender, als König Sigismund I. 1539, um die Berührung der Landeskinder mit der lutherischen Lehre zu verhüten, ein königliches Edikt erlassen hatte, dass Niemand seine Kinder in fremde Lande Studirens halber schicken solle, es sei denn, dass eine besondere königliche Erlaubniss ertheilt sei [15]).

Die wichtige Angelegenheit der Gründung oder Hebung einheimischer Anstalten schienen der König und auch die preussischen Landstände gleichmässig wie die Bischöfe am Herzen zu tragen. Aber die damaligen äussern Zeitverhältnisse waren es nicht allein, die hindernd im Wege standen; die Interessen der Betheiligten selbst, namentlich die Interessen der Bischöfe

---

[14]) Ueber den thorner Stadtphysikus Wildenberg (1515—1558, da er in einem Alter von 83 Jahren starb) s. Zernecke, Thornische Chronika S. 103. Auch in dieser Stellung bewahrte er sein Interesse für die culmer Schule, wie aus seinem Schriftwechsel mit Johann Dantiscus und Tidemann Giese hervorgeht. S. Lozyński, Programm des Gymnas. in Culm von 1857 S. 4, wo auch die betreffenden Büchertitel. Nach Pisanski S. 16 u. a. wäre er erst bis 1503 in Culm geblieben und nach Goldberg zurückgekehrt wegen der grossen Theuerung; fast alle Schüler hätten ihn dorthin begleitet. Diese Nachricht, auch bei Arnoldt a. a. O., beruht auf dem Msc. von Zamehl. Nach dem thorn. Festprogr. v. 1868 hätte er schon 1487 in Culm gelehrt.

[15]) S. Hartknoch, Kirchenhist. S. 1066; Lengnich, Gesch. der preuss. Lande seit 1526, S. 706. Ohne Zweifel war es besonders auf Wittenberg abgesehen.

und die der Stände und Städte gingen zu weit auseinander, um zu einem einträchtigen Ziele zu gelangen. Die Bischöfe von Ermland und Culm standen zu einander. So wie wir in dem Plane, in Frauenburg eine Kolonie der culmer Schule zu gründen, eine geistige Annäherung zwischen Culmerland und Ermland nicht verkennen können, so sehen wir auch ferner beide Diöcesen oder vielmehr deren Oberhirten gemeinschaftlich zu gleichem Ziele handeln. Ein inniges Band hatte sich dadurch von selbst geknüpft, dass mehre und zwar die bedeutendsten culmischen Bischöfe, ein Johannes Dantiscus, den wir auch an Dobeneck's Seite als Freund der Musen sahen, Tidemann Giese, zuletzt Stanislaus Hosius, von dem Stuhle Culms auf den ermländischen übergingen. — Es mochte sich die nahe liegende und gewiss berechtigte Ueberzeugung aufgedrungen haben, dass jedes der beiden Länder für sich zu klein und an Hülfsmitteln zu unbedeutend sei, um für sich allein etwas Gedeihliches zu gründen.

Die Stände des Landes schienen den Bestrebungen des Bischofs Joh. Dantiscus in Bezug auf die culmer Schule entgegen zu kommen. Auf dem Stanislai Landtage zu Marienwerder von 1530 trug, nach Lengnich's Gesch. der preuss. Lande seit 1526, S. 165, der culmer Bischof, damals noch Johannes Dantiscus, die Aufrichtung eines Gymnasiums zu Culm vor, welches mit tüchtigen Lehrern zu besetzen wäre, und ermahnte zur Unterstützung dieses sehr nützlichen Werkes, wozu er selbst jährlich 40 Mark erbot, welchem Beispiele die übrigen Anwesenden folgten. Aber schon in demselben Jahre 1536 legten die Elbinger ein Gymnasium an und setzten ihm als Rektor einen Anhänger der neuen Lehre, Wilhelm Gnapheus, vor. Der König wollte ihn alsbald gegen den Willen der Elbinger entfernen, aber auf Fürbitte der Danziger, „welche aus Mangel tüchtiger Schulen ihre Kinder nach Elbing schicken mussten", blieb er noch einige Zeit (bis 1541) [16].

Auf dem Stanislai Landtage zu Marienwerder von 1540, auf welchem die beiden Bischöfe von Culm und von Ermland (Tidemann Giese und Johannes Dantiscus) zugegen waren, kam die Schulfrage wieder zur Sprache. Es kam zum Vortrage: „welcher Gestalt des Schlechten Zustandes der Schulen überhaupt und des Verfalles der Culmischen insonderheit gedacht worden, so dass die Jugend zur Ausbesserung des Verstandes, und zur Erlernung freyer Künste schlechte Gelegenheit hätte: ausserdem da das neuliche königliche Edict im Munde führete, die Studierenden von den auswärtigen der Lehre wegen verdächtigen Oertern nach Hause zu ruffen: woraus Preussen mit der Zeit zweyerley Schaden empfinden dürfte, erstlich den Müssiggang und eine verkehrte Auferziehung

[16]) S. Lengnich a. a. O. S. 307. Ueber Gnapheus und seine ferneren Schicksale s. Arnoldt a. a. O. 2, 39 u. ff. Nach seinem Abgange kam die elbinger Schule wieder in Abnahme. Gnapheus stand als Humanist übrigens den Bischöfen Johann Dantiscus und Tidemann Giese nahe, deren Verdienste um die Wissenschaften er preist. Mit Ersterem war er jedoch zuletzt zerfallen. S. Töppen, die Gründung der Universität zu Königsberg, S. 76.

der Jugend, hernach aber einen grossen Mangel geschickter Leute, ohne welche doch kein Staat bestehen könnte." Es wurde dann vom Adel und den kleinen Städten vorgeschlagen, die von wenigen Mönchen bewohnten Klöster Oliva, Pelplin und Carthaus zur Beförderung der Wissenschaften an ihren austräglichen Einkünften zu verkürzen. (Lengnich, 215). In Folge dessen wurde unter dem 21. Mai 1540 ein Schreiben erlassen (bei Lengnich in den Dokument. S. 224), worin es unter andern heisst: Postremo declararunt Nobilitas et civitates, quomodo ludi litterarum in his Prussiae terris, praesertim in oppido Culmensi, partim collapsi ceciderunt, partim ruinam certam, nisi in tempore succursum fuerit, minentur etc. etc. ..

Auf dem graudenzer Michaelstage von 1541 kam wieder die Sprache auf Einrichtung des culmischen Gymnasiums, welche um so nöthiger zu sein schiene, da das elbinger in merklichen Verfall gerathen, weil dessen Rektor, Wilhelm Gnapheus, wegen der Religion in diesem Jahre fortzuziehen gezwungen worden. Der culmische Bischof liess sich fürnehmlich die Sache angelegen seyn. etc. So der Bericht Lengnich's a. a. O. S. 232. Unterm 8. März 1542 d. d. Wilna erfolgte ein Schreiben des Königs an den Kardinal S. Protektor des Reiches, die Aebte von Oliva und Pelplin zu einer Beisteuer für die culmer Schule anzuhalten. (Ungedruckt, pelpl. Archiv.) Bei Gelegenheit des Beilagers des jungen Königs in Krakau, im Mai 1543, erwähnten die preussischen Gesandten, worunter auch die beiden Bischöfe, bei des alten Königs Majestät auch „der wegen Mangel der Einkünfte zum Untergang sich neigenden culmischen Schule". Der Ueberfluss des fast von Mönchen entblössten Klosters Carthaus möchte der Schule zugewendet werden. Die Verwaltung und Oberaufsicht der Schule könnte den beiden Bischöfen von Ermland und von Culm übertragen werden. (Lengnich a. a. O. 256.) Der König antwortete im Allgemeinen zustimmend; jedoch will er Ungerechtigkeit verhütet haben. (Lengnich, 257.) Die Verhandlungen auf dem graudenzer Michaelstage von 1543 zeigen, dass die Verwendung der Klostereinkünfte keineswegs erfolgt war. (S. 261.)

Wenn nun noch unter Dantiscus Regierung der ermländ. Domdechant Leonard Niderhof (1532—1545) durch Testament von 1545 († den 6. Dec. 1545) der culmer Schule ein Legat von c. 300 Mark vermachte, welches durch andere Legate von Seiten des ermländ. Domes bedeutend vermehrt erscheint[17]), so erkennen wir auch hierin die Intention, dass jene culmer Schule, über deren Hebung soviel verhandelt wurde, auch als höhere Bildungsanstalt für Ermlands Jugend dienen sollte.

---

17) S. Hosius' erste Stiftungsurkunde des Jesuitenkollegiums vom 21. August 1565, wodurch er unter andern zum Nutzen derselben convertirt: tria millia marcarum circiter, quae ex legatis Ecclesiae Varm. ad scholam Culmensem, quae nunc penitus haereticorum disciplinis et dogmatibus infecta est, pervenerant; ferner gegen Ende der Urkunde: trecentas Marcas circiter quae ex residuo legatorum per quondam Leonardum Niderhof Decanum Varmiensem in usum Scholae Culmensis testamento relictorum supersunt.

Aber von der neuen Zeitrichtung wurde das wahre Bedürfniss der Kirche in den Hintergrund gedrängt. Je mehr der Plan, an jenem Orte, wo einst eine Tochter von Bologna mit ihrem universalen Charakter sich ansiedeln sollte, eine anscheinend allen Parteien genügende Landesschule aufzurichten, der Verwirklichung entgegen zu reifen schien, desto weniger entsprach sie den Zielen der widerstrebenden Zeitrichtungen, da jetzt die confessionellen Verhältnisse eine Scheidung in katholische und akatholische Schulen begründeten; da die religiösen und kirchlichen Beziehungen vor den allgemein wissenschaftlichen in den Vordergrund traten; da die höhern Lehranstalten jetzt überwiegend den Charakter religiöser Institute annahmen.

Um das Jahr 1550 war auch der ganze Rath Culms lutherisch. Unter solchen misslichen Verhältnissen kam denn endlich 1554 die Neuorganisation der culmer Schule [illegible]), an welcher Ermland auch durch die materielle Betheiligung des Bischofs und des Kapitels seinen Antheil hatte, zu Stande. Als Rektor und Lehrer der Philosophie wurde der M. Johannes Hoppe, vorher Professor an der neuen Universität Königsberg, aber wegen des Osiandrischen Streites seines Amtes entsetzt, vom Magistrate mit Zustimmung des Bischofs Johann Lubodziejski berufen. Die Urkunde des Magistrats in Culm, vom März 1554, fängt mit den Worten an: „Cum hoc turbulentissimo tempore domicilia litterarum multis in locis partim bello partim dissidio Religionis intereant, ea vero res magnam Ecclesiae et universae Reipublicae Christianae perniciem allatura videatur", und schliesst: „optamus ac precamur, ut Deus.... efficiat, quo nostra Schola sit universae et Ecclesiae et Prussiae salutaria." Es wird hervorgehoben, dass Bischof Johannes den Magistrat ermahnt habe zur Herstellung des Gymnasiums, welches einst zu Zeiten des deutschen Ordens durch päpstliche Privilegien rite confirmirt worden sei. Redekunst, Poëtik, Philosophie und Vorlesungen über die Institutionen des Civilrechts sollten tradirt werden. Der berühmte Johann Hoppe werde zum Rektor berufen etc. [illegible]).

Der Bischof Johannes, ein junger und nicht sehr zuverlässiger Mann, welcher des Rathes und der geistlichen Beihülfe sehr bedurfte (s. Eichhorn's Hosius 1, 183), hatte sich in Betreff der Berufung Hoppe's in eine Täuschung gewiegt. Die Hoffnung, welche die culmische und ermländische Kirche auf diese Schule gesetzt hatten, stellte sich alsbald als eine nichtige

---

[illegible]) Ganz untergegangen war die Schule nicht, sondern nur sehr gesunken. Vor Hoppe war seit 1552 Heinrich Müller aus Hessen, der sich durch seine lateinischen Gedichte einen Ruf erworben, öffentlicher Lehrer der Dichtkunst in Culm, den er bald nach Hoppe's Ankunft verliess. Nach Hoppe wurde er Rektor in Danzig (1560—1567) Hirsch a. a. O. S. 11. Lodyński a. a. O. S. 6. Er gehörte auch der neuen Zeitrichtung an. Hoppe's Antrittsrede von 1554 (auf der königl. Bibliothek zu Königsberg) hat den Titel: oratio in instauratione veteris Gymnasii Culmensis.

[illegible]) Ueber Hoppe Näheres bei Lengnich, Arnoldt, Piasecki, Hirsch, Lodyński a. a. O. O. und bei Andern. Die Urkunde abgedruckt in Lodyński's Programm S. 19.

heraus; man erkannte, dass Hoppe, ein Zögling der wittenberger Schule und Anhänger der neuen Lehre, die Schule nicht im Sinne der religiösen und kirchlichen Bedürfnisse der wahrhaft katholischen Bevölkerung Preussens leitete. Der Bischof Johannes, von Hosius, seinem Vorgänger im Amte (1549—1551), erst gewarnt und dann moralisch genöthigt (Eichhorn a. a. O. 190), entsetzte den Rektor Hoppe noch in demselben Jahre seines Amtes, ein Verfahren, das auf dem Michaelistage zu Graudenz von 1554 grosse Bewegung hervorrief. Der Woywode von Marienburg Achatius von Zehmen hielt in seinem und des culmischen Adels Namen eine Rede [26]) an den Bischof Johannes. Der Bischof bahne den Weg zum Untergange der Schule durch die Absetzung Hoppe's; in Preussen sei sonst keine wohlbestellte Schule, als die culmer; diese gereiche nicht nur der Stadt Culm, sondern der ganzen Provinz, ja der Krone Polens selbst zum Nutzen; es seien mehre Leute im Lande, die in Wittenberg studirt und doch dem gemeinen Wesen gute Dienste leisteten; aus der Zerstörung der culmer Schule würde folgen, dass die Landeskinder nach Wittenberg und andern dergleichen Universitäten müssten geschickt werden; Hoppe habe die Grenzen seiner philosophischen Profession nicht überschritten; der Bischof möge ihn bei seinem Amte erhalten u. s. w. Tags darauf beantwortete der Bischof die Interpellation der Oppositionspartei. Es gezieme sich nicht, sagte er u. A., in einer bischöflichen Stadt Schullehrer zu dulden, die durch irrigen Glauben von den Meinungen der katholischen Kirche abgewichen [27]); seine bischöfliche Pflicht leide es nicht, den Rektor bei seinem Dienste zu erhalten; jedoch gewährte der Bischof acht Wochen Aufschub. Auch eine Appellation an den neuen König fruchtete nichts. Des Abgesetzten nahmen sich nun die grossen Städte an. Zuerst wurde er (19. Decbr. 1555) an das verfallene elbinger Gymnasium als Rektor berufen; nach 3 Jahren auf Hosius' Andringen auch von hier entfernt, inaugurirte er am 13. Juni 1558 das neue Gymnasium in Danzig, dem er bis 1565 als Rektor vorstand.

An die culmer Schule trat zwar 1567 ein neuer Rektor, Dr. Peter Raimundus, ein gelehrter und gut katholischer Mann (Eichhorn a. a. O. S. 190), aber 1569 schon beschwerten sich der Adel und die kleinen Städte, dass die Schulen im Lande und sonderlich zum Culmen jetzt so ganz verwüstet und abgethan worden; letztere Schule möge wieder restaurirt werden u. s. w. (Lengnich a. a. O. Dokumente S. 53.)

Auch 1562 lesen wir noch von einem vergeblichen Versuche der Landstände, der culmer Schule wieder aufzuhelfen. (Pr. Prov. Bl. 1856, I, 114.) Wir wissen nicht, ob dieselbe wirklich so bald in gänzlichen Verfall gerathen war, oder ob sie in ihrer Richtung eben nicht nach dem

---

26) Die Rede selbst bei Lengnich, Gesch. der preuss. Lande unter Sigismund August S. 112.

27) In jene Zeiten fallen wohl auch die argen Frevel, welche von den Schülern der neuen Lehre (ab impudentissimis scholasticis novae sectae) in der culmer Franziskanerkirche verübt wurden. S. Vita beati Joannis Lobedaw in Scr. R. Pr. 2, 374.

Geschmacke der Landstände war. Wichtig ist in dieser Hinsicht unsers Hosius Beurkundung (in der oben citirten Stiftungsurkunde des Jesuitenkollegs von 1565), dass die culmer Schule eine der katholischen Kirche in Disciplin und Lehre so feindselige Richtung vertrat, dass er derselben die von ermländischer Seite ihr zugeflossenen Legate, so namentlich das von dem Domdechanten Leonard Niderhoff ausgesetzte, entzog, um sie seiner Stiftung in Braunsberg zuzuwenden [20]).

Die Risse, die durch Preussen gingen, waren einmal unheilbar geworden; hier die unter polnischer Oberhoheit stehenden Landestheile, in einen unheilvollen nationalen und religiösen Gegensatz in sich zerrissen, dort das entschieden dem Protestantismus huldigende herzogliche Preussen. Wie letzteres, so verfolgten auch die Bisthümer und die grössern Städte, jedes für sich, ihre besondere Bahn und gründeten neue oder restaurirten alte Schulen nach ihrem Sinne [21]). Auch Culm, welches seinen deutschen

---

20) Cromer sagt in seiner 1575 zum ersten Male gedruckten Poloniae descriptio (p. 53 in der Elzevir'schen Respubl. Polon. von 1627): Vigeruntque in ea (Stadt Culm) olim in primis etiam bonarum literarum studia. Nunc ea pro amplitudine sua infrequens est [illegible] etc. etc.

21) Gegen Ende des Jahrhunderts hatte sich in den polnischen Gegenden das Verhältniss geändert. Das katholische Element hatte durch die inzwischen eingeführten Jesuiten und deren Schulen sich wieder gekräftigt. Letztern gegenüber hatten jetzt die Protestanten einen schweren Stand. Die Dissidenten aus allen Theilen des polnischen Reiches und Litauens beriethen 1595 auf der thorner Synode über ihre Lage; es war darum die Rede, „sollten im Königreich diesen drei Confessionen (d. i. der augsburgischen, schweizerischen und helvetischen) so gut eine gemeine Schule aufzurichten." Dieser Schluss aber wurde, wie sich Hartknoch ausdrückt, zu Wasser. (Ueber die thorner Synode s. Hartknoch's Kirch. Hist. S. 537 ff.) Man wandte sich an die grossen preussischen Städte, die nächstens für gute Schulen Sorge trugen. Die Städte nahmen den alten Plan, in Preussen eine Provinzialschule auf dem Fusse einer Universität zu begründen, wieder auf. Man beabsichtigte in Thorn (woselbst das 1568 gestiftete Gymnasium 1594 zu einem akademischen Gymnasium erhoben worden) eine Hochschule zu begründen. Es blieb beim Beschlusse, weil man, wie Hirsch vermuthet, die königl. Bestätigung zu erlangen nicht hoffen konnte. Dagegen erfolgte 1606 die Niederlassung der Jesuiten in Thorn. Vgl. über diese Versuche Wernicke, Gesch. Thorns 2, 143, Hirsch a. a. O. S. 16; nach Letzterm S. 16 und S. 55 fügen wir noch hinzu, dass man in Danzig noch im 18. Jahrh. besonders auf Betreiben des M. Mich. Christoph Hanow (von 1727—1773 Professor der Philosophie daselbst) mit Vorschlägen hervortrat, das gesammte danziger akademische Gymnasium für den Freistaat zu einer Universität zu erheben, was aber der Rath ablehnte, weil die königl. Bestätigung nicht zu erwarten war. — Während man so von protestantischer Seite vergebens bemüht war, in Westpreussen genügende Schulen zu errichten, begann dagegen in jenen Gegenden die Thätigkeit der Jesuiten mit dem ausserordentlichsten Erfolge. Sie wirkten durch die Schulen an ihren Kollegien auf die Jugend, durch ihre Missionen auf das Volk. Nicht nur hatten zwischen 1520 und 1530 die meisten Städte des polnischen Preussens die evangelische Lehre angenommen, sondern auch der deutsche Adel hatte sich fast durchweg dazu bekannt. Der polnische Adel war es, der, abgesehen von der Gründung mehrer Mönchsklöster, die Stiftung von Jesuitenstationen, als eben so vielen Vesten des Katholicismus, auf jede Weise beförderte. Die Jesuitenschulen waren fast die einzigen, welche auch der protestantische Adel frequentiren konnte. So kehrte er allmählig zur katholischen Kirche zurück und verschmolz aus zwingenden Gründen mit dem polnischen, ein Prozess, der auch in der

Charakter immer mehr verloren hatte, ging von jetzt an, leider von Ermland geschieden und ihm entfremdet, seinen eigenen Weg [54]).

Annahme polnischer Namen erkennbar ist. In dieser Beziehung sind für die entfernteren Gegenden besonders Conitz und Deutsch Krone wichtig geworden. Die Bürger der Städte blieben meist deutsch und protestantisch. Schon 1601 beschwerten sich die Stände über das Einschleichen der Jesuiten (Hartknoch, Kirch. Hist. S. 1071). Zu Altschottland hatten die Jesuiten seit 1585 erst eine Residenz, dann ein Collegium; in Danzig selbst aber eine, vielfach angefeindete, Mission (zuerst seit 1607 im Brigittenkloster). Um das Jahr 1619 war es Bischof Johann Kuczborski von Culm (1614—1624), der die Jesuiten sehr begünstigte. Er legte den ersten Grund zu der Residenz in Bromberg; der Domdechant Casp. Dzialyński, später Bischof von Culm, förderte sie weiter; durch den Reichskanzler Georg Ossoliński († 1650) wurde sie gegen 1639 zu einem Collegium erhoben. Ferner entstanden um dieselbe Zeit, 1619, die Residenzen Marienburg, D. Krone (resid. Valcevsis, poln. Walcz) und Graudenz. Nach Marienburg kamen 1618 die ersten Jesuiten, unterhalten von dem genannten culmischen Bischofe. Mehrmals vertrieben, erhielten sie 1635 durch Reichstagsschluss eine feste Stellung. Nach D. Crone kamen die Jesuiten zuerst 1618 (Anfangs ihrer nur zwei); Joh. Gostomski unterhielt sie, Christoph Tuczyński sicherte ihre Existenz, so dass sie 1676 in der Stadt selbst Kirche, Schule und andere Gebäude errichten konnten. Das Haus in Graudenz gründete der Woywode von Culm Joh. Dzialyński, welches 1647 zu einem Collegium erhoben wurde. Die Anfänge der Residenz, später Collegium, zu Conitz, von dem Landadel (besonders von Joh. v. Gleinsen Dorpowski) mit Gütern versehen und durch seine Schule ausgezeichnet, fallen in das Jahr 1620. (Der Catalogus provinciarum, domorum etc. Soc. Jesu führt, ausser den genannten und ausser Thorn, u. a. als zur provincia Poloniae gehörig noch auf: Casmiriensis Missio oder Kasubi; Culmensis Missio oder Chelmda (wobei aber zu bemerken ist, dass Chelmda nicht Culm, sondern Culmsee ist); Cujaviensis M. oder Kujawi etc. Vielleicht sind hier nur vorübergehende Missionen gemeint. Die Starogrodensis M. bezieht sich wohl auf Starogrod in Podolien, nicht etwa auf Pr. Stargardt.)

55) Nach Culm berief 1676 der Bischof Johannes Malachowski den Orden der Missionäre. (Der erste Superior kam aus dem Missionshause zu Warschau; das Mutterhaus war in Paris.) Den Missionären wurde die (1619 den Brüdern des gemeinsamen Lebens, an deren Stelle nunmehr durchaus die Missionäre getreten zu sein scheinen, überwiesene) Pfarrkirche und die Leitung des (schon früher [illegible], von Bischof Caspar Dzialyński, 1639—1646, und seinem Nachfolgern dotirten) bischöflichen Seminars übergeben. So war der Propst von Culm Dirigent des Klerikalseminars geworden. S. hierüber Servatius, die culmer Pfarrkirche, Progr. von 1856. S. 1, 10, 11, 31 u. s. w. Die culmer Schule trat um 1691 als zu einer Elementarschule herabgesunken entgegen; 1691 aber erhob sie sich durch die Bemühungen des Propstes von Culm, also eines Missionars, zu der Bezeichnung eines akademischen Gymnasiums, dessen fernere Geschichte, wie sie Köhler in seinem Programme und in den Pr. Prov. Bl. von 1856 giebt, ein Schwanken zwischen Steigen und Fallen darbietet. Von 1718 bis 1743 wurden Professoren der Rhetorik, Poesie und Philosophie aus Krakau, auch aus Breslau und Wilna berufen. Dann versorgte man es mit geeigneten Priestern und Klerikern, bis dann 1756 eine glänzende Periode für die Anstalt begann; sie trat in den Rang einer Akademie unter einem rector magnificus und docirte auch Philosophie und Jurisprudenz; die Professoren wurden von der Universität Krakau gesendet, daher auch der Ausdruck Kolonie der krakauer Universität. Seit 1779 aber bis 1816 stand die Schule wieder unter dem Propste; Lehrer waren Missionsgeistliche, auch Weltgeistliche und Kleriker. So trugen die Missionäre an der Schule Philosophie vor, während sie zugleich am Seminar Theologie lehrten. Das dauerte, bis in unserm Jahrhundert mit den übrigen preussischen Bisthümern auch die Verhältnisse der culmer Diöcese neu geordnet wurden, und das Priesterseminar in Pelplin entstand. Sarcko schreibt 1802 in seinem Handbuche der Gesch. und Erdbeschr. Preussens 2, 61:

So hatte stets die Ungunst der Verhältnisse das Aufblühen einheimischer Hochschulen gehindert, und jene grossen Männer, die, wie Kopernicus, Preussen zierten, wären nicht hervorgetreten, wenn sie nicht draussen ihre Bildungsstätte gefunden hätten. Dem jungen Protestantismus gegenüber waren nach der Mitte des 16. Jahrhunderts die katholischen Gegenden Preussens ohne einen kräftigen geistigen Haltpunkt, wie ihn eine blühende, alle katholischen Theile des Landes vereinigende, alle ihre geistigen Kräfte sammelnde und namentlich für eine echte wissenschaftliche Ausbildung des Klerus wirkende hohe Schule hätte gewähren können. So wie die Trennung der Kirche bei den Protestanten das Bedürfniss wachrief, durch Hebung des Schulwesens, welches dem Herzog Albrecht so viel verdankt, der neuen Lehre und der veränderten Lehrrichtung zu Hülfe zu kommen, so trat an die katholisch gebliebenen Theile, besonders an Ermland, immer unabweislicher die Forderung heran, durch neue Schulen und Hebung der alten ein neues frisches Leben auf dem Gebiete des Geistes anzufachen, das der neuen Lehre zu widerstehen vermochte. Schon damals, als sich das unter polnischer Hoheit stehende, politisch vom Ordenslande geschiedene Ermland dadurch ganz und gar aus dem übrigen Preussen zu einer bedeutungsvollen Sonderstellung heraushob, dass es nunmehr auch im Glauben von dem alten Verbande losgetrennt war, schon damals konnte es den denkenden Köpfen nicht entgehen, dass jetzt Ermland einen ganz besondern Beruf erhielt; dass es als äusserste Grenzmark der katholischen Kirche gegen Nordosten Wache zu halten hatte, dass es sich wappnen musste mit allen Waffen des Geistes, um das Andringen der der Kirche entgegenstehenden Lehre abzuhalten, um nicht nur die letzte Zufluchtsstätte des alten Glaubens zu sein, sondern auch ein Rüsthaus, von wo aus für die Kirche gestritten werden könnte. Und innerhalb des Landes musste ein Sitz und Mittelpunkt der Wissenschaft und Gelehrsamkeit und der höhern Bildung zu dem angedeuteten Zwecke geschaffen werden, dessen Ziel nicht nur die Bildung der Jugend zum

„An der katholischen Akademie in Culm stehen jetzt nur 4 Professoren. Durch die im Missionshause angestellten 5 Professoren und ihren Superior werden die katholischen Geistlichen für die Provinz (Westpreussen) gebildet." Aus dem Jahre 1808 finden wir ausser dem Superior Franz Weinreich (letztem Director des culmer Seminars, † 1819) die geistlichen Professoren Theol. Specul. et Rubri., Histor. Eccles. et Cantus, Theol. Dogm. Script. et Eloquent. sacrae, Theol. moral., Administr. Sacram. Rituum et Ceremon., Eloquent. et ling. German. verzeichnet. Im Anfange dieses, und am Ende des vorigen Jahrhunderts haben manche ermländische Kleriker, da die Unterrichtsanstalten der culmer Missionäre die der Jesuiten in Braunsberg überdauerten, in Culm ihre Ausbildung erhalten, — wie hinwiederum durch ein königl. Rescript vom 6. Oktbr. 1783 genehmigt wurde, dass in dem päpstlichen Alumnate zu Braunsberg auch aus der Diöcese Culm 4 Alumnen aufgenommen werden sollen, — ein auffälliger schwacher Nachhall der einst beabsichtigten Gemeinsamkeit beider Diöcesen in ihren höchsten Interessen. Die alte Schule selbst aber, die 1815 zwei Klassen und 49 Schüler hatte, wurde 1818 mit der evangel. Stadtschule als Simultan vereinigt, 1821 Progymnasium genannt, und ist seit 1825 eine höhere Bürger- und Stadtschule. Das jetzige Gymnasium ist daneben eine neue Stiftung aus dem Jahre 1837.

Dienste des Staates und der Kirche sein konnte, sondern auch eine Pflanzstätte der Wissenschaft durch den Verein der daran thätigen gelehrten Männer.

Das herzogliche Preussen und auch die grossen Städte des königl. polnischen Preussens, in welchen der Protestantismus herrschend geworden (Thorn, Elbing, Danzig), fingen um dieselbe Zeit in Bezug auf das höhere Schulwesen an, die bischöflichen Landestheile zu überholen. Herzog Albrecht hatte 3. Oktober 1541, um dem Mangel an Geistlichen und Lehrern abzuhelfen, eine höhere Lehranstalt unter dem Namen Particulare gegründet. Im Jahre 1544 gründete dann Albert in grossartigem Massstabe die Universität Königsberg mit ausgeprägt protestantischem Charakter. Das Partikular blieb als Pädagogium eine neben der Universität bestehende Vorbereitungsanstalt. Nach dem Muster des Partikulare aber hatte, wie es scheint, Hoppe die Schulen in Culm, Elbing und Danzig angelegt; von denen die letzteren ebenfalls durchaus die protestantische Richtung vertraten. Alle diese Erfahrungen, namentlich die Thatsache, dass in dem nunmehr entfremdeten protestantischen Preussen eine Hochschule in Königsberg aufblühete, mussten in der Seele des grossen Hosius den Gedanken erregen, nunmehr alles aufzubieten, um wenigstens seiner Diöcese im Sinne der Kirche die sichere Gelegenheit zur höhern Geistesbildung zu verschaffen, wenn auch nicht die Vollziehung des Beschlusses des tridentiner Concils ihm die nächste Veranlassung dazu gegeben hätte. Das Concil machte es den Oberhirten zur Pflicht, Bildungsanstalten für die künftigen Diener der Kirche zu errichten. Hosius fand es für gut, den in der Jugenderziehung schon bewährten Jesuitenorden nach Ermland zu berufen und ihm die Leitung der beabsichtigten Lehranstalt anzuvertrauen. Zuerst musste das Jesuitencollegium als solches gegründet werden. Das geschah durch die erste Fundationsurkunde vom 21. August 1565. Das Diöcesanpriesterseminar (seminarium clericorum et ministrorum) sollte als solches neben dem Jesuitenkolleg bestehen, in der Art aber, dass die Jesuiten den Unterricht der Kleriker übernehmen sollten; dies geschah seit 1566. Eine zweite Urkunde von 1566, 16. Decbr., betraf nähere Bestimmungen, namentlich in Bezug auf die Externen. Endlich folgte die dritte, das Ganze schliesslich feststellende und zum Abschluss bringende Fundationsurkunde vom 6. Novbr. 1568.

Wenn die Jesuiten den Unterricht auch schon 1565 im Sommer begonnen hatten, so ist doch in dieser Urkunde zum ersten Male die Rede von ihren Schulen, welche das Collegium als solches, nach Maassgabe der bekannten Instruktionen des Ordens, zu halten hatte. Von diesem Jahre an datirt sich der Ursprung des durch Hosius in Ermland neu gegründeten höhern Schulwesens. Allerdings war die Jesuitenanstalt in Braunsberg ihrer Anlage nach zunächst nur eine Schule, die einem Gymnasium im heutigen Sinne entsprach; aber es musste sich daran, wenn es einmal, was doch in der Absicht des Stifters lag, vorzugsweise eine Bildungsanstalt für den Klerus sein sollte, nothwendig sehr bald ein philosophischer und theologischer Lehrcursus anschliessen. Thatsächlich bildeten sich im Laufe der Zeit aus den 5 Klassen allmälig die zwei höhern Klassen heraus, so dass das Gymnasium den Charakter einer academischen Lehranstalt mit einer Art philosophischer und theologischer Facultät nach dem damaligen Begriffe erhielt.

Unser Lyceum befasst in seinen beiden Facultäten den Bereich der philosophischen und theologischen Wissenschaften, hat also diejenige Seite des ehemaligen Jesuitencollegiums zu Braunsberg zu vertreten, welche dasselbe einst in seinen philosophischen und theologischen Lehrkursen nach seiner Art darstellte.

Das Lyceum muss bei seiner Jubelfeier, zu der es sein 50jähriges Bestehen als königl. Anstalt besonders veranlasst, nothwendig in seinem historischen Rückblicke weiter greifen, um die Continuität des Fadens, der unsere Anstalt an die philosophischen und theologischen Studien in der Jesuitenanstalt anknüpft, festzuhalten. Haben sie doch beide, jede den Zeitverhältnissen und dem Standpunkte der Wissenschaften entsprechend, denselben Zweck und dasselbe Ziel vor Augen, nämlich einen tüchtigen Klerus, zunächst für unsere Diöcese, zu bilden, dann aber auch ein Sitz der theologischen und allgemeinen Wissenschaften auf diesem entlegenen Fleck katholischer Erde zu sein; haben sich doch beide so die Hand gereicht, dass seit 300 Jahren diese Studien in Ermland, etwa mit nur kurzer Unterbrechung in der neuern Zeit, nie aufgehört haben; hat sich doch faktisch die jetzige Lehranstalt mühsam und allmälig aus dem Jesuitencollegium und den Resten desselben nach des Jesuitenordens Aufhebung entwickelt; ist doch dieses Bewusstsein immer so lebendig gewesen, dass das Andenken daran in dem von Hosius entnommenen Namen unsers Lyceums sich verewigt hat.

Hosius, gross als Kirchenfürst und Staatsmann, umfasste in seiner einflussreichen Thätigkeit und seiner weit über den engen Kreis seines Bisthums hinausgehenden Wirksamkeit zwei Seiten, Kirche und Staat. Seine Stiftungen in Braunsberg vermittelten Kirche und Schule mit dem praktischen Leben. Auch das königl. Lyceum repräsentirt in seinen beiden Facultäten, der theologischen und philosophischen, die einträchtige Verknüpfung der theologischen und profanen Wissenschaften zu einem gemeinschaftlichen Ziele und in seiner Ganzheit das gedeihliche Verhältniss, in welchem Kirche und Staat stehen sollen.

Nach der vorstehend versuchten allgemeinen Skizze der äussern Geschichte der Gelehrsamkeit und des Unterrichtswesens in Preussen, während der frühern Periode, besonders aber in Ermland, greifen wir, ehe wir zu den folgenden Zeiten übergehen, noch einmal zurück in die frühern Zeiten, um speciell einen Blick auf den Gang und die Mittel der philosophisch-theologischen Studien in Ermland vor Gründung der Hosianischen Unterrichtsanstalten zu werfen, weil die Aufgabe, diese Studien zu leiten, zu hegen, zu fördern, die Aufgabe unsers Lyceums ist.

II.

Specielleres über Bildungsgang und Bildungsmittel *) in Ermland vor den Hosianischen Stiftungen.

Der für die höhern Studien der Philosophie und Theologie vorbereitende Elementar- und sogenannte humanistische Unterricht wurde bekanntlich in den städtischen, in den Kloster- und Kapitelschulen gegeben. In aller Kürze erwähnen wir demnach erstens der höhern

*) Von den äussern Bildungsmitteln, als Bibliotheken, Buchhandel, Bücherdruck wollen wir hier nur der erstern eine kurze Erwähnung thun; über den ermländischen Buchhandel und Bücherdruck haben wir in den Pr. Prov. Bl. von 1845 S. 421 ff. eine specielle Abhandlung veröffentlicht. Was nun die Bibliotheken betrifft, so haben wir schon a. a. O. 422 über die domkapitularische in Frauenburg gesprochen, sowie über die städtische Liberei in Braunsberg und die des dortigen Franziskanerklosters, die an das Jesuitenkolleg überging. Dass auch die übrigen Klöster ihre Bibliotheken hatten, ist selbstverständlich; über ein Buch der Minoriten in Wehlau (antiqui conventus wehelensis) s. Altpr. Monatsschrift 1. 751. Von den Bibliotheken der spätern Zeit, deren auch Ermland, wie ehemals in seinen Klöstern, so noch jetzt am Domkapitel, bei den Kirchen und den Unterrichtsanstalten, zum Theil auch in den Rathhäusern, genug aufzuweisen hat, kann hier nicht gesprochen werden. Zu den alten Bibliotheken der frühern Periode gehören ferner in Ermland: die bischöfliche Schlossbibliothek in Heilsberg (Leo, hist. Prus. Vorrede; sie war reich an Manuscripten, s. Scr. R. Prus. 2, 184; die handschriftlichen Chroniken Preussens der heilsberger Bibliothek benutzte u. a. Sebastian Möller, s. Preuss. Lieferung 1, 667; 1749 erschien die danziger Ausgabe des V. Kadlubko und M. Gallus ex MS. bibl. episc. Heilsbergensis etc.); die kapitularische Bibliothek in Guttstadt (quae misere direpta est, sagt Leo in der Vorrede; ist noch jetzt wichtig); Bibliothek der Nikolaikirche in Elbing (Scr. Rer. Pr. 1, 178); der Marienkirche, früher Dominikanerkirche daselbst (l. c. 345). Ausserhalb der Diöcese erwähnt dieselbe Quelle der pelpliner Bibliothek, S. 374, der Bibliothek der Marienkirche in Danzig, S. 184 u. a. Letztere wurde 1413 von dem Pfarrer und seinen Kaplänen gegründet; ihre Geschichte bei Hirsch, die Ober-Pfarrkirche von St. Marien, 1, 104 u. 367. Die Franziskaner-Bibliothek in Danzig mit 1075 Handschriften ging 1555 an die Stadt über. (Pr. Pr. Bl. 1856, 1, 306.) Auch in jedem der deutschen Ordenshäuser befanden sich Bibliotheken, besonders im Ordenshaupthause zu Marienburg, s. Voigt, Einleit. zu Joh. Lindenblatt S. 16; dess. Gesch. von Marienb. S. 382. Ueber die Ordensbibliotheken, unter denen die in Königsberg und Tapiau bedeutend waren und die elbinger erwähnt wird, s. auch Steffenhagen, Altpreussens älteste Bibliotheken, in Altpr. Monatsschrift 1, 649, worin aber Ermland nicht berücksichtigt wird. Ausser der ermländischen werden Kapitelsbibliotheken erwähnt von Marienwerder (eine 1374 in Riesenburg gemachte Schenkung des Bischofs Nicolaus von Pomesanien, s. Voigt, Cod. Pr. 3, 158); vom samländischen Domkapitel (1327 durch eine ähnliche Schenkung des Bischofs Johannes erweitert, s. Gebser, Gesch. der Domkirche in Königsberg S. 84. 87, und durch Bischof Bartholomäus, 1358—1378, bereichert, s. Steffenhagen a. a. O. 650). Ueberhaupt lesen wir zugleich von den Privatbibliotheken der Bischöfe, so schon von Bischof Heinrich Strittberg, der 1365 bei seiner Abreise seine Bücher dem Komthur von Thorn zur Aufbewahrung übergab. Cod. Pr. 1, 96. In Thorn ist die alte Klosterbibliothek von St. Marien, sowie die Rathsbibliothek in die bedeutende Gymnasialbibliothek übergegangen (Wernicke 2, 147). Beispiele von Büchersammlungen der niedern Geistlichkeit bei Steffenhagen a. a. O. 650. — Zu den Bildungsmitteln Ermlands gehören auch die zahlreichen Fundationen und Legate für Schulen und Schüler, namentlich auch für solche Jünglinge, die auswärtige Universitäten besuchten; ebenso die Unterstützungen von Seiten der

städtischen oder sogenannten lateinischen Schulen in Ermland [illegible]). Das Alter dieser Schulen lässt sich im Einzelnen nicht nachweisen. Der elbinger Rathsschule wird schon 1300 Erwähnung gethan, die eines solchen Rufes sich erfreute, dass 1381 die königsberger Domschule darnach neu eingerichtet wurde. Der Schule in Mühlhausen, unter der Aufsicht

---

Bischöfe, des Kapitels und des Klerus überhaupt. Auch die Hochmeister liessen Jünglinge, wie schon erwähnt, auf Ordenskosten auswärts studiren (so Michael von Sternberg, Paul von Russdorf, Conrad und Ludwig von Erlichshausen; s. Voigt, Gesch. v. Marienb. 379, 385, 387). In Ermland war der Bischof durch ein altes Statut verpflichtet, auf seine Kosten zwölf Knaben preussischer Nationalität in Heilsberg ausbilden zu lassen; auch jeder Domherr musste je einen preussischen Knaben in seiner Kurie erziehen (der also die Domschule besuchte). S. Wölky, Scr. Warm. I, 341. Nach den Cromerschen Synodalstatuten von 1575 (Const. synod. p. 86) verpflichtete sich jeder Pfarrer zu Beiträgen aus dem Zehnten für das Kolleg und Seminar in Braunsberg. Aus der neuern Zeit erwähnen wir, dass in Braunsberg seit 1843 ein vom Klerus unterhaltenes Convictorium studiosae juventutis eröffnet ist.

[illegible]) Die Hauptschulen der Art in Preussen ausserhalb der ermländischen Diöcese waren: Die lateinische Schule in Marienburg, von Winrich von Kniprode gestiftet, 1365 erwähnt, unter dem Grosskomthur stehend, an welcher ein Scholasticus, der einen Rektor unter sich hatte; die königsberger Domschule, schon 1333 bei Verlegung des Domes auf den Kneiphof (vielleicht schon 1304, Gebser, S. 13) bestehend; die in demselben Jahre erwähnten Pfarrschulen der Altstadt und des Kneiphofs, die ebenfalls unter der Oberaufsicht des Domkapitels standen, welches denselben einen viro literato et morigerato conferiren sollte; die thorner Johannisschule, schon 1375 als alt erwähnt, woran Ludwig Wohlgemuth, auch de Prussia oder de Heilsberg genannt, ein Minoritenbruder, als Rektor stand (von 1460—1470 nach Wernicke, oder von 1465—1466 nach Lehnerdt), und die Jacobsschule, schon vor 1345 vorhanden; die vielfach besprochene culmer und die ebenfalls schon erwähnte Schule in Riesenburg unter Bischof Dietrich. S. Arnoldt, Pisanski, Gebser, S. 87, 91, 166, Hirsch, Voigt, Gesch. v. Marienb., Programm des Gymnas. zu Marienburg 1864, Zernecke, Thorner Chronica 13, Wernicke, Gesch. Thorns 1, 344, Lehnerdt, Festprogramm des evang. Gymnas. zu Thorn 1868, S. 3, 5, 6, 12. Nach dieser Schrift entstand das Gymnasium 1568 aus der Vereinigung der Johannisschule mit einer im verlassenen Minoritenkloster St. Marien errichteten evang. Schule. Die Glanzperiode des Gymnasiums geht von 1594—1706, während welcher es akademisches Gymnasium mit einem Elementarcursus der Facultätswissenschaften war und 1611 mit dem Rektor Conrad Glaser zu einer grossen Blüthe gelangte. Dann verfiel es, bis es 1815 anfing sich langsam wieder aufzuschwingen. Daneben hatten die für Thorn so verhängnissvoll gewordenen Jesuiten, in den Besitz der St. Johanniskirche gelangt, nach einem gescheiterten Versuche von 1605, im Jahre 1611 eine vielfach angefeindete Schule eröffnet, welche sich einer grossen, bis auf 400 steigenden, Frequenz namentlich von Seiten des anwachsenden polnischen Adels (vgl. Erläut. Pr. 3, 784) zu erfreuen hatte. Durch den zweiten Schwedenkrieg wurde das Collegium nur zeitweilig unterbrochen (1656—1660). Der Uebermuth der Jesuitenschüler (polnischen Studenten, a. a. O. 788), sowie die Reibungen der beiderseitigen Studenten (das akademische Gymnasium wurde nämlich ebenfalls von Fremden von weit und breit her, namentlich auch von protestantischen Polen, a. a. O. 786, zahlreich besucht) spielen bekanntlich in der Geschichte Thorns eine traurige Rolle. Baczko führt 1803 eine Schulanstalt der Katholiken an, die vordem ein Jesuitenkolleg war. — In Danzig wird zwar schon, nach Hirsch's öfters citirtem Programm, S. 1, 1410 die Schule an der Marienkirche erwähnt; aber auch dessen Oberpfarrkirche, S. 104, 139 u. 253, erhob sich dieselbe, sowie die übrigen 1436 gestifteten Schwesterschulen, nicht über das Niveau der gewöhnlichen damaligen Pfarr- und Elementarschulen. Erst zwischen 1509 und 1511 suchte man die St. Marienschule für das Bedürfniss höherer Bildung zu verbessern; 1673 wird der Rektor Bernhardus genannt: gymnasii praefectus.

des Ordens stehend, thut schon das Stadtprivileg von 1338 Erwähnung; 1339 erhielt Wehlau ein Privilegium, um eine Stadtschule unter einem tüchtigen Literaten zu errichten. Die braunsberger Stadtschule lässt sich vor 1360 nachweisen; ihr stand 1382 der Schulmeister Heinrich Witte vor. Die rösseler Schule erhielt 1461 ein Legat; diese Schule frequentirte Gregor Wagner, der Halbbruder des gelehrten Jodocus Willichius, wie dessen Brief von 1550 (bei Pisanski S. 38) ausweist.

Zweitens und vor Allem gehört hierher die ermländische Domschule, über die wir schon gesprochen haben, und des Nähern auf Beckmann, de re scholast. 1857. S. 6, 1861, S. 4., und auf Wölky, Scr. Warm. 341 verweisen können; drittens ist zu erwähnen die Schule für Nationalpreussen im Schlosse zu Heilsberg, die bis in den Anfang des 16. Jahrhunderts bestand und worüber Wölky l. c. 342 ff. das Material liefert. An die Domschule schliessen wir zunächst viertens die Schule des guttstädtischen Collegiatstiftes. Der Propst Nicolaus Grotkaw von Guttstadt vermachte am 22. Decbr. 1379 testamentarisch unter Andern ein Legat für den Rektor der Schule (de tertia vero marca sic dispono: Diaconus, Subdiaconus et rector Scholae unusquisque habeat duos Scotos. Bisch. Arch. B. 1. fol. 55) und die Schüler. Aus einer andern Quelle (bei Beckmann l. c. 1861, p. 5) wissen wir, dass dem Kapitelsdechanten die Aufsicht über die Vikarien, den Schulvorsteher (scholasticus), den Cantor, Glöckner, Organisten, und die unter dem Scholasticus stehenden Schulmeister oder Schulgesellen (socii scholastici) zustand. Die Prälatur des Dechanten war aber 1357 gegründet worden (C. W. 2, 246). Bald nachher mag die Schule gestiftet oder neu organisirt sein[67]).

Fünftens die Klosterschulen. Ueber die Klöster sei hier eine kleine Abschweifung gestattet, da auch sie einen weit grössern Antheil an der Kulturentwickelung Preussens und Ermlands ins Besondere namentlich im Sinne des Deutschthums haben, als gewöhnlich gewürdigt wird[68]).

Ob die Klöster Preussens, speciell Ermlands, ausser der Belehrung des Volkes durch Predigt, unmittelbar auch junge Leute für die Pfarrseelsorge ausgebildet haben, oder ihr theologischer Unterricht nur allein sich auf ihre Ordensbrüder bezog, darüber könnte man beim Abgange bestimmter Nachrichten nur Vermuthungen aufstellen. Dafür würden, ausser der schon oben S. 2. Note 1. angeführten urkundlichen Aussage des letzten danziger Minoritencustos von 1560, sprechen eine Stelle aus des Bischofs Polentz Weihnachtspredigt von 1524 (bei Pisanski S. 51): „Was hat man anders

---

[67]) Joh. Glass, Scholasticus von Breslau, welcher 1343 sein ermländisches Canonikat mit einem Canonikat von Glogau vertauschte (Wölky, Scr. W. 1. C. W. 2, 31), mag als solcher nach der 1347 geschehenen Verlegung des Stiftes nach Guttstadt jene Schule geleitet haben.

[68]) Konnte selbst ein Mann, wie Voigt, Gesch. Pr. 6, 764, sagen: „So steht also das Klosterleben und Mönchsthum in Preussen in völlig schaler Leerheit da."! Aehnlich weiss Pisanski, S. 30, über die Domkapitel und deren Schulen nur schimpfliche Verdächtigungen vorzutragen.

gepredigt, vnd in den hohen Schulen vnd Clostern geleret czur schlen nutz, als sie meynen den Thomam, Scotum, Bonaventuram, Albertum, Occan und dergleichen. Item Summen; Decrett vnd Decretales etc.", und die Notiz aus Zahmelius (bei Pisanski S. 30): Erant in coenobiis Artium et Theologiae Magistri: sive ii a Pontifice Romano specialiter in Borussiam ablegati, sive vitro a Cruciferis instituti essent." Endlich berichtet Hirsch nach Charitius (die Oberpfarrkirche in Danzig S. 140), dass die Franziskaner von Danzig sich mit dem Jugendunterrichte beschäftigten und ihr Kloster, wie man sagt, schon damals eine Zuchtschule genannt wurde.

Dem sei aber im Einzelnen, wie ihm wolle; auf jeden Fall lag in den preussischen Klöstern ein ausserordentlich wichtiges Kulturmoment. Mag auch, wie behauptet wird, das Klosterwesen in Preussen neben dem deutschen Orden nicht zu solcher Bedeutung gelangt sein, wie anderswo, so ist ihr wenn auch stilles, doch segensreiches Wirken durchaus nicht zu verkennen und zu unterschätzen. Das von frommen Cisterziensern und dann Dominikanern, denen sich bald darauf die Franziskaner anreihten, hochgehaltene Kreuz hat mindestens ebenso sehr zur Eroberung Preussens für Christenthum und Civilisation beigetragen, als das Schwert der deutschen Ordensbrüder, welches sie begleitete. Unter beider Schutz folgte bald der Pflug des deutschen Kolonisten. Von dem unermüdlichen Eifer der Cisterzienser und Dominikaner legen die vorhandenen Urkunden genugsam Zeugniss ab [59]). Ihnen werden die Franziskaner nicht nachgestanden haben [60]). In den stillen Räumen ihrer Klöster bildeten die Orden ihre Brüder heran für ihren dornenvollen Beruf. Nirgends fehlte der gelehrte Lehrer der Gottesgelehrsamkeit, der die künftigen Priesterbrüder in der Theologie unterrichtete [61]). Der Einfluss dieser Orden auf die Bildung in ihrem engern

---

[59]) Einige Andeutungen hierüber haben wir in der ermländischen Zeitschrift 3, 313 gegeben. Wir deuteten schon oben S. 9 an, dass die Benediktiner in Preussen nicht zur Entfaltung ihrer Kräfte gekommen sind. Nur aus Westpreussen haben wir eine Kunde von einem Benediktinerinnenconvente zu St. Albrecht bei Danzig (12[illegible]—12[illegible]), von den pommerischen Fürsten gestiftet (Hirsch, Oberpfarrkirche zu Danzig, S. 7 und 71), wogegen wir später Missionäre von der Regel des h. Vincenz v. Paula (bis 1818) finden. Ausserdem gab es Benediktinerinnen zu Culm, Thorn, Byslaw, Zarnowitz, Graudenz.

[60]) Aus Possevinus, Comment. Livon., erfahren wir, dass schon 1310 Franziskanerbrüder aus Braunsberg das Evangelium in Livland predigten.

[61]) Der gelehrte Mönch, ein Graduirter in der Theologie, welchem die Bildung der Brüder oblag, hiess Lector (Lesemeister). Das Concil. Trid. sess. 5 c. 1. nennt die Professoren auch Lectores, lectores sacrae theologiae, und spricht von der lectura (scil. scripturae, d. i. Bibelerklärung A. u. N. T.). Einen Lector Wilhelm im Dominikanerkloster zu Elbing führt uns eine Urkunde von 1387 vor (Gebser, Domkirche S. 87); einen Augustinerlector in Heiligenbeil nennt zu 1428 das rösseler Schulprogr. von 1841 S. 20. (Vgl. das Progr. von 1845 S. 11 u. 12 über Lectoren der Augustiner in Polen, die Doctoren und Professoren der Theologie waren.) Wir finden häufig hervorragende Mitglieder dieser Orden, namentlich Priores, als Urkundenzeugen, was für ihr Ansehen beim Hochmeister und den Bischöfen spricht. So z. B. schon 1276, 1289 (Act. Bor. 3, 273 cf. 281, 287 — frater Stanislaus ordin. Praedicat. Prior in Elbingen —). 1318 zeugten der Guardian und ein anderer Bruder der braunsberger Minoriten dem ermländischen Bischofe (C. W. 1, 324).

Kreisen durch Predigt und Theilnahme an der Seelsorge leuchtet leicht ein. Besonders aber muss betont werden, dass gerade diese Orden eins der wichtigsten Momente für die Germanisirung Preussens gewesen sind. Sie haben sämmtlich ihren Ausgangspunkt aus Deutschland und haben ihren deutschen Charakter, so lange wie von einem Einflusse nach Aussen hin bei ihnen die Rede sein kann, treu bewahrt. Deutsch waren zunächst die Cistercienser, so in Oliva [illegible]), so in Pelplin. Sambor II. von Pommerellen war es, der sein Land zuerst dem Germanismus vollständig öffnete [illegible]). Zur Förderung deutschen Wesens und deutscher Sitte stiftete er 1258 das Kloster Samburia oder Mons Mariae oder Neudobberan. Denn aus Dobberan in Mecklenburg zog er die Cistercienser herbei, seine Vorkämpfer für den Germanismus. Sambors Kloster wurde 1274 nach Pelplin verlegt. Wie treu sich Pelplin seines deutschen Charakters bewusst geblieben, das zeigt unter andern der Widerspruch, den es noch 1487 gegen die Zumuthung erhob, seine jungen Leute auf der polnischen Universität Krakau studiren zu lassen [illegible]). Es sind ferner deutsche Dominikaner,

---

1335 lässt sich der deutsche Orden von den Vorstehern der preuss. Franciskaner- und Dominikaner-Klöster Zeugnisse an den Papst über sein Wohlverhalten und seine Verdienste ausstellen. (Voigt, C. Pr. 3, 198, 190.) Die Hochmeister wiederum haben ihrerseits die Verdienste dieser Orden um Verbreitung und Förderung des Christenthums wohl zu schätzen gewusst. Winrich v. Kniprode begünstigte sie nicht nur vielfach, sondern erlaubte ihnen in mehreren Städten noch neue Klöster. Auch Conrad v. Jungingen nahm sich ihrer an. (Voigt, Gesch. Pr. 5, 391; 6, 758.) Unter den preussischen Doktoren und Magistern, welche 1395 sich wegen Heiligsprechung der Dorothea von Marienwerder an den Papst wandten (V. C. Pr. 5, 84) halten wir den ersten: frater Cristianus plebanus in Gdancz doctor minimus juris canonici für einen Minoriten. Dass die Dominikaner im 14. Jahrhundert von den Pfarrern zu Festpredigern (von dem Guardian in Elbing) erbeten wurden, ersehen wir aus Cod. Warm. 3, 322. (Zur Zeit Johanns III., 1416—1424.) — Zur Beurtheilung der Aufgabe der Dominikaner auf dem äussersten östlichen Vorposten der Kirche führen wir aus neuerer Zeit aus dem Catalogus Patrum et Fratrum ordinis Praedicatorum Provinciae Lithuaniae et Ruthenae von 1840 an, dass in diesem Jahre 68 patres Provinciae gezählt wurden, die Doctores Sacrae Theologiae waren, dass die Mönche in der Seelsorge und als Prediger (in Petersburg z. B. hielten sie italienische, polnische, französische und deutsche Predigten) welche thätig waren, dass ihre Unterrichtsanstalten (namentlich in Wilna, Poparcie und Petersburg) mit Professoren der Theologie, der philosophischen und sprachlichen Wissenschaften (darunter auch Lehrer des Deutschen) wohl besetzt waren.

[illegible]) Dessen vorläufige Einrichtung ins Jahr 1178 fällt; eigentlicher Konvent seit 1186; Mutterkloster Kolbatz S. Scr. Rer. Pr. 1. 669.

[illegible]) Ueber diese Bedeutung Sambors II. siehe u. a. Strehlke, in der Altpr. Monatsschrift 1867 S. 506 ff. Ueber Pelplin s. Scr. R. Pr. 1, 809 ff.

[illegible]) Der Cisterzienserabt von Clarratumba, rector Collegii Cracoviensis, wollte 1487 Pelplin zwingen, seine Studirenden nach Krakau zu schicken. Pelplin aber producirte seinen Bescheid von 1484, aus sichern Gründen seine Studenten nicht dorthin zu schicken, und erklärte, nicht mehr von dorther belästigt sein zu wollen. 1488 beschloss das pelpliner Kapitel, seine Brüder nach Heidelberg zu schicken, woselbst sie im Hause des Magisters Johannes de Prussia wohnen sollten. (Pelpl. Arch., besonders die conclusio capituli generalis de mittendis ad studia fratribus Heidelbergam; ... ob instantiam egregii S. theol. Professoris Mgri Joannis de Prussia u. s. w. Vgl. Voigt, Gesch. B. 6, 764.) Erst 1505 stiftete der culmer Bischof Nicolaus eine Schwesterkapelle in Löbau und zu St. Barbara, damit die Polen auch in ihrer Sprache Predigt hören können. (Pelpl. Arch.)

welche wir seit 1232 [34]) mit der Predigt des Kreuzes in Preussen beschäftigt sahen. Der Hochmeister sagt von den Dominikanern (potentes in opere et sermone) in der Bestätigungsurkunde des Klosters in Elbing 1246 „de quorum laboribus et predicacionibus germinare fructus uberes cepit prusia et rigata lyuonia mennis habundancia iocundari." C. W. 1, 22. Sie gehörten der Ordensprovinz Magdeburg an [35]). Danzig wurde 1227, Culm vielleicht schon 1228 gegründet [36]), Elbing 1238 [37]), Dirschau 1289 (Scr. Rer. Pr. 3, 62). Im Verbande mit den deutschen Mutterklöstern scheinen die preussischen Dominikaner nicht lange geblieben zu sein. Eine Urkunde von 1335 (C. Pr. 2, 196) führt uns Elbing, Danzig, Culm, Thorn, Dirschau und Brześć in Cujavien als zur Provinz Polen gehörig [38]) vor, in welchem Jahre die Prioren dieser Konvente in Elbing versammelt waren, wie schon 1310 ein Provinzialcapitel der Provinz Polen in Elbing gehalten wurde (Voigt, C. Pr. 2, 75). Was dagegen die Franziskaner betrifft, so bildete Preussen eine eigene Custodie, deren Vorsteher (Custos) der Guardian von Danzig war (custodia Prussiae). Diese Custodie gehörte zur deutschen Provinz Sachsen (deren Minister provincialis in Dresden residirte). Zur Custodie Preussen gehörten ausser Danzig (dem Hauptkloster, welches uns mit Sicherheit eine Schule, eine reiche Bibliothek und gelehrte Mitglieder aufweist und ohne Zweifel schon 1323 vorhanden war): Thorn (1239 gegründet, Scr. R. Pr. 2, 392), Culm (1255 gegründet, Seemann p. 4), Braunsberg (vor 1310 schon vorhanden), Neuenburg (zuerst 1311 erwähnt), wozu seit 1349 Wehlau und seit 1364 Wartenburg hinzukamen [39]).

---

[34]) S. die Urkunden in Voigts Cod. Pr. I. 26; 28 u. [illegible]

[35]) Voigt, C. Pr. I, 26 u. 27. Vgl., was wir im Index lect. 1866 p. 6 u. 24 beigebracht haben.

[36]) Seemann p. 4. Im Jahre 1244 bestand es schon lange. Bender, Zeitschr. f. Gesch. Ermlands p. 212.

[37]) C. W. 1, 1. Ausser Elbing hatte die Diöcese Ermland nur noch das Dominikanerkloster Gerdauen. Eine deutsche Urkunde vom Prior Simon Loburg von 1477 in den Pr. Pr. Bl. 1866, II. S. 148; die Handfestenliste Gerdauens von 1398 (C. Pr. 4, 183) erwähnt das Kloster nicht. Andere Nachrichten liegen nicht vor.

[38]) Herzog Conrad hatte die Dominikaner nach Masovien verpflanzt und 1244 durch Brüder aus dem Konvente in Krakau ein Kloster in Plock gegründet. 1263 wurde das Kloster in Thorn gegründet, oder vielmehr von Ziemoria her nach Thorn verpflanzt. S. Bender, Ind. lect. 1866/67, S. 13. Zlotorie gehört zur Pfarrei Kaszczorek (Klösterchen), welche der Dominikanerprior von Thorn besetzte. Das thorner Kloster wird demnach von vornherein ein polnisches gewesen sein. Auch Danzig ist ein polnisches Kloster, nach Dlugoss VII. p. 751 eine Gründung des h. Hyacinthus, durch den die Dominikaner zuerst in Polen (Krakau 1223) eingeführt wurden; ibid. VI, p. 623, 1310. Urkundlich ist Swantopolk Stifter, wie sein Sohn Mestwin II. des Klosters zu Dirschau. Elbing ist entschieden eine Stiftung des deutschen Ordens. Unbekannte Umstände mögen den Anschluss der preussischen Dominikaner an die polnischen, deren Provinzial in Breslau residirte, so frühzeitig bewirkt haben. Gerdauen hat damals, 1335, offenbar noch nicht existirt.

[39]) Vgl. die Urkunden von 1311 (C. Pr. 2, 78), in welchen ausser Thorn, Culm, Braunsberg, Neuenburg noch genannt sind: Wladislavia (d. i. Włocławek) und Rasow, beide in Polen; von 1323 (C. Pr. 2, 138); (1335 C. Pr. 2, 196), wurde ausdrücklich der Custos und die Guardiane von Thorn, Culm, Neuenburg, Braunsberg zur provincia Saxoniae

Was nach dem Eindringen der Kirchentrennung in Preussen und der dadurch herbeigeführten Unterbrechung von alten Franziskanerklöstern in

---

gerechnet wurden, Wladislavia aber und Raciey (oben Rosow), vielleicht Radziejow in Cujavien, wo noch in neuerer Zeit ein Minoritenkloster war, zur provincia Poloniae. In Wehlau war kurz nach dem ersten ein zweites Franziskanerkloster von der strengen Regel gegründet, das aber nur ein kurzes Dasein hatte. Das bestehende Kloster ging bald nach 1520 ein. Wölky, Scr. Warm. 1, 477. — Der erste uns bekannte custos minorum fratrum per Prussiam ist Nicolaus (1325 u. 1326; cod. Warm. 1. Reg. 128, 160), welcher gleichzeitig mit dem Guardian Johannes von Braunsberg (1318 u. 1326, ibid. 169. Doc. 224) lebte. Nicolaus hat unter dem Namen Claus Crane die Propheten ins Deutsche übersetzt. S. Anhang zu Lex. David, 4 B. Vorred. S. V. Der Hochmeister Michael v. Sternberg (1414—1422) erlaubte den Aufbau eines neuen Franziskanerklosters in der Neustadt Danzig (Voigt, Gesch. Pr. 6, 758), woraus die Meinung entstanden zu sein scheint, dass 1431, da der Bau der Franziskanerkirche St. Trinitatis begonnen sein soll, das Kloster überhaupt erst gegründet worden. Der custos Nicolaus steht zwar, wie Scr. R. Pr. 1, 647 mit Recht bemerkt wird, in den Urkunden neben dem Guardianen von vier Franziskanerklöstern Preussens, aber der custos war eben Niemand anders, als der Vorsteher des danziger Klosters. Wir zweifeln nicht, dass der Frater Cristanus [illegible] in Gdanczk [illegible] minimus juris canonici in einer Urkunde von 1395 in Voigts Cod. Pr. 5, 84, ein danziger Franziskaner, wahrscheinlich der Vorsteher, war. Dass er identisch sei mit Cristanus [illegible] in [illegible] parochiali s. Marie in opido Gdanczk, der Anfangs Gegner der h. Dorothea war, später aber sich bekehrte (Scr. R. Pr. 2, 267), lässt sich nicht bezweifeln. Um's Jahr 1506 wurde Alexander custos im danziger Kloster nach Dresden zum Kapitel vorgeladen (Preuss. Lieferung alter und neuer Urkunden I, 449). Das wird derselbe danziger Franziskanermönch Dr. Alexander sein, welcher erst um 1517 und 1523 in der Franziskanerkirche, dann 1526 in der Marienkirche im Sinne der neuen Kirchenlehre öffentlich predigte, ohne seine Mönchskappe abzulegen; oder, wie Hartknoch (Pr. Kirchenhist. 656, 657, 663) sagt, die Mönchskutte antrug, „schon gut evangelisch war", sich aber zur römischen Kirche bekannte. Das Volk habe ihn für einen Heuchler ausgeschrieen (S. 663); zuletzt wurde ihm die Stadt verboten (Gralath, Gesch. Danz. 1, 516). Präetorius, danziger Lehrer Gedächtniss, S. 11, hat ihn von 1521—1524 als ersten evang. Prediger von St. Trinitatis und von 1574—1585 als ersten von St Marien. Vgl. auch über ihn Hirsch, die Oberpfarrkirche in Danzig, S. 207, 286 und öfters. 1503 studirte der Minoritenbruder aus Danzig Alexander Svenichen in Wittenberg, S. 284; 1526 sei Alexander unter dem Pfarrer Joh. Dantiscus Prediger für St. Marien geworden, nachdem er in demselben Jahre sich seines Costumes habe entbinden lassen, S. 312; er sei 1529 gestorben, S. 316. Alexander ist also, mag er eine Ueberzeugung gehabt haben, welche er wolle, innerhalb der Form der alten Kirche geblieben. Hirsch berichtet S. 140 von einer Schule der danziger Franziskaner, offenbar der einzigen, welche mehr bot, als der eine Schulmeister für die ganze Stadt bei St. Marien vor 1436 (S. 104). An dieser Schule soll Nicolaus Lachmann, Scholasticus, Guardian und Custos, als Lehrer gewirkt haben (S. 141). Wir haben ihn freilich 1475 nur als Minister provincialis Saxoniae, s. theol. profess. gefunden (Preuss. Lieferung I, 446). Nach Hipler (bibliogr. Warm. S. 73) war Nicol. Lachmann im 15. Jahrh. theolog. Lehrer und fruchtbarer Schriftsteller in Köln. — Auch Hirsch lässt die Franziskaner erst zu Anfange des 15. Jahrhunderts sich in Danzig niederlassen (S. 106), aber S. 177 bringt er selbst ein urkundliches Zeugniss für ihre frühere Existenz bei. „Die altstädtische Fleischergewerk verschafft sich 1381 den Genuss der guten Werke bei den Franziskanern in Neustadt." Hirsch scheint hier in der That an die Reformaten in Neustadt (1647 gegründet!) gedacht zu haben, da doch offenbar die Franziskaner in der Neustadt Danzig gemeint sind. Der letzte Custos in Danzig um 1550 bis 1555 war ein geborener Braunsberger Johannes Rollau, Fratrum Minorum Terrarum Prussiae custos [illegible] (Hartknoch a. a. O. 676, nach Curike).

neuer Gestalt wiederhergestellt, oder neu gegründet wurde, gehörte seit der Zeit zur Ordensprovinz Polen. Braunsberg ging, als verlassen, 1565 an die Jesuiten über, Wartenburg existirte noch 1499, stand aber zu Hosius' Zeit leer, Danzig war 1550 an den Magistrat abgetreten. Thorn (die letzten Mönche zogen 1813 ab) und Culm (bis 1806), wozu noch das Kloster in Culmsee, (aufgehoben zwischen 1803 und 1806) gekommen war, waren polnische Klöster geworden, ebenso wie Neuenburg (vor 1835 aufgehoben). Als in Ermland Wartenburg von Bischof Andreas Bathori (1589—1599) wiederhergestellt (aufgehoben 1832) und Springborn 1639 gegründet worden (1820 ausgestorben), gehörten beide, sowie das 1683 gestiftete und 1828 aufgehobene Kloster Cadienen zur Provinz Grosspolen unter dem Minister provincialis in Warschau [47]. Aehnliche Schicksale hatten die Augustinerklöster,

---

47) Ueber diese Klöster s. im Allgemeinen Toeppen, Geogr. von Pr., S. 307; Wölky, Scr. Warm. I, 414, 433, 436; Wernicke, Gesch. Thorns 2, 613. Vgl. Scr. R. Pr. 2, 393 wegen eines räthselhaften Siegels der thorner Franziskaner von 1730. Treter 126. Die Memoria patrum ac fratrum mortuorum ordinis minorum S. P. Francisci regularis observantiae Provinciae majoris Poloniae (Varsav. 1782) enthält Mönche aus folgenden preuss. Klöstern: Wartenburg, Springborn, Cadienen, Thorn, Neuenburg (Nova, poln. Nowe), Schwetz (23. Jan. 1673 starb ein Guardian von Schwetz; besteht bis 1830), Löbau (1507 gegründet vom culmer Bischofe Nicolaus III. Crapitz, 1495—1508, † 1513; 29. Jan. 1666 obiit P. Andreas primus post receptionem conventus Lobaviae; bestand bis 1816; hier starb 22. Novbr. 1774 Carl Szembek, der Vater des Bischofs von Plock, als Pater, 63 Jahre alt, 31 Jahre Mönch). Von verschiedenen Klöstern dieser Provinz (so von Thorn) werden Lectores der Philosophie und der Theologie, ebenso Studenten der Philosophie und Theologie aufgeführt. Schwetz wird wie Löbau zu den neuern Stiftungen gehören. Culm, sowie Culmsee, fehlen unter den Klöstern dieser Provinz; sie gehörten nicht zur strengern Observanz (Semrau, Franziskanerkloster in Culm, Programm von Neustadt 1860). Die Reformatenklöster Lonk (gegründet 1629), Neustadt (gegründet von Jacob v. Weyher 1647), Stolzenberg (bei Danzig, erbaut 1664), Christburg, Graudenz, Strasburg sind alle nach 1600 entstanden, da dieser Zweig der Franziskaner zuerst in Polen aufkam; sie gehören ebenfalls nicht hierher; ebenso wenig das zur [illegible] [illegible] gehörige Bernhardinerkloster Jacobsdorf, und die im herzoglichen Preussen um die Zeit der Kirchentrennung gegründeten Franziskaner zu Königsberg im Löbenicht (1517) und in Tilsit (1518). Nicht viel älter sind die Bernhardiner in Saalfeld. Alle drei gingen 1524 ein. Neustadt und Lonk bestehen noch; ausserdem haben die Reformaten seit 1856 das Kloster Kl. Byslaw (Byslawek) bei Tuchel, früher Benediktinerinnen. Die übrigen sind in diesem Jahrh. eingegangen. Was Culmsee betrifft, so giebt es eine unbegründete Sage, dass dort vor Stiftung des Domkapitels ein Kloster der „Schwarz-Mönche" gewesen (s. Hartknoch, Kirchenhist. 161). So werden aber sonst die Dominikaner genannt; wenn nach Semrau (a. a. O. S. 6) die culmer Franziskaner schwarze Mönche heissen, so beruht das auf einer Verwechselung. Dass Culm und Thorn polnische Klöster wurden, hat seinen einfachen Grund darin, dass zur Zeit der Kirchentrennung dieselben keine deutschen Mönche mehr hatten. Durch die Neuerung in Culm war ihre Kirche profanirt. 1541 stand „das graue Kloster" in Culm leer. S. Lengnich, Gesch. Sigism. I, S. 233. Das thorner Kloster hatte, als es 1559 an den Magistrat abgetreten wurde, noch zwei Mönche, welche zur neuen Lehre übertraten. Es nahm 1568 das neue evang. Gymnasium auf. Nach der Katastrophe von 1724 wurde es mit der Kirche St. Marien wieder den Franziskanern (Bernhardinern, seit 1454 in Polen) übergeben, während das evang. Gymnasium 1725 in einem andern Gebäude (die [illegible] genannt) wieder eröffnet wurde, worin es bis

deren es in der ermländischen Diöcese drei gab [47]). Auch sie gehörten ihrer deutschen Ordensprovinz Sachsen an. Es sind: Rössel, 1347 gegründet, von Baiern her besetzt, aber 1359 sich mit der Ordensprovinz (Generalpriorat Sachsen) vereinigend, im Jahre 1533 von den Brüdern verlassen stehend. Die Kirche heisst später die polnische, und die Rechte der hiesigen Augustiner beanspruchte später die betreffende Provinz Polen, wohin einzelne Brüder gezogen sein mögen [48]). Heiligenbeil, 1370 gegründet, eingegangen 1520. Patollen (gr. Waldeck bei Domnau), angeblich unter Winrich v. Kniprode gegründet, wird 1483 ausdrücklich zur provincia Saxoniae gerechnet. 1528 waren die Mönche vertrieben [49]). Das Testament des ermländischen Bischofs Nicolaus von 1489 bedenkt u. a. auch alle Klöster seiner Diöcese, nämlich Elbing, Braunsberg, Wartenburg, Rössel, Wehlau, Patollen, Heiligenbeil und Gerdauen.

Alle die genannten Schulen können im Allgemeinen schliesslich doch nur als die vorbereitenden Anstalten für die eigentlichen Fach- und Berufsstudien angesehen werden. Demnach muss uns für unsern Zweck die Frage interessiren, wie speciell in Ermland, bei dem Abgange einer Universität (fremde Universitäten zu besuchen war nicht Jedem vergönnt) der höhere theoretische und praktische Unterricht in den für ein Kirchen- und Staatsamt nothwendigen philosophischen und theologischen Wissenschaften ertheilt wurde.

Betrachten wir zunächst wieder die Bildungsmittel, welche Ermland selbst zu diesem Zwecke darbot. Ob, wie angegeben wird, der Diöcesanklerus junge Männer bei sich zum geistlichen Stande herangebildet habe, dafür fehlt uns, für Ermland wenigstens, nähere Kunde. Es war aber in der That für diesen Zweck auch in unserm Lande besser gesorgt, als es den Anschein hat. Abgesehen von der für den speciellen Zweck der Ausbildung junger Männer für die Seelsorge der Diöcesanen preussischer Zunge im Schlosse zu Heilsberg unterhaltenen

---

1655 verblieb. So waren die Bernhardiner, deren zur Provinz Polen gehörender Konvent sich wieder in Thorn neu gebildet hatte, in den Besitz der früheren deutschen Franziskaner gekommen. Die citirte Memoria von 1789 nennt den 1769, 29. Novbr., als Exminister gestorbenen Roman Wroblewski den Restaurator des thorner Konvents, welcher ein studium philosophicum und theologicum in seinen Räumen hatte. Nach Hartknoch, Kirch. Histor. S. 897, begannen schon etwa seit 1520 die Polen wegen Mangels deutscher Prediger in den Klöstern St. Nicolai (Dominikaner) und St. Marien sich „einzunisten". Wann wieder ein Franziskanerkonvent constituirt worden, ist uns nicht bekannt. Wir lesen von ihnen u. A., dass sie 1636 die Marienkirche reklamirten. — In Culm führte Bischof Peter Kostka (1575—1577) wieder patres S. Francisci ein, qui ex provincia Polona, non Saxonica erant, prout illi, qui ante illos egerunt, wie die Vit. beati Joannis Lobedaw in Scr. R. Pr. 2. 394 bezeugt.

[47]) Ausserdem gab es, abgesehen davon, dass Bischof Heidenreich ein Domkapitel in Culmsee nach der Augustinerregel gründete, welches er aber schon 1263 in ein Deutschordenskapitel umwandelte, in Westpreussen nur noch ein Augustinerkloster in Conitz, 1356 von preuss. Stargardt aus gegründet, später aber ein polnisches Kloster. S. das conitzer Gymnasialprogramm von 1829.

[48]) S. die rösseler Schulprogramme von [illegible], 1841, 1842, 1846.

[49]) Ueber Heiligenbeil und Patollen s. Wölky, Scr. W. 410, 424.

preussischen Schule, gab es in Ermland zwei Einrichtungen, aus denen ohne Zweifel viele tüchtige Männer ihre Bildung für den einheimischen Kirchen- und Staatsdienst erhalten haben. Es ist 1) der theologische (impl. auch philosophische) Cursus, der sich bei der Kathedrale an den vorbereitenden Unterricht der Domschule anschloss; 2) die mehr für den Laienstand, namentlich den Adel, berechnete Schule am bischöflichen Hofe, die wir kurz als die Hofschule oder höhere Schlossschule bezeichnen können.

Was die höhere Domschule betrifft, so recurriren wir auf die altkirchliche Einrichtung des officium's des Poenitentiarius und des Canonicus Theologus [45]. Die Grundidee der Institution beider Aemter ist die einer eminenten Stellvertretung im bischöflichen Lehramte und in der bischöflichen Verpflichtung zur Verwaltung des Busssacramentes und der Handhabung der Bussdisciplin. Sie bestand schon vor dem Concil von Trient und wurde durch dasselbe eingeschärft und zur Verpflichtung erhoben. Der Theologus war Exeget und vertrat in der Folge auch die Dogmatik. Die Thätigkeit des Theologus umfasste auch die höhere Leitung selbstständiger Studien des Klerus auf dogmatischem und moralischem Gebiete. Eine spätere Zeit legte die Pflichten des ursprünglichen Poenitentiarius und Theologus in die Hand der Generalvikare und schuf eigene Domprediger. Das was einst ein Officium des Bischofs gewesen, führte in Folge der Wiedereinführung des canonischen Lebens an den Kathedral- und Collegiatkirchen zur Bestellung eigener Aemter. Poenitentiarii finden sich schon im 11. Jahrhundert in der Kirche. Das Conc. Londin. von 1237 bestimmte die Einführung des Poenitentiarius an den Kathedralen. Bekanntlich finden wir die Poenitentiarii auch in Ermland, und zwar neben dem eigentlichen Poenitentiar noch einen besondern für die Diöcesanen preussischer Zunge [46]. Gleichzeitig fand auch das Officium theologale seine gemeinrechtliche Einführung. Zu dem officium Magistri, welches schon lange vor den Zeiten Alexanders III. bestand, und welches dieser Papst für die armen Kleriker und Scholaren an allen Kathedralkirchen anordnete, unter Zuwendung eines Beneficiums an den Inhaber, führte Innocenz III., diese Bestimmung bestätigend und auf andere Kirchen ausdehnend, das Theologaloffcium für alle Kathedralkirchen ein. „Der Theologus sollte die Kleriker und Andere in der h. Schrift und besonders in denjenigen Gegenständen unterrichten, welche auf die Seelsorge Bezug haben.“ Dieses bestätigte Honorius III. und förderte es durch Entbindung von der Residenzpflicht und Gestattung des Bezuges der Beneficialeinkünfte für diejenigen jungen Kleriker, welche die Hochschulen bezogen [47]. Auch für Ermland dürfen wir es als in

---

45) S. hierüber Gentz, die Praebenda theologalis und poenitentialis in den Kapiteln, Mainz 1867, welche Schrift wir hier zu Grunde legen.

46) Ueber die ermländischen Poenitentiare s. Wölky, Scr. Warm. 378; der erste in unsern Urkunden vorkommende ist Nicolaus de Colberg 1361, C. W. 2, 326; im culmer Domkapitel kommt er schon 1303 vor: fr. Johannes penitenciarius, Voigt, C. Pr. 2, 64.

47) Von der Residenzpflicht waren diejenigen ermländischen Domherren [illegible] ausdrücklich entbunden, die ad sacre Theologie aut sacrorum canonum vel

den kirchlichen Institutionen liegend von vornherein als thatsächlich annehmen, dass auch hier durch den Dr. der Theologie und speciell des canonischen Rechts (Decretorum) die betreffenden Wissenschaften gelehrt und geleitet wurden. Zwar finden wir bei der ermländischen Kathedrale nur selten einen Professor der Theologie (canonicus theologus) erwähnt; das erklärt sich aber aus dem Umstande, dass, als allmälig der Unterricht in der Moraltheologie an die Stelle des dogmatischen trat oder wenigstens als gleichberechtigt galt, der Grad im canonischen Rechte auch zur Erwerbung des officium theologale genügte. (Sentis, l. c. 25). Die Graduirten im canonischen Rechte sind nun auch im ermländischen Domkapitel viel zahlreicher als die Professoren der Theologie. Von letztern haben wir uns folgende notirt: Johannes Hubener, 1412 und 1413, aus Friestad in Schlesien, Dr. und Prof. s. theol. vicar. gener. in spir., 1412 als Prokurator des Bischofs in Heilsberg, von dem es nicht überliefert ist, ob er Canonicus in Frauenburg gewesen, oder ob er ohne diese Würde am Hofe des Bischofs diesem zur Seite stand [illegible]). Mgr. Laurentius Heilsberg, sacro theol. Prof., can. Warm. 1423—1443. Mgr. Thomas Werner, theologus et professor, Domkustos (1476—1496), der sich bald in Leipzig, wo er Professor war, bald in Frauenburg aufhielt. Johannes Sculteti sacro theol. Professor, canon. et archidiac. eccles. Warm., Cantor (1495—1499), gestorben 24. Okt. 1526. — Graduirte im canonischen Recht sind: Wescelus doctor Decretorum, Cantor 1330 und 1331; 1333, in welchem Jahre er zugleich als Domherr in Dorpat erscheint. Michael Wischow von Perugia, Licenciat des canonischen Rechts und Studiendirektor der pariser Universität, Domherr 1364, Domdechant 1387—1388. Friedrich Salendorf, 1408 Baccal. des canonischen Rechts von Prag, Domcantor 1419—1448. Heinrich Vogelsang, Baccal. jur. canon., 1401 Bischof. Johann Abezier, nicht blos Doctor des canonischen Rechts, sondern auch Baccal. und Magister der Philosophie, Dompropst (1411—1416), später Bischof. Franz Kuhschmalz, decretorum Doctor, Dompropst 1420—1424, später Bischof, und Andere. Im Jahre 1455 waren 3 doctores decretorum im Kapitel, Arnold Clunger, Nicolaus Weterheim, Johann Plastwich [illegible]).

---

aliud oportunum studium sich anderswohin begaben. S. die Urkunde von 1343. C. W. 2, 33.

[illegible]) Wölky, Scr. Warm. 64, 270, 317. Einen religiosum aut theologum aut jurisperitum (oder doctor sacre theologie aut doctor decretorum) finden wir in der Person des Vicarius [illegible] (oder vicarius domini ordinarii) am bischöflichen Hofe zu Heilsberg (In der Ordinanz bei Wölky, l. c. 316 u. 333), einem Manne von gereiftem Alter (venerabilem [illegible] oder [illegible] virum) genau so wie das Conc. Trid. sess. XXIV. c. 8 vom Poenitentiar fordert, dass er sei magister vel doctor aut licent. in theol. vel jure canon. et annorum quadraginta. (Sentis, 7.)

[illegible]) Ueber Laurentius s. Wölky, 3, 237; 240; Beckmann, Ind. 1881, 4; über Werner, Wölky, 233, 343. Er, so wie Martin Fuhrmann aus Conitz (Benediktinermönch, zweimal Rektor der Universität Leipzig, 1480 u. 1482, s. a. w., gestorben 2. Octbr. 1506), leitete in Leipzig die Studien des Dr. med. Wilhelm Hakenhof aus Thorn (auch Altenhofer genannt, der in einer Stelle bei Hipler, bibliotheca Warm. p. 76, blos Dr. Wilh. de Thorn heisst).

Ausserordentlich zahlreich sind im ermländischen Kapitel diejenigen Mitglieder, die sich pure Magistri nennen. Von 1290—1360 z. B., wie weit die Urkunden des Cod. Warm. vorliegen, lässt sich eine ununterbrochene Reihe von einem, oder zwei und drei Magistern zugleich, unter den Domherren nachweisen [40]). Forderte ja noch das Conc. Trid. (sess. XXIV. c. 12. de reform.), dass womöglich alle Dignitarier und wenigstens die Hälfte der Domherren Magistri oder Doctoren oder Licenciaten in der Theologie oder im canonischen Rechte sein sollten. Es ist aber ein Irrthum, die Magistri des ermländischen Kapitels ohne Weiteres alle für magistri artium zu halten. Schon vor Papst Alex. III. gab es ein officium magistri, wovon oben die Rede; für den Poenitentiar war wenigstens das Magisterium in der Theologie erforderlich, (Sentis, 5; 25). Kosegarten, Gesch. der Univers. Greifswalde, 1, 6, sagt: „Der theolog. Doktor wird oft

---

Das Andenken an Haltenhoff (geb. um 1456, † 15. Juni 1507) lebt auch heute u. a. in seiner Studienstiftung (1505) für drei leipziger Studenten aus Thorn fort. Auch Fabermann fundirte 1502, wie Werter (1496) und Haltenhoff, in Leipzig ein auf die preussische Burse angelegtes Stipendium für Jünglinge aus Conitz, Marienburg, Elbing und Allenstein. Zernecke, Thorn. Chron. 99; Junker, conitzer Progr. v. 1841 S. 10. — Ueber Scultetti: Wölky, 297; Eichhorn, in erml. Zeitschr. 1, 182, 279; 3, 594; Theiner, Monum. 2, 523. Nach Hipler, a. a. O. 79, ist er Prof. der Theologie in Leipzig und identisch mit dem oben S. 24 Note 34 erwähnten Joannes de Prussia. Der Sekretär des Hochmeisters Joh. Sculteti 1443 (Wölky, Ses. W., 12) ist aus chronologischen Gründen ein anderer. Wir möchten ihn dagegen für den Dr. Johann Scultetus halten, welcher von 1497—1515 die Pfarrstelle St. Marien in Danzig besass und in Rom apostol. Notar war (1508, 1511), ohne, wie es scheint, seine Gemeinde während seines Pfarramtes gesehen zu haben. S. Hirsch, Oberpfarrkirche, S. 135, 344. Sein Vorgänger im Pfarramte war Dr. Bernard Scultetus (1483—1497), apostol. Protonot. und Cubicular. (Hirsch, 133, 135), von welchem [illegible] mit Unrecht vermuthet, er sei identisch mit dem oben S. 26 Note 40 von uns erwähnten Dr. Alexander, welches sein Klostername sei. Er ist vielmehr Niemand anders, als der ermländische Domdechant Bernhard Sculteti (1499—1517; über welchen s. Eichhorn, erml. Zeitsch. 3, 356). Der Nachfolger von Joh. Scultetus als Pfarrer in Danzig ist Moritz Ferber (1515—1523), der spätere Bischof von Ermland. Sein Neffe, der Domdechant Joh. Ferber (1523—1530; Eichhorn, 556) war seit 1516 Pfarrer zu St. Joh. in Danzig; dessen Nachfolger in dieser Prälatur, der oben S. 19 erwähnte Leonard Niderhoff, aus einem der hervorragenden Geschlechter Danzigs, das seit 1457 Rheinfeld und Neuengrod besass, hatte die Pfarrstelle St. Bartholomaei, so wie sein Landsmann Tidemann Giese, Vetter von Moritz Ferber, der spätere Bischof, die Pfarrei St. Peter und Pauli. Ein anderer Neffe desselben, ebenfalls ein Danziger, Johann Zimmermann war erml. Domkustos (1529—1543; Eichhorn, 539). Einer seiner Vorgänger in dieser Prälatur, Augustin Thiergardt (1447—1457), aus einem der vornehmsten danziger Geschlechter, war 1461 und folgende Jahre Pfarrer zu St. Marien und starb gegen 1467. S. Hirsch, 129, 345, 392. Bekanntlich sassen von 1523 bis 1550 Danziger auf dem bischöflichen Stuhle von Ermland! — Ueber Wessel s. C. Warm. 2, 583, Voigt, G. Pr. 2, 175. Eichhorn, a. a. O. 3, 562. [illegible], S. 110. Magister Wesselo Warmiensis et Dorbatensis Ecclesiarum Canonicus 1333. — Ueber Wischow, Wölky, l. c. 217, 223, 249, 254, 263; Eichhorn, 3, 312. — Ueber Salendorf, Wölky, 240, Eichhorn, 565. — Ueber Vogelsang, Wölky, 9; Treter, p. 31, [illegible] juris utriusque doctor. — Ueber Abezier, Eichhorn, 313; Wölky, 8. — Ueber Kubschmale, ebendaselbst 314. — Ueber Clauger u. s. w. Wölky, 119; Treter, p. 44, canonici doctores juris utriusque.

[40]) So Cod. W. 1, 139. Im Jahre 1289 drei magistri; ebenso drei 1346—1359: Hermann, Laurentius und Martinus.

magister genannt und seine Würde magisterium." Vgl. oben S. 23. theologiae magistri. Auch unter den ermländischen Magistris mögen meistens Theologen zu denken sein. Sicher nicht zur blossen Zierde war es für nothwendig erachtet worden, so viele graduirte gelehrte Männer im Kapitel zu haben. Es erforderte das nicht nur das Bedürfniss der Leitung und Verwaltung der Diöcese, sondern ohne Zweifel auch der Umstand, dass die Magistri der Theol. und des canonischen Rechts, und auch diejenigen, welche etwa diese Würde in der Philosophie besassen, mit der gelehrten Ausbildung der Kleriker betraut waren [illegible]). Aehnlich mag das besprochene Verhältniss an den übrigen preussischen Domkapiteln gewesen sein [illegible]).

Die zweite Anstalt war die Hofschule bei der bischöflichen Residenz zunächst zur Ausbildung der Hofjunker. Die Residenz der ermländischen Bischöfe war von c. 1280—1340 das Schloss in Braunsberg, von 1340—1350 das Schloss in Wormditt. Seit der Zeit war die ordentliche Residenz im heilsberger Schlosse.

Die Söhne des Schultheissen Martin von Wormditt (Nicolaus und Petrus) verkaufen laut zweier Urkunden vom 23. Septbr. 1343 (Cod. Warm. 2, 25) ihren Antheil an der Mühle in der Heide bei Wormditt zum Nutzen der bischöflichen Tafel, jeder für 90 Mark, von denen jährlich 9 zu zahlen sind; für den Sohn des Nicolaus, Namens Simon, einen Knaben, sollte das Geld angezahlt werden; Petrus aber, der sich als Hofjunker und Schüler (familiaris et scolaris) am bischöflichen Hofe aufhielt, bekam, statt der jährlichen Rente von 9 Mark aus den bischöflichen Gefällen, Kost an der bischöflichen Tafel und Bekleidung und jährlich 1 Mark Geldes in vierteljährigen Raten, so lange er nämlich am Hofe bliebe; verliesse er denselben, so sollte auch er 9 Mark jährlich erhalten, so lange bis die Rente wieder an den bischöflichen Tisch zurückgefallen sei. Wenn auch die bischöfliche Familie nicht ausschliesslich aus Schülern bestand, so ist doch klar, dass die jüngern Hofjunker an einer bischöflichen Hofschule den für ihre künftigen Hofdienste und Hofbestallungen oder auch für den Staats- und Kirchendienst nothwendigen Unterricht und Ausbildung erhielten. Wenn wir mit Recht vermuthen dürfen, dass jener Petrus Martin, der in Padua 4 Jahre canonisches Recht studirte, Pfarrer in Badwein wurde und

[illegible]) Ausdrücklich als magister artium finden wir erwähnt: Lyphardus de Daddelen Magister artium et canon. eccl. Warm. 1389—1397. Wölky, l. c. 61, 222. — 1383 wird ein Albertus de Curia, qui in pluribus locis Alemanie in Artibus studuit, Domherr. Theia. Mon. 1, 635 und C. W. 3, 850.

[illegible]) Wir können allerdings nur auf Pomesanien verweisen. 1386 Johannes Rymann (später Bischof, † 1417) canon. eccles. Pomesan. sacre theologie Magister et decretorum doctor. Voigt, G. Pr. 6, 74. Magister Johannis Marienwerder, sacre theologie professor, Domdechant, † 1417 (über ihn s. Hipler, Meister Joh. Marienwerder u. s. w. in Zeitschr. für erml. Gesch. 3, 166 ff., woselbst S. 212 auch der Beweis, dass er Scholaren unterrichtete, zu finden ist. S. auch Cod. Prem. 4, 91; 5, 102 sacre theol. prof. Wir erwähnen auch Frater. de Salza doctor decretorum plebanus in Thorun 1422, Zeuge des Landmeisters in einer königsberger Urkunde (Gebser, S. 60). — Die Urkunden der pom. Kapitel haben öfters Magistri, so Florh 1328 (Act. boruss. 1, 397) etc.

1364 von Papst Urban ein Canonikat der ermländischen Kirche erhielt (C. W. 2, 379) derselbe ist, der die erste wissenschaftliche Vorbildung 1343 auf der Hofschule in Wormditt erhielt, so haben wir einen Anhalt, um den Gang der Ausbildung zum Kirchen- und Staatsdienste in jener Zeit uns zu vergegenwärtigen. Aus demselben Jahre 1343 lernen wir zwei andere Hofjunker (familiares) in der Umgebung des Bischofs in Wormditt kennen: Theodericus und Tycako, von denen ersterer der 1344 in Wormditt erscheinende gleichnamige Hofmarschall wohl sein könnte [43]).

Die erste von Bischof Johann I. auf seinem Schlosse Heilsberg ausgestellte Urkunde, welche wir kennen, ist vom 29. Novbr. 1350 (C. W. 2, 162). Die Urkunde vom 10. Febr. 1353 (C. W. 2, 190) zeigt uns den Bischof in Heilsberg in der Umgebung seiner Hofjunker (in praesentia nostrorum familiarium). Mit der Verlegung der Residenz von Wormditt nach Heilsberg war auch die Verlegung der Hofschule dorthin erfolgt. Nach einer Erzählung in der Ordinancia (bei Wölky, Sec. W. 342) kam 1356 Johann II. (Stryprock) an den päpstlichen Hof mit drei Hofjunkern, worunter Nicolaus von Hogenbergk, sein camerarius, der Sohn eines Ritters aus preussischem Stamme, der in Prag studirt hatte. Auch dessen Sohn Johannes war 1379 und 1380 familiaris am bischöflichen Hofe (p. 343). Die familiares waren, wie sich meistens bestimmt erkennen lässt, aus dem einheimischen Landesadel [44]).

Wenn die Spuren von der bischöflichen Schloss- oder Hofschule in Wormditt auch gering sind, so sind sie doch nicht zu verkennen, zumal die Nachrichten über ihre Existenz in Heilsberg ein neues Licht über dieselbe verbreiten. Vorerst könnte man fragen, ob schon früher, in Braunsberg, eine solche existirt habe. Wenn das auch an sich wahrscheinlich ist, so fehlt es uns doch gänzlich an Beweisen dafür, wenn wir nicht aus

---

[43]) C. W. 2, 20; 37 und 38: Theodericus noster Curie tunc Marschalcus; 1340 war er noch nicht, sondern ein anderer Marschall. Wölky, Sec. W. 327. 1349 erhielt ein ehemaliger, jetzt zum Manne gereifter, familiaris Bischofs Hermann von Wormditt aus die Lorenzien und das Schulzenamt in Springborn, discretus vir Gotfridus quondam familiaris noster. C. W. 2, 144. 1364 erhielt Theod. v. [illegible], nepos et familiaris Joh. II., eine Handveste, C. W. 2, 285; er kommt öfters als angesehener [illegible] vor; [illegible] bei Guttstadt gehörte zu seinem Besitze.

[44]) So 1379 Joannes Kruzin, Casparus de Bayzen et Zanderus de [illegible] familiares nostri (rössler Progr. 1845, S. 25). Unter den familiares aus preuss. Blute nennen wir den [illegible] im Gefolge des Kirchenvogts Bruno von Luter. Bruno hatte mehrere solche Knappen (socios, C. W. 2, 48) junge Preussen um sich, die er namentlich zu Camerariern für die preuss. Gemeinden heranziehen mochte. Vgl. Zeitschr. für erml. Gesch. 2, 554, 606. Wenn für familiaris auch der Ausdruck famulus (d. i. Knappe) vorkommt, so denken wir eben an Junker, Söhne der Ritter, der milites. So heisst Sander von Bayzen 1343 in einer wormditter Urkunde (C. W. 2, 20) neben Hermann von Tromp familiaris des Bischofs; 1344 (ibid. 37 u. 38) Sanderus filius militis de Bayzen; 1348 aber (ibid. 111 u. 127) Sanderus de Bayzen miles; [illegible] wir daneben S. de Bayzen [illegible]. Einen familiaris des Kardinals Hosius, nobilis Petrus Zawadzki, der unter die ermländischen Vasallen aufgenommen wird, finden wir noch in einer Urkunde von 1568 (im rössler Progr. von 1845, S. 21).

dem Vorkommen einer bischöflichen familia in Braunsberg, die durch die Urkunde von 1318 (C. W. 1, 324) bezeugt ist, rückschliessen dürfen, dass schon damals die die familia bildenden familiares ebenso am Hofe erzogen und ausgebildet wurden, wie es später in Wormditt und Heilsberg geschah. Analog wie am ermländischen Bischhofshofe scheinen auch (ähnlich wie am hochmeisterlichen Hofe) die übrigen preussischen Bischöfe eine derartige Einrichtung gehabt zu haben, wenn wir anders aus dem Vorkommen der familiares an ihren betreffenden Höfen einen solchen Schluss machen dürfen [58]). Einen treffenden Vergleich mit der heilsberger Schule aus späterer Zeit bietet uns die Hofschule Jobs von Dobenek zu Riesenburg. Peter von Dolma begab sich in die familia des Bischofs Dobenek, bei welchem er für alle Branchen des bürgerlichen Lebens auf das Beste vorgebildet wurde [59]).

Die merkwürdige, zwischen 1461 und 1476 aufgesetzte Ordinancia seu consuetudo castri Heylsbergk (bei Wölky, Soc. Warm. 1, 316 ff.) giebt uns ein lebensvolles Bild nicht nur von dem damaligen Hofleben überhaupt, sondern speciell auch davon, wie die Hofjunker zur Uebernahme von Kirchen- und Staatsämtern in der dortigen Hofschule ausgebildet wurden. Ein eigner Abschnitt handelt de educacione familie pro officiis curie (p. 333).

Die Bischöfe, so wird berichtet, hatten in früherer Zeit folgende Erziehungsart ihrer familia für ihre Hofämter. Wenn sie unter den Schülern

---

[58]) Ausser den [illegible] (Kumpanen) hatten die Ordensgebietiger auch ihre familiares um sich. Der Ritter Hans von Baysen hielt sich als Jüngling im marienburger Ordenshause beim Hochmeister Heinrich von Plauen auf, bei welchem er 1412 das Ehrenamt eines Vorschneiders bekleidete (familiaris et preciser mense nostre, s. Voigt, Gesch. v. Marienb. 610; 1433 war Sander von der [illegible], ibid. 548, ebenfalls dem Landesadel gehörig). 1416 erscheint Hans von Baysen in hoher Gunst beim Hochmeister Michael v. Sternberg, der ihn nennt familiaris curiae nostrae perpetuus Johannes Baisen. — Wir fügen eine Bemerkung bei über die familia der Ordenshauses zu Königsberg, die wir aus dem Hauptprivileg der Altstadt Königsberg vom Landmeister Conrad von Thierberg aus dem Jahre 1286 (Erläut. Preuss. 2. 456 ff.) kennen lernen. Diese familia bestand aus Leuten (homines) preussischer oder samländischer Abstammung (es heisst immer Prutheni vel oder aut Sambitae) und auch aus andern (dienstpflichtigen und abhängigen) Leuten (cujuscunque conditionis homines), welche gemeinsam einen Gegensatz bilden zu den Stadtbürgern oder den Deutschen. Sie erinnern an diejenigen Stammpreussen, welche bei Dusburg, III., 100 (Scr. Rer. Pr. 1, 104: de Sclaffinis Sambitis, qui fratribus de Konigsbergk adhaeserunt) heissen: viri praeclari genere et nobiles, qui relicta domo paterna venerunt successive ad castrum Konigsbergk cum tota familia sua et fratribus fideliter adhaeserunt; und welche in dem Witingsprivileg von 1299 bei Voigt, Gesch. der Eidechsengesellschaft (in Beitr. zur Kunde Pr. 6, 323), wie es scheint zum ersten Male, die alten Witinge in Samland, (qui antiqui Witingi vocantur in Sambia) genannt werden. Wir erwähnen der Urkunde von 1286, weil sie zu den Untersuchungen über die Witinge noch nicht berücksichtigt zu sein scheint. — Von bischöflichen familiares haben wir notirt: Wernherus familiaris Episcopi Pomezaniensis 1376. Voigt, Cod. Pr. 5, 21.

[59]) Dabas se Petrus in familiam viri eo tempore partibus istis [illegible] Dobeneckeri epise. Riesenburgi: apud quem praeclara nobiliumque [illegible] praeceptis optimis ad omnes civilis vitae partes. So: Comment. de rebus pace belloque gestis D. Fabiani a Dohna. Ed. Gerh. Joh. Voss. Lugd. 1628, S. 7. S. Pisanski, S. 133.

des Hofstaates irgend welche besonders geeignet zum Studium hielten, so liessen sie dieselben zu Notarien (hier wohl soviel als Schreiber, wie der judex in spirit. und der advocatus einen solchen als Gehülfen hatten, S. 318, 320.) und zu ähnlichen Bedienungen heranbilden. Diejenigen von den Notarien, die sich zu weitern Aemtern geeignet zeigten, wurden zwei oder drei Jahre lang auf Universitäten geschickt. Dann wurden sie zu Beamten oder zum Kirchendienste verwendet. Die Vorfahren, fügt der Bericht hinzu, nahmen ungern Ausländer zu Beamten und suchten sie lieber aus den Diöcesanangehörigen. Das bezog sich eben sowohl auf die Aemter, welche studirte Leute, als auf diejenigen, welche unstudirte (litterati und layci) erforderten, weil man den Einheimischen mehr Vertrauen schenkte, als den Fremden.

Die Hofschule stand wohl unter dem bischöflichen Vikar [47]), den die Bischöfe in der Person eines an Jahren gereiften Mannes immer um sich bei Hofe hatten, und welcher Doctor der Theologie oder Doctor des canonischen Rechts war.

Diese heilsberger Hofschule, wenigstens die Einrichtung, dass die Junker am Hofe des Bischofs unterrichtet wurden, bestand noch bis in Hosius' Zeiten. Nach dem weiter unten anzuführenden Bericht von 1565 weilten die ersten ankommenden Jesuiten von Allerheiligen bis Neujahr in Heilsberg wegen der in Braunsberg herrschenden Pest. In dieser Zwischenzeit wurden die nöthigen Veranstalten zur Gründung des Kollegs getroffen, ein Lektionsplan entworfen und zum Drucke vorbereitet. Ausserdem aber benutzten die Jesuiten ihre Musse dazu, einige Hofjunker in den humanistischen Studien zu unterrichten. Als das Collegium in Braunsberg gestiftet war, schickte Hosius seine Junker dorthin, den Jesuiten zur Erziehung. Rescius, Vit. Hos. p. 194, sagt hierüber: Magnatum etiam et nobilium filios, plerosque etiam ab haereticis parentibus avulsos, educandos et erudiendos commisit, cujus postea studii maximi fructus et utilitates in patria nostra eluxerunt. So war denn die alte Erziehungs- und Unterrichtsanstalt am bischöflichen Hofe unmittelbar an die Jesuitenanstalt in Braunsberg übergegangen.

Nachdem wir so eine Schilderung der einheimischen höhern Unterrichtsanstalten vor Hosius versucht haben, wenden wir uns einer kurzen Betrachtung derjenigen Zweige der philosophischen und theologischen Wissenschaften zu, welche damals in Ermland betrieben wurden.

Der Träger der Wissenschaft war im Allgemeinen der Klerus; im Besondern aber war das Domkapitel zu deren Pflege berufen und statutenmässig verpflichtet. Was wir schon oben S. 29 N. 47 aus einer Urkunde von 1348 über die Residenzpflicht der Canonici erwähnt haben, ist in spätern Statuten genauer bestimmt. Die Statuta Capitularia Capituli Varm. des

47) Der Vikar des Bischofs, Vikar der Kirche (von Ermland), war wohl nicht das, was wir Generalvikar nennen, da für die Spiritualia der judex in spiritualibus neben dem vicar. epsl. vorkommt; unsere Ordinanz beschränkt den Geschäftskreis des letzteren, als geistlichen Rathes (qui assistit consilio et prudentia p. 317 u. 333), wie es scheint, auf die inneren Regierungsangelegenheiten, negotia et [illegible].

Bischofs Mauritius von 1582 (bisch. Arch. in Frbg.) dispensiren in §. 24 von der Residenzpflicht den Canonicus, welcher de licentia Episcopi et consensu Capituli in Studio privilegiato (d. i. mit academischen Privilegien versehenen Hochschulen) causa studii aut de scientia eorundem apud Medicos causa curae existens abwesend ist. — §. 28. Jeder neue Domherr, der noch nicht per triennium in studio privilegiato studirt hat (der noch nicht in Theologia Magister vel Baccalaureus formatus aut in decretis vel Jure Civili vel Medicina vel Artibus Doctor aut Licentiatus, aut in sacerdotio constitutus fuerit u. s. w.), muss nachträglich per triennium ad minus in aliquo studio privilegiato in eodem Jure Canonico, Theologia vel Artibus studere u. s. w.; auch darf er commodioris studii causa ad aliud se privilegiatum studium sine temporis intervallo transferre u. s. w. Praeterea si completo triennio petiverit sibi dari licentiam studium hujusmodi diutius prosequendi, dummodo se in praecedenti studio utiliter gesserit, illa ei non erit deneganda. Die declaratio zu §. 28. des Bischof Johannes von 1640 bestimmt, dass jeder neue Domherr per triennium in studio privil. bonis literis antea continue sine interruptione aut temporis intervallo incubuerit. Wir sehen also, dass nach den Statuten alle vier Facultäten eines studii privilegiati für berechtigt galten, wie wir denn auch factisch Vertreter aller Facultäten (Graduirte in der Theologie, den freien Künsten oder der Philosophie, im bürgerlichen Rechte und in der Medicin) im Domkapitel antreffen.

Die philosophischen Studien wurden allerdings damals nicht selbstständig und ihrer selbst wegen betrieben. Aber als Schwesterwissenschaft der Gottesgelahrtheit war die Philosophie unentbehrlich und gehörte insofern zu den Studien der Geistlichkeit. Das grösste Ansehen behauptete bekanntlich die scholastische Philosophie, deren Lehren mit der theologischen Dogmatik enge verbunden wurden. — Die Pastoraltheologie fand für Ermland (wie für die übrigen preussischen Bisthümer) frühzeitig einen speciellen Ausdruck in den Synodalconstitutionen.

Zum Gebiete der Theologie gehörte nothwendig das canonische Recht. Gab es auch für die Ausübung der bürgerlichen Gerichtsbarkeit besondere richterliche Personen, die nach Billigkeit und den bestehenden Willküren, geschriebenen Rechten und Rechtsgewohnheiten urtheilten [16]), so war doch

---

16) Vor dem von Winrich von Kniprode in Marienburg errichteten Consistorium von rechtserfahrenen Leuten (s. oben S. 4), die Urtheil gaben, „was sich zu geistlichem und weltlichem Rechte gebührete", musste das Urtheil bewiesen und begründet werden „entweder aus den beschriebenen Rechten, oder aus natürlicher Billigkeit oder aus bewährter Historien Exempel". Schütz, Chronik. Bl. 73a. Allmälig war die Handhabung der Gerechtigkeit in Preussen depravirt, besonders im 15. Jahrh. Das bisherige Gerichtsverfahren führte zu den grössten Ungerechtigkeiten, besonders von Seiten der Ordensgebietiger, namentlich gegen ihre „Untersassen oder Unterthanen und Preussen". Hierüber klagt so bitter der Carthäuser Heinrich Beringer in seinem merkwürdigen Sendschreiben an den Hochmeister Paul v. Russdorf (abgedruckt bei Hartknoch, Kirchenhist. 216 ff.). Ebenso schreiend sind die Klagen, welche 1440 Land und Städte erhoben. Schütz, 157a: §. 26. „Auch gehet durch das ganze Land die gemeine

von eigenem Studium der bürgerlichen Rechtslehre, wie es anderswo nach Eindringen des römischen Rechts [illegible]), wogegen sich das deutsche Preussen

---

Klage, dass die Gebietiger nicht nach Recht oder Billigkeit, sondern nach Gunst oder Hass, und eigenem muthwillens, die Leute richten und entscheiden, sie halten weder geistlich noch weltlich Recht, und man kann ihnen leider nichts thun, denn wenn man sagt [illegible] die [illegible] des geistlichen Rechtes, wiewol sie doch Geistlich sein wollen." §. 17. „Item, so mögen ihre Unterthanen nicht weiter Recht suchen, denn als den Gebietigern gelüstet, man darf sich auch nicht mehr mit dem Culmischen Rechte schützen und behelfen, sondern sie sprechen trotziglich, Was ist ewer Recht, oder was ist Culmisch Recht? Wir sind ewer Herren und ewer Recht, und wenn jemand beschriebenes oder gewöhnliches Recht ansieht, ist es dem Gebietiger entgegen, so verbeut man dem Vorsprechen zu teidigen." Berringer a. a. O. 294 sagt, dass von den Gebietigern und Verwesern des Landes „die Rechte, so von Gott gesetzet sind und von der heiligen Kirchen, beyde geist- und weltlich, nicht gehalten werden." „Von denen geistlichen Rechten ist nicht zu reden, denn sie sind von ihnen gar verschmähet, wiewol sie selbst geistlich sind und alle ihre Herrschaft von der Geistlichkeit haben."

[illegible]) Obgleich schon im 12. Jahrh. einzelne Polen in Bologna und Padua studirten, so finden wir doch in Polen ebenso wie in Preussen ein entschiedenes Widerstreben gegen das römische Recht. Ein Bericht aus dem Jahre 1357 sagt: Regnum III (Poloni) auctoritatem Imperatoriam et eum et pacificatorum esse nolunt. Pertinent III ad barbaras gentes, quae et Majestatem Imperatoris et jus scriptum renuunt. 1420 heisst es: Renuunt ergo et ad jus Romanum [illegible] et in Polonia et in Prussia [illegible]. Agitur causa coram [illegible] Pontifice, qui et canones Ss. patrum et leges Imperiales tenetur. Non de particulari sed de publico jure vergitur. S. Czy prawo rzymskie było zasadą prawa polskiego in Dzieła Tadeusza Czackiego etc., Posnan. 1845. Tom. III, 118 u. 112. — Die Hansestädte widersetzten sich im 15. Jahrh. Unter Paul von Russdorf erklärten sie, sie wollten bei dem culmischen Rechte bleiben. Pisanski, S. 69; Hanov, culm. Recht, Danzig 1767, Vorrede S. 12. — Im 15. und 16. Jahrh. studirten übrigens Preussen auf deutschen und italienischen Hochschulen römisches Recht, wie zum Beispiel die lustige Erzählung zeigt von dem Vater, der die glossirten Bücher des Sohnes, welcher in Bologna die Rechte studirt hatte, [illegible]. Der Vorfall wird ins Jahr 1470 gesetzt, und ist aus S. Grunau in Hennenberger, Erk. d. Pr. L., S. 476, und in Leo, hist. Prus. p. 319, übergegangen, der u. a. die Worte des Vaters übersetzt: Prussia [illegible] in Prussia habemus, nec [illegible] in [illegible] gratia [illegible] proficiunt. Propter fraudem et injustitiam Cruciferi Prussiam amiserunt. — Als Cromer seine Poloniae descriptio schrieb (1575 zuerst gedruckt), galt das römische Recht in Preussen nur subsidiär neben dem culmischen, lübeckschen etc., wie folgende Stelle (p. 216 der edit. Elzev.) beweist: Utitur autem omnis ferme Prussia, localis juxta ac regia, jure municipali, quod Culmense vocatur. Quod tamen non satis certum est in hanc usque diem. Eruitur id quidem e tabulis et colligitur, sed nondum in lucem prodiit. (Das geschah 1584; zur Gesch. des culmischen — eigentlich magdeburgischen, über Breslau als schlesisches, nach Preussen 1394 gekommenen — Rechtes und dessen Revisionen s. unter den alten Schriften Hartknoch, A. u. N. Pr. 8, 577 ff., der diese Verhältnisse zuerst erkannt hat, und Lengnich, Gesch. Pr. unter Sig. Aug., S. 6 u. oft. Die erste Ausgabe des alten culmischen Rechts besorgte der bekannte Heinr. Strobandt 1584, Thorn bei Melchior Nehring; eine neue von Leman erschien 1838. Eine sichere kritische Grundlage bietet Laband, das Magdeburg-Breslauer systematische Schöffenrecht, 1863.) — Cromer, descript. Polon. p. 216, sagt: Soles Elbingensis, Brunsbergensis et Frauenbergensis civitates Lubecense amplexae sunt, vel [illegible] fortasse [illegible]. Et quoniam utrumque id paucis capitibus continetur, in [illegible] recurritur ad Saxonicum et Magdeburgense: itaque nihil ad Romanum, quibus de rebus neque Culmensi aut Lubecensi, neque Magdeburgensi et Saxonico jure, neque plebiscitis civitatum aut constitutionibus regiis cautum est. Was die gesetzgeberische Thätigkeit in Ermland speciell betrifft, so rechnen wir dahin die ältesten

strä[illegible], der Fall war, nicht die Rede, zumal in den geistlichen Ordens- und Bischofslanden das bürgerliche und geistliche Recht nicht streng geschieden, auf jeden Fall das letztere die Grundlage war[88]). Eine gelehrte Rechtskenntniss haben wir also ursprünglich auch in Ermland nur bei der Geistlichkeit[89]) zu suchen, aus der sich, nach Ausweis der Urkunden,

---

Synodalstatuten (von Heinrich III., 1373–1401, edirt von Thiel im Ind. lect. 1861; Franz von 1449, s. Zeitschr. für erml. Gesch. 1, 1[illegible]; Lucas Watzelrode von 1497 in Constit. Syn. Braunsb. 1612, woselbst auch die späteren). Nach Hartknoch (a. a. O. 570 und dissert. 348) hat c. 1425 Dr. Eberhardus a Wesemann (Eberhard von Wesenthau [illegible] nach Voigt's Namencodex von 1458–1462 verschiedene Ordensämter) advocatus Warmiensis episcopatus mit Zustimmung des Bischofs (Franz) der Landschaft Ermland gewisse Gesetze gegeben. 1526 erschienen die constitutiones Mauritii, eine Landesordnung für das Bisthum Ermland. (Eichhorn, a. a. O. 295. Eine spätere Landesordnung wurde 1637 vereinbart und 1682 nochmals publicirt; die letzte Landesordnung von 1766 hat noch Gültigkeit.) Ueber die erml. Gesetze sagt Cromer, l. c. p. 225: Subditi episcopi et collegii Varmiensis [illegible], quo caeteri Prussi, jure municipali utuntur. Sed habent etiam peculiaris, inter se [illegible] communis [illegible], quas Landts-Ordnung, hoc est terrae constitutiones, vocant.

[88]) Die Juristenfacultäten der ältesten deutschen Universitäten lehrten das jus canonicum (auch pontificium) und das jus civile (auch caesareum). Doch war zu Prag und Wien lange bloss das jus canonicum vorgetragen: in Wien geschah dies ausschliesslich bis 1494. In jedem dieser beiden Rechte wurde besonders promovirt, so dass es doctores decretorum und doctores legum gab. S. Kosegarten, Gesch. der Universität Greifswalde, 1, 4.

[89]) Schon die Staatsbedienungen der höhern Geistlichkeit an den Höfen der Päpste, Kaiser und Könige machten Rechtskenntnisse und Rechtsstudien nothwendig. In den Matrikeln der Juristenfacultäten verschiedener Universitäten finden wir manche Mitglieder inscribirt, die namentlich auch in Ermland später in Kirchenämtern standen. Unter den erml. Bischöfen nennen wir einige, die vorher solche Stellungen einnahmen, welche juristische Kenntnisse voraussetzen. So Bischof Hermann (seit 1338) doctor decretorum, in curia Papae auditor rotae; Heinrich III. (1373) notarius Karoli imperatoris; Joh. III. (1415) decret. Dr., auditor rotae; Paul (1458) literarum apostolicarum scriptor und [illegible]; Nicolaus (1467) scriptor apostolicus; Mauritius (1512) juris utriusque Dr., rotae notarius; Johannes Dantiscus (1537) juris utriusque Dr., Poloniae regum secretarius, und vielfach als Gesandter verwendet u. s. w. S. Wölky, Gesch. W. 1, 68, 76, 9[illegible], 89, 124, 125 etc. — Bischof Arnold von Calm († 1416) verbot den Priestern, Advokaten oder Prokuratoren eines Laien zu sein. Hartknoch, Kirchenhist. 210. — Jedoch studirten nicht bloss Geistliche das Recht, sondern auch einzelne Laien aus Ermland studirten das bürgerliche Recht, während wieder unter den oben angeführten rechtskundigen Bischöfen einige sich befinden, welche beide Rechte studirt hatten und doctores utriusque juris waren. Schon aus den ältern Zeiten lassen sich am bischöflichen Hofe Ermlands graduirte Laienjuristen nachweisen, so 1340 und 1349 in Braunsberg ein publicus notarius (Jacob von Sansien) und der bischöfliche Notar Johannes, beide magistri (C. W. 1, 499; 2, 16). Einen bischöflichen Laiennotar gab es, wie es scheint, schon unter Heinrich I. Der bischöfliche Notar Ebirhardus nämlich steht in einer Urkunde von 1280 d. d. Braunsberg (C. W. 1, 10[illegible]) als solcher unter den Laienzeugen, und gehörte entschieden damals nicht zum Kapitel. Gleichzeitig kennen unsere Urkunden drei Eberharde: den Domcantor (1278 bis c. 1305), den Pfarrer (plebanus) von Braunsberg (1287–1301), der zugleich Domherr war, und den Notar. Der Cantor und der plebanus waren verschiedene Personen, wie die Urkunde von 1301 (C. W. 1[illegible]) ausweist, da beide in verschiedenen Eigenschaften darin vorkommen. Ebenso ist der 1287 (C. W. 1, 180) unter einigen andern Domherrn vorkommende Ebirhardus (ob der Cantor? das Prädikat fehlt) verschieden von dem (Notar) Ebirhardus, der bis zum Zusammentritt des Domcapitels sein besonderes (Notariats-) Siegel anhängt. Es ist also höchst

viele die akademische Würde im canonischen Rechte erworben haben. In einem gewissen Sinne also war die Rechtsgelehrsamkeit ein Zweig der Theologie.

Sowie es neben den unstudirten Leuten, welche nach Billigkeit, Gewissen und herkömmlichen Rechtsnormen die Gerichtsbarkeit ausübten (wir denken namentlich für die ältern Zeiten an die ländlichen sculteti), nicht an gelehrten Juristen fehlte (sei es aus dem Klerus oder aus dem Laienstande; die Hauptorgane der landesherrlichen Gerichtsbarkeit, die Vögte, können wir uns kaum ohne gelehrte Rechtskenntnisse denken,); so gab es auch frühzeitig neben denjenigen, die nach Erfahrungen sich mit der Gesundheitspflege abgaben, (Pflegung und Wartung der Kranken war eine Verpflichtung der Deutschordensritter; überall gab es Hospitäler unter Spittlern, die unter dem Oberspittler, einem Grossgebietiger des Ordens, standen; in Städten und Dörfern waren Bader die Heilkünstler), Leute, die aus der Medicin ein Studium machten. Diese gelehrten Mediciner aber sind wieder aus dem geistlichen Stande. Ehe die Medicin eine ganz selbstständige Wissenschaft geworden, kann sie als ein Zweig der Philosophie angesehen werden. Der Klerus beschäftigte sich damit nicht als der theologische Stand, sondern als Träger des philosophischen Wissens [68]). Die Kirche hat das Betreiben der Medicin von Seiten der Geistlichen nicht so sehr befördert, als zu beschränken gesucht [69]).

---

wahrscheinlich (und, wenn jener Domherr E. nicht der Cantor ist, gewiss), dass Eberhard ein Laiennotar war. Sollte dies aber dennoch nicht der Fall sein, so kann der Notar E. nur der plebanus von Braunsberg sein, der 1287 (C. W. 1, 199) eine Urkunde anfertigt. Der spätere Bischof Eberhard (1301—1326) wird der plebanus sein, da in der ersten bekannten Urkunde des Bischofs vom 6. Octbr. 1301 Johannes plebanus in Braunsberg ist (C. W. 1, 216), während es am 9. Jan. 1301 (C. W. 1, 192) noch Eberhard war. Der Nachfolger des Cantors Eberhard ist 1309 (C. W. 1, 251) Bartholomäus (von Rosenberg), welcher noch 1306 (C. W. 236) einfacher Domherr war. Damals wird also der Cantor E. noch gelebt haben. Zwischen 1375—1382 hatte Ermland einen Laiennotar (C. W. 1, 394 bis 433). Auch von den advocatis procuratoribus et notariis publicis consistorii Wratisl. 1378 (C. W. 2, 429, vgl. 507, 580 und öfters), welche magistri waren, können wir [illegible], dass sie Laien gewesen. Oefters sind sie bloss Kleriker (so C. W. 1, 437; 2, 476, 507 etc.). Auch die heilsberger Ordinanz (Wölky, 333) hat klar nur Laiennotare im Auge.

[68]) Das philosophische Studium ging dem medicinischen voraus; die bedeutendsten Humanisten und Philologen wandten sich häufig noch dem Studium der Medicin zu, so der oben S. 30 Note 49 genannte Thorner Wilhelm Kattenhoff, der nicht nur selbst die höchsten Würden in der Philosophie sich 1484 in Leipzig (wo er seit 1477 studirte) erwarb, sondern darin auch ein beliebter Lehrer wurde. Darauf wandte er sich der Medicin zu, in welcher er es zu einer grossen Berühmtheit brachte († 1507). Zernecke, Th. Chr. 98. Ebenso verhielt es sich mit dem oben S. 9 genannten Hieron. Waldenberg, welcher als Theologus, Philosophus et Medicus eximius verstarb (1506). Ebendas. 103.

[69]) Die schon erwähnten Satzungen (Note 61) des culmischen Bischofs Arnold aus dem Anfange des 15. Jahrh. bestimmen u. a., dass die Priester keine Waffen tragen, nicht die Balbierkunst, welche mit Brennen und Blutlassen umgehet, treiben. S. Hartknoch, K. H. S. 210. Den Geistlichen war verboten, Handel zu treiben (in Ermland schon durch die Statuten Heinrichs III., [illegible] 1851 p. 8; Lucas Watzenrode's, p. 39 der Const. synod., und durch die folgenden) und Blut zu vergiessen (Verbote der Theilnahme am Kriege, des Waffentragens, Const. synod. p. 196, 263). Damit war ihnen Pharmacie und Chirurgie

Sowie das Domkapitel — von Rheticus in seinem encomium Prussiae ein collegium multorum doctorum et piorum virorum genannt, in der That meistens ein Collegium gelehrter Männer aus allen Facultäten des Wissens, den jungen Klerikern mehr oder weniger eine Hochschule ersetzend — unter seinen Mitgliedern seine geistlichen Juristen hatte, so auch seine Mediciner. Wir finden unter den ermländischen Domherren schon 1280 einen graduirten Arzt, Magister Arnoldus phisicus canonicus, der als solcher noch 1312 vorkommt. Der Domdechant Bartholomäus v. Boruschow (1404—1426) war Magister in medicinis. Der Domherr Nicolaus Kopernikus war ein gelehrter, studirter Arzt, dessen ärztlichen Beistand u. A. auch der Herzog Albrecht in Anspruch nahm. Der königliche Leibarzt Dr. Joh. Benedikt Solpha (schon 1520 zur Zeit des Bischofs Mauritius Joh. Benedictus physicus Regius) kommt 1530 als ermländischer Domherr und von 1547—1564 als Dompropst vor. Der Domherr (1651—1680) Lorenz Ludwig v. Demuth war 1645 als Domarzt angenommen [65]).

Es kann dem Gesagten nach nicht zweifelhaft sein, dass auf diesen Gebieten, dem theologischen und philosophischen, und den damit verbundenen der Jurisprudenz und Medicin, auch Ermland tüchtige Männer gehabt. Und wenn auch nur die beiden Heroen der Wissenschaft, hier Kopernikus, der grösste Philosoph der neuern Jahrhunderte, der eine Umwälzung der Wissenschaft hervorgebracht, wie keiner vor ihm; dort Hosius, die Zierde der Theologen für lange Zeiten, beide zugleich als Humanisten und Philosophen gebildet, zu nennen wären, wie hoch stände nicht für immer der Ruhm Ermlands! Kopernikus, nicht nur promovirter Doktor der Medicin und gesuchter Arzt, sondern auch in der Verwaltung der äussern Kapitels- und Bisthumsangelegenheiten (wie bei der Regelung des preussischen Münzwesens) ein vielfach verwendeter Staatsmann, hat sich als grosser Philosoph genugsam dadurch dokumentirt, dass er stator solis und motor terrae geworden [66]). Hosius ist nicht nur

---

untersagt. Ueberhaupt gehörten die Wundärzte zu den Handwerkern und erhielten auf Universitäten keinen gelehrten Grad. S. Kosegarten, Gesch. der Univers. Greifswalde, S. 7.

[65]) Ueber Arnold s. C. W. 1, 102, [illegible]; Bartholomäus v. Boruschow, welcher 1[illegible] Pfarrer in Pr. Holland war, s. Voigt, C. Pr. 5, 55 (Bartolomeus de Buruchow plebanus in Holland, Johannes Borow magistri in medicinis 1[illegible]), ebend. 10[illegible]; Eichhorn, erml. Zeitschr. 3, 651; Wölky, Sec. W. 1, 83, 225. Benedikt Solpha, Eichhorn, a. a. O. 591. Lorenz Ludwig v. Demuth war auch Kapitelssekretair gewesen, später auch Pfarrer in Danzig und königl. Sekretair. Er hatte 1641—1644 auf dem Prosektorat in Rom studirt. S. Eichhorn's Gesch. dieser Stiftung in Zeitschr. für erml. Gesch. 2, 300. Zur Vergleichung mit andern preuss. Bisthümern fügen wir aus derselben Zeitschrift, 1, 118, hier an, dass um Ende des 14. Jahrh. lebenden Medicus magister Petrus Rogovus Canonicus Pomesaniensis. Von Nicol. Kopernikus haben sich sogar noch Recepte erhalten; s. bei Prowe, Mittheil. aus schwed. Archiven.

[66]) Kopernikus, in dessen Brust auch zarte Lieder wohnten, spricht deutlich genug selbst von seinen Forschungen auf dem Gebiete der Astronomie als denen eines Philosophen in der Vorrede seines Werkes an Papst Paul III. (bei Beckmann, erml. Zeitschr. 2, [illegible]) und in der unterdrückten Vorrede an die Leser (ebendas. 344). Rheticus spricht von ihm vielfach als von einem Philosophen, und Tidemann Giese von dessen astronomischer Speculation (Beckmann, erml. Zeitschr. 2, 13, 18 etc.).

gross als Theologe, sondern humanistisch, rhetorisch und philosophisch vorgebildet, zu Bologna zum Doktor beider Rechte creirt, auch als ausgezeichneter Staatsmann berühmt geworden.

Die Namen Kopernikus und Hosius, als würdigste Vertreter des philosophischen und theologischen Wissens, als unerreichbare Vorbilder derjenigen Bestrebungen, die unser Lyceum zur Aufgabe hat, leiten uns hinüber von der alten Periode zu einer Betrachtung des Ganges dieser Wissenschaften seit Gründung der Hosianischen Anstalten.

III.

Ueber die philosophischen und theologischen Studien am Collegium Hosianum.

1.

Die Zeiten des casuistischen Unterrichts in der Theologie und des beginnenden philosophischen Cursus.

Ueber die ersten Zeiten des Jesuitenkollegs existirt ein vom braunsberger Collegium unter dem 30. November 1577 an den Ordensgeneral in Rom gerichteter (im Archiv der Propaganda befindlicher) Bericht, eine brevis historica informatio de origine Collegii Brunsbergensis societatis Jesu. Verweilen wir zunächst bei diesem Berichte. Kardinal Hosius verhandelt bei Gelegenheit des tridentiner Concils mit dem Jesuitengeneral Lainez über die Errichtung eines Kollegs in Braunsberg; letzterer entsendet Anfangs August 1564 aus Rom den Pater Arnoldus Conchius aus Flandern, P. Robertum, einen Schotten, tunc diaconum, minister collegii futurum *), Paulum Lambertum, einen Italiener, scholaris. Sie langen an

*) Dieser Robertus Scotus ist kein anderer, als der später berühmte Schotte P. Robertus Abercrombeus. Der 1562 an die schottische Königin Maria in ihrer Bedrängniss gesandte päpstliche Nuntius Nicolaus Goudanus nahm zwei junge verwandte Schotten aus dem Jesuitenkolleg Löwen, Edmund Hay (Haius) und Wilh. Crichton, mit sich nach Schottland. Unter vielen Gefahren kehrten die Reisenden bald zurück. Hay verweilte noch einige Zeit, folgte aber dann mit einer auserwählten Schaar katholischer Jünglinge nach; diejenigen von ihnen, welche später als Jesuiten zu den berühmten Mitgliedern gerechnet wurden, sind Jacob Tyrius (in den Orden getreten um 1563, 20 Jahre alt, † 1597 in Rom), Joh. Hay (Haius, eingetreten 1566, † 1607), Wilh. Murdocnus und Robertus Abercrombeus, denen Schottland so viel verdankt. Diese blieben vorläufig in Belgien, um dort ihre Studien zu ergänzen. Edmund Hay († 1591 in hohem Ansehen) und Crichton gingen aber nach Rom, wo sie ihr Noviziat antraten. Ueber diese Begebenheiten aus dem Jahre 1562 s. Orlandinus (oder Sacchinus), histor. Soc. Jes. II. 220. Ueber die späteren Expeditionen Crichton's nach Schottland s. Synopsis Soc. Jes. 720 ff. — Drews, Fasti, p. 183, nennt unsern Robertus: Pater Robertus Abircrombius, und erzählt von ihm nach Juvencius, er sei 1613 in Braunsberg gestorben, nachdem er zum [illegible] annos tres et viginti adjuvandis Catholicis et nostris tironibus instituendis impenderat (das wäre von 1565—1588). Dann habe er 19 Jahre auf der schottischen Mission zugebracht (also von 1588—1607), habe u. a. die Königin von Schottland zur katholischen Kirche zurückgeführt. Es sei vom Könige ein Preis auf seinen

Allerseelentage in Heilsberg an. Fünf andere wurden aus der provincia Rheni entsendet, aus Köln drei, um das Fest der Geburt Mariae, nämlich M. Johannes Laarbeeus, M. Richardus Teutonius und Jodocus Bockmerus. Diese vereinigten sich in Mainz mit Pater Christoph Strebelius, der zum Rektor des neuen Kollegs designirt war, und M. Simon Hagenaw, einem Preussen, beide aus dem Kolleg von Trier. In Prag nahmen sie den Bruder Ambrosius Sanchius, einen Schlesier, als polnischen Dolmetscher zu sich. Sie kamen durch viele Gefährnisse zu Fusse in Frauenburg und am Allerheiligentage zu Heilsberg an. Schon während des Aufenthalts in Heilsberg, wo sie, wie schon oben S. 35 erwähnt, wegen der herrschenden Pest bis Weihnachten zurückgehalten, einen Lektionsplan entwarfen, und einige Hofjunker (aulicos adolescentes) in humanioribus unterrichteten, säete Simon Hagenaw, wie der Bericht aussagt, den Saamen des Unfriedens aus, was bei den Hofleuten grossen Anstoss, bei Hosius aber eine sehr üble Meinung von den ihm zugeschickten Patres erregte. Nach dem Christfeste kamen noch aus Köln an Pater Petrus Phaß (sonst Fabe genannt) als Prediger und Wilhelm Oben aus Flandern als dessen Coadjutor, so dass ihrer nun elf waren. Am 8. Januar 1565 kamen die Jesuiten in Braunsberg an, wo ihnen das leerstehende Franziskanerkloster angewiesen war. Als sie sich nothdürftig eingerichtet, eröffneten sie alsbald fünf Schulklassen, drei grammatische, eine humanistische und als die oberste Rhetorik, die gleich Anfangs zahlreich besucht wurden. Aus Polen und Litauen und Masuren kamen einzelne Schüler, um die deutsche Sprache zu lernen; eine grosse Anzahl von Schülern aber kam aus dem preussischen Adel. Für diejenigen, welche ein Unterkommen in der Stadt nicht fanden, wurde 1569 ein Convikt im Collegium errichtet. Bald aber kam ein grosser Zufluss aus dem ganzen Königreiche Polen. Der Bericht bestätigt es ausdrücklich, dass die erste Fundation vom 21. August 1565 durch eine zweite Urkunde vom 16. Decbr. 1566 amplificirt wurde (ampliata fuit), bis sie endlich am 6. Novbr. 1568 ganz und gar vollendet und abgeschlossen wurde (plene consummata et perfecta). Pater Arnold Conchius bewährte sich nicht; er selbst betrieb seine Abberufung nach Flandern. Noch mehr schädigten das fröhliche Gedeihen des Collegiums die innern

---

Kopf genommen, er selbst aber entkommen. Braunsberg habe den Greis aufgenommen; daselbst sei er als Achtzigjähriger gestorben. (Die Gemahlin des Königs Jacob VI. von Schottland, I. von England, war Anna, Tochter Fried. II. von Dänemark, geb. 1574, vermählt 1589, † 1619.) Mit der einige Zeit nach der sogenannten Pulververschwörung (1605) geschehenen Vertreibung der Jesuiten aus England würde der Zeitpunkt der zweiten Ankunft Robert's in Braunsberg stimmen. Wir erwähnen bei dieser Gelegenheit, dass, um dem Katholicismus in England während der Regierung der Königin Elisabeth durch englische und irische Priester zu Hülfe zu kommen, 1568 ein Jesuitenzögling zu Douay ein eigenes Seminar, 1576 das englische Seminar zu Rheims und 1579 das englische Collegium in Rom unter Leitung der Jesuiten gegründet waren. Aus diesen Anstalten gingen viele junge Geistliche hervor, die wetteiferten, um als Missionäre in England den Märtyrtod zu sterben. Der Jesuitenorden zählt deren eine ganze Reihe, die unter Elisabeth dies Loos traf (so 1580, 1581, 1582, 1592 u. s. w. bis 1607).

Stürme, welche, nach der Anschuldigung des Berichtes, durch M. Simon Hagenaw, den Professor der Rhetorik und praefectus studiorum, erregt wurden. Er theilte den Hass der Preussen gegen die Polen (wie sich ein solcher auch in der Gesinnung der braunsberger Bürger gegen die polnischen Schüler und auch gegen die Jesuiten selbst aussprach), und verletzte die polnischen Jünglinge so, dass sie fast alle das Gymnasium verliessen. Auch die Furcht vor der Pest trug zur gewaltigen Abnahme der Frequenz bei. Hagenaw benahm sich, nach derselben Quelle, auch im Collegium höchst anmassend und setzte sich über die Ordensregeln hinweg. Man wünschte eine Visitation, die der am 16. Januar 1566 in Heilsberg ankommende P. Franciscus Sunyerius vornahm. Durch sein Eingreifen und Ermahnen stellte er den Frieden her und hob wieder den Muth und das Vertrauen der Väter. Er berief den Pater Balthasar Hostovinus aus Pultusk nach Braunsberg, der deutsch und polnisch verstand, und das Vertrauen der Polen wieder herstellen sollte. Zugleich wurde aus der provincia inferioris Germaniae der Pater Johannes Astensis, Dr. theol., von Antwerpen berufen, der mit P. Johannes Uffelius, Georgius Hackius aus Flandern und Henricus Sartor aus Münster am Sonntage nach Frohnleichnam in Braunsberg ankam. Als der Rektor Christoph Strobel abberufen wurde, trat um den 12. Juli 1566 an seine Stelle Johannes Astensis. Alsbald erregte Hagenaw, der von der praefectura scholarum enthoben wurde, neue Unruhe. Er verliess eigenmächtig das Kolleg und begab sich nach Frauenburg zum damaligen Domdechanten. Auf dessen Andringen kehrte er zwar später zurück, ging aber bald wieder nach Frauenburg und fing an, dort eine Schule zu errichten und in der Domkirche zu predigen. Es bedurfte ernster Verhandlungen, ehe der Dekan und die Canonici dem halsstarrigen Pater ihren Schutz entzogen. Zuletzt vom Collegium angeklagt und vom Kardinal bedrängt, entfloh er den 27. Septbr. heimlich gen Danzig und fand in Oliva Aufnahme beim dortigen Abte. (Abt in Oliva aber war damals der ermländische Domherr Niclas Locke.) Das Collegium tröstete sich bei diesem Verluste durch den Gewinn, den die Societät durch den 1567 erfolgten Eintritt eines ausgezeichneten Mannes von Adel, Stanislaus Warszewicki, in den Orden erhielt. Stanislaus hatte gegen Ende August 1566, zu derselben Zeit als Simons Treiben soviel Anstoss und Unruhe erregte, zu Braunsberg seine geistlichen Exercitien gehalten. Seit Simon Hagenaw das Collegium verlassen, nahm die Blüthe der Schule wieder zu; wenn auch weniger aus dem Auslande, so strömten desto zahlreicher die preussischen Edelleute hinzu.

Der Bericht wendet sich nun von den Personen zu den äussern Verhältnissen und Besitzungen des Collegiums. Die Gebäude des Franziskanerklosters wurden in drei Theile vertheilt, zu Wohnungen der Jesuiten, Wohnung der Convictoristen und zu Schulen. Anfangs hatten die Klostergebäude gross genug geschienen, um auch das Seminar in ihre Räume aufzunehmen. Für dasselbe musste aber bald ein besonderes Haus in der Stadt besorgt werden. Der Kardinal unterhielt in Braunsberg eine Anzahl meistens adeliger Schüler auf seine Kosten — wie es früher an der Hofschule zu Heilsberg geschah. S. oben S. 32 ff. Aus Rücksicht auf den Stifter war diesen Zöglingen im Seminar eine Wohnung angewiesen. Als 1569 Hosius nach Rom reiste, wurden auch die Alumnen des Kardinals entlassen. An deren Stelle nun eröffneten die Jesuiten am Ende desselben Jahres ein eigenes Convikt. Auf dies rasch emporblühende Convikt setzten die Väter alle Hoffnung des Gedeihens ihrer Schule. — Drei Verpflichtungen haben die Jesuiten den Gründern gegenüber übernommen:

1. Die Leitung des bischöflichen Seminars in Bezug auf Unterricht und religiöse Erziehung.

2. Dass die Zahl der Mitglieder des Kollegs immer wenigstens aus 20 bestehen sollte.

3. Dass sie wenigstens vier oder fünf öffentliche Schulen halten sollten: für Grammatik, Humanität, griechische und lateinische Sprache und Rhetorik.

Unter den Verpflichtungen der Fundatoren ist auch diese, dass, wenn das Seminar verlegt, aufgelöst oder dessen Leitung den Jesuiten abgenommen werden sollte, und die Kleriker desselben nicht mehr zu den Vorlesungen des Collegiums kämen, die Fundation des letzteren unangetastet bestehen bliebe.

Die Historia Soc. Jesu von Nic. Orlandinus, herausgegeben von Sacchinus (Colon. 1621, tom. II. p. 435), erzählt den Ursprung des braunsberger Kollegs zwar in aller Kürze, aber in völliger Uebereinstimmung mit unserem Berichte. Der erste Vorsteher heisst hier Christoph Strombelius, dem schon im Sommer 1566, wie wir oben sahen, Johannes Astensis als zweiter Rektor folgte [67]).

Einzelne Andeutungen in dem Berichte von 1677 veranlassen uns hier noch zu einer Abschweifung, als Charakteristik der damals in den massgebenden Kreisen in Ermland vorhandenen, den Plänen des Kardinals nicht günstigen Zeitstimmung, unter welcher er seine Stiftungen begann. Der Bericht lässt nicht undeutlich durchblicken, dass Hosius und die mit ihm beginnende neue Zeitrichtung auf Unzufriedenheit und selbst auf Opposition stiess. Jetzt zuerst ist ein nationaler Gegensatz zwischen den Preussen (d. i. den Deutschen, auf welche auch der lange dauernde Einfluss der Danziger im Domkapitel nicht ohne Rückwirkung blieb) und den in den Bischöfen seit Hosius einen Anhalt findenden Polen zu erkennen.

---

67) Aus Sacchinus theilt Drews, Fasti p. 351, eine Stelle mit, welche uns ein Bild von dem fröhlichen Emporblühen der Anstalt in den ersten Jahren giebt, welches freilich durch die folgenden Nachrichten vielfach modificirt wird: „In Prussiam e Lituania profectus Provincialis Magister a. 1570, Brunsbergam hac die (9. Sept.) pervenit; ubi mirifice recreatus est conspectu maturescentium frugum, quas Brunsbergense collegium, cum [illegible] jam vires procreabat: ita sacra in templo fervebant opera, ita Gymnasium florebat, ita convictorum Nobilium contubernium, ita Clericorum seminarium ipse [illegible]. Tyrocinium in seposita domus parte constituit: unde postea maxima commoda in provinciam emanarunt."

Wir glauben uns nicht zu täuschen, wenn wir annehmen, dass in den sich widerstrebenden Tendenzen jener Zeit wenigstens zum Theil diejenige Stellung eine Erklärung findet, welche der M. Simon Hagenaw, der einzige Preusse, wie der Bericht aussagt, unter den aus den verschiedensten Ländern zusammengekommenen ersten Jesuiten Braunsbergs einnahm. Die Jesuiten hatten entschieden nicht einen solchen Anhalt in der Bevölkerung, wie einstens die früher bestandenen deutschen Mönchsklöster. Einen nationalen Charakter hatten die Jesuiten nicht; ihre Stellung in der Kirche war eine universale, daher der Förderung speciell nationaler Bestrebungen nicht günstig. Die Landessprachen wurden von ihnen bei dem fast ausschliesslichen Gebrauche der lateinischen Gelehrtensprache vernachlässigt. Während auf den andern hohen Schulen Deutschlands seit dem Ende des 17. Jahrhunderts die deutsche Sprache immer mehr in Aufnahme kam, hielten die Jesuiten noch fest am Gebrauche der lateinischen. —

Es ist Thatsache, dass Hosius, der erste polnische Bischof, als solcher von den deutschen Patrioten mit ungünstigen Augen angesehen wurde, eine Stimmung, die durch die Einführung der Jesuiten, welche bei den damaligen Zeitläuften Vielen von vornherein ein Stein des Anstosses waren, sich sicher nicht besserte. Simon Hagenaw, wie es scheint ein wenn auch unruhiger so doch geistig hervorragender Mann, war vermuthlich aus einer einheimischen braunsberger Familie entsprossen [96]). Schon deshalb mochten seine Anschauungen und Interessen von denen seiner aus der Fremde gekommenen Mitpatres verschieden sein. Auch das ist ersichtlich, dass Simon selbst im Domkapitel einen Rückhalt hatte. Hosius Ernennung zum Bischofe fand nicht nur Widerspruch bei den Landständen [97]), sondern auch im Kapitel waren ihm hervorragende Mitglieder abgeneigt, unter welchen gerade der Domdechant Eckhard v. Kempen (1551—1588) genannt wird. Sein Haus scheint in der That die Zufluchts-

---

[96]) Hagenaw ist eine alte braunsberger Familie; 1457 wird Michel Hagenaw Bürger. Im Rathsbuche F. 175 fol. 253 heisst es: 1566, 26. April: Der Lehrer bei der Pfarrschule will abziehen, „dieweil Ihro Gnaden halten mehr über den Jesuitern als über die Schule, und soll Herr Hagenaw gesagt haben: wenn der Pfarrer auch drei über einander wären, so sollen sie nicht hingehen und in seiner Kirche singen." Wenn, wie es scheint, hier unser Simon gemeint ist, so würde das ganz seinem trotzigen Sinne gemäss sein.

[97]) Die Landesräthe hatten sich schon der Beförderung Hosius' zum Bischofe von Culm widersetzt, als einer Verletzung des Indigenatsprivilegs. Diese Stimmung verschlimmerte sich nur bei seiner Nomination zum ermländischen Bischofe. S. hierüber weitläufig, Lengnich, Gesch. der pr. Lande unter Sigismund August, S. 40 ff. Schon bei der ersten Nachricht von der letzten Nomination hatte Hosius „dawieder gehandelt, dass solches seiner Person nicht zugemuthet würde, indem durch die neuliche Ernennung zum culmischen Bisthum die preussischen Vorrechte merklich gekräncket, und ihm der Hass des gantzen Landes zugezogen worden, welcher bey einer neuen Verletzung sich ohne Zweiffel vermehren dürfte." A. a. O. S. 60. Er sei wider seinen Willen erwählt zu dem culmischen, wie auch zum ermländischen Bisthum gelangt. S. 63. Auch der gekränkten Rechte des Kapitels geschieht Erwähnung u. s. w. Nach 1560 sprach Petrus in seinen Briefen an Hosius von dessen Feinden. Cyprianus, Tabularium Eccles. Rom. sec. XVI. p. 83, 110. Die preuss. Städte betrachteten die Polen als Ausländer. Crom. descript. Polon. p. 327. Eisev.

stätte Derjenigen gewesen zu sein, die mit Hosius und seinem Auftreten unzufrieden waren. Es war dies nicht eine Partei, welche um jeden Preis am Althergebrachten hing, sondern vielmehr einer deutschen vaterländischen und humanistischen Richtung huldigte; Männer, welche noch mit Johannes Dantiscus in leiblicher und geistiger Verwandtschaft stehend, auch zum Theil als Danziger sich zusammen gehörend fühlten. Durch die ermländischen Bischöfe aus den danziger Geschlechtern (1523—1550) waren geborne Danziger im Kapitel zu einem bedeutenden Einflusse gelangt (vgl. oben S. 31 Note 49), durch welche der in jener Periode gepflanzte Geist in die nächste Zeit hinübergetragen wurde. — Zudem aber war die Opposition gegen Hosius, ohne eine persönliche zu sein, im Domkapitel in der That viel tiefer begründet.

Das Kapitel hatte es oft erfahren, wie seine Rechte in Bezug auf die freie Bischofswahl verletzt waren; jetzt kam hinzu, dass ein Ausländer, ein Pole, vom Könige ernannt wurde. Der deutsche Charakter des Kapitels war von jeher überall unverkennbar hervorgetreten [70]), wie es einst bei den Klöstern der Fall gewesen. Das war auch das natürliche Verhältniss. Zur Zeit der Ordensherrschaft war, wie ganz Preussen, Ermland ein deutsches Land. Seine deutschen Bischöfe waren sich dieser Stellung so bewusst, dass trotz aller Zwiespalte zwischen dem Orden und Ermland im Einzeln die ermländischen Bischöfe dennoch mit dem Hochmeister eine deutsche Politik befolgten [71]), namentlich den Polen gegenüber. Erst Bischof Paul von Legendorf sah sich durch die überwältigenden Umstände gezwungen, die Sache des Hochmeisters zu verlassen und sich auf die Seite des Polenkönigs zu stellen. Seit Hosius war der polnische Einfluss entschieden, das Wahlrecht des Kapitels nur noch nominell. Letzteres fand sich noch 1724 gedrungen, seine Rechte in einer (in Rom bei Zinghi et Monaldi in 4°, 15 Bogen, sine pag. gedruckten) Denkschrift: Jura Reverendiss. Capituli Varm. circa electionem episcopi, darzulegen. Das Kapitel betont es und belegt es mit urkundlichen Beweisstücken, dass die ermländische Kirche unter den Concordaten Deutschlands stehe,

70) Das bezeugen, von den ältern Zeiten ganz abgesehen, zahlreiche Urkunden. In einer Urkunde von 1512 (in den gleich zu citirenden jura capit.) begegnen uns bei sämmtlichen Canonicis nur bekannte deutsche Namen; ebenso 1537 bei der Wahl des Bischofs Joh. Dantiscus (mit Ausnahme des Propstes; Eichhorn, in erml. Zeitschr. I, 330); des Bischofs Tid. Giese 1549 (a. a. O. 346). Allmälig mehren sich die polnischen Namen; bei der Wahl Tilicki's 1600 (S. 376) erscheinen die deutschen in der Minorität. Einzelne deutsche Namen kommen allerdings bis zuletzt vor. Aber dadurch war der polnische Einfluss unverkennbar, dass seit 1630 bis 1763 die wichtige Prälatur des Propstes Polen inne hatten. Nach der Säcularisation des Bisthums verschwinden allmälig die polnischen Namen im Kapitel.

71) Crom., descript. Pol. p. 570 Elz., sagt über dieses Verhältniss: Varmiensis episcopus … Magistri et Ordinis dominatum aliquamdiu agnovit; amicitiam et societatem, quum et ipse plerumque Germanicus esset, [illegible]: nec [illegible] ac [illegible] suo et [illegible] suae. Ad regnum vero Poloniae ante centum annos cum parte eum Regi Casimiro [illegible] adjunxit.

die dem Kapitel die freie Bischofswahl gewährleisteten. Preussen habe immer als ein Theil des deutschen Reiches gegolten; die Oberhoheit gebühre dem Hochmeister, der immer zu den deutschen Reichsfürsten gerechnet sei. Die Denkschrift führt aus einem Berichte des (polnischen) Bischofs Nicol. Szyszkowski vom Jahre 1640 (n. 17. D) an, dass das Deutsche die Muttersprache des Bisthums sei (lingua Germanica, quae incolis oppidi, d. i. Frauenburg, immo totius Episcopatus materna est); aus dem Berichte des Bischofs Joh. Steph. Wydzga von 1664 (N. 18. A), dass das ermländische Volk, ein deutsches Kolonialvolk, grösstentheils sich der Gesetze, Einrichtungen, Sitten und Sprache seiner Vorfahren erfreue (populus, d. i. Varmien., coloniis ex Germania olim deductis originem ducens, majori ex parte authorum suorum legibus, institutis, moribus et lingua utitur); aus dem Berichte des Bischofs And. Zaluski von 1701 (n. 19. L): Populus dioecesanus per Episcopus Germanos omnis fere ex coloniis Germanorum antiquitus transplantatus post invectam fidem Catholicam ex diversis Germaniae provinciis constat, retinetque suae originis mores, linguam et instituta. Aehnlich hatte sich schon Cromer in seiner Beschreibung Polens (zu S. 77) ausgesprochen. Auch wird auf die Urkunden (jetzt C. W. 2. 254 und 256) Bezug genommen, worin Kaiser Karl IV. den Bischof Ermlands des Reiches Fürsten nennt; schliesslich auch darauf hingewiesen, dass die Alumnen aus Ermland in das Collegium Germanicum zu Rom aufgenommen werden, wie die übrigen Deutschen. Unter den polnischen Bischöfen ist es allein Sbąski (1688—1697), der darauf ausging, Ermland womöglich zu polonisiren. (S. Eichhorn, erml. Zeitsch. 1, 596.)

Der obengenannte Domdechant Eckhard v. Kempen war aus einer danziger Patrizierfamilie. In Abwesenheit des Domprobstes Vorsitzer im Kapitel, trat er als entschiedener Gegner der Bischöfe Hosius und Cromer auf. Eichhorn berichtet hierüber in der erml. Zeitschr. 3, 862, und datirt den Groll des Domdechanten gegen Hosius und das Missverhältniss zwischen beiden, welches die Lebenstage beider trübte, vom Jahre 1552 an. Durch verschiedene Vorkommnisse noch mehr erbittert, reizte Eckhard im Bunde mit dem Domherrn Caspar Hannow das Kapitel zu entschiedenerem Widerspruche gegen den Bischof. Wenn auch vielfach (so noch 1566) in seine Schranken gewiesen, stand er dennoch, obgleich vorsichtiger, auch in der Folge an der Spitze der Opposition im Kapitel, welche namentlich die Cromersche Coadjutorie nicht ohne Leidenschaft bekämpfte und nach des Kardinals Tode auch dem Bischof Cromer grossen Verdruss bereitete. Der Domdechant starb 1588. Er hatte einst Joh. Dantiscus nahe gestanden. Das Geschlecht der Hannow von Schönau, zu welchem Caspar gehörte, kommt schon 1429 in Danzig vor, wahrscheinlich benannt von dem kölm. Dorfe Schönau im danziger Werder. Diesem Geschlechte gehörte Andreas Schonaw an (1429 päpstl. Kämmerer und Domherr in Ermland, 1437, 1443. Hirsch, 91. Wölky, 241), dessen Bruder in Danzig lebte. Zu der hier in Rede stehenden Zeit waren fünf Mitglieder der Familie Hannow zwischen 1545 und 1602, zum Theil gleichzeitig, erml. Domherrn (Wölky, 238), die nächsten Verwandten von Dantiscus, ihm innig befreundet und seine Gesinnungsgenossen. Auch Joh. Leomann (Domcustos 1571—1582), Dantiscus' Schwestersohn, war ein heftiger Gegner der Cromerschen Coadjutorie (Eichhorn, a. a. O. 540). Eckhard v. Kempen nun war es, zu dem der M. Simon Hagenaw 1568 seine Zuflucht nahm, bei dem er Schutz fand. — Wenn es nicht die blosse Landsmannschaft that, so dürfte es auffallender erscheinen, dass ein anderer Danziger, Michael Scrinius (später bis 1585 als Magister im Lehramte der Dialektik und Schlossbibliothekar in Königsberg angestellt, und in die skandalösen Skalichischen Händel und die Osiandrischen Streitigkeiten implicirt) sich 1562 im Hause des Domdechanten zu Frauenburg heimlich aufhielt. Von hier aus schrieb er 1562 an Skalichius, den Cagliostro jener Zeit, eine Schmeichelepistel, um sich ihm zu empfehlen, worin er u. a. erwähnt, dass er von den Domherrn von dessen Gelehrsamkeit gehört habe (eruditionis, quam non nunc primum ex frequenti inter hos Dominos mentione cognovi), dass er vor einem halben Jahre von Löwen dorthin berufen sei (evocatum) [79]) u. s. w.

Welchen Antheil nun auch Simon Hagenaw an dem erwähnten Parteigetriebe mag gehabt haben, das Jesuitenkolleg als solches müssen wir davon freisprechen. Das verbot sich schon durch den universellen Charakter des Ordens, innerhalb dessen die Mitglieder aus den verschiedensten Provinzen hin und her geschickt wurden. Das geschah auch in Braunsberg, welche Stadt, die Tochter Lübecks und die Schwester der Hansa, am allerwenigsten ein Boden für irgend eine nationale Propaganda war. Unter den ersten Mitgliedern war Hagenaw der einzige Einheimische; die übrigen waren aus entfernten Ländern; kein Pole war darunter. Aber auch später während seines ganzen Bestehens lernen wir neben Polen stets deutsche Patres, unter ihnen nicht wenige geborne Braunsberger, kennen. Auch finden wir sehr bald, dass das Kapitel seine warme und thätige Theilnahme dem Collegium zuwandte, wie unter andern viele Vermächtnisse beweisen. Selbst der Domdechant Eckhard von Kempen, der Custos Joh. Leomann, die Domherrn Johann, Caspar, ein zweiter Johann, Georg und Simon Hannow werden noch in der Ara gratitudinis von 1665 als Wohlthäter des Collegiums gepriesen. Also auch sie müssen, trotz ihrer Abneigung gegen die polnischen Bischöfe, das Wirken der Jesuiten gebilligt und für zeitgemäss erkannt haben.

Kehren wir nunmehr zu der eigentlichen **Geschichte der philosophischen und theologischen Studien** am Jesuitencollegium zurück. Die Schulanstalt nahm Anfangs, wie aus dem Berichte von 1577 unzweifelhaft hervorgeht und wie schon oben S. 18 bemerkt worden, ungefähr den **Standpunkt** eines heutigen Gymnasiums ein. Allein Hosius hatte weiter

---

[79]) Die Epistel ist abgedruckt in Act. Bor. I, 313. Skalich soll eine etwaige Antwort schicken ad Reverendum hujus Decanum, Dominum Egbardum a Kempen, in cujus aedibus interim privatus delitesco, quamquam et ipsae prope vicem sunt. Ausser den Notizen in den Act. Bor. s. über Scrinius Arnoldt's Gesch. der Univ. Königsb. und Pisanski, Lit. Gesch. u. a.

gehende Pläne; die Lehranstalt sollte vornehmlich für Ermland einen moralisch und wissenschaftlich tüchtigen Klerus heranziehen helfen, und darum musste und sollte sich im Laufe der Zeit an jene vier oder fünf Klassen ein philosophischer und ein theologischer Lehrcursus anschliessen. Allein was gewiss Hosius als letztes Ziel anstrebte, trat Anfangs vor dem dringenden Bedürfnisse seiner Diöcese in den Hintergrund. Deshalb sprechen seine Stiftungsurkunden nur von dem Priestermangel, welchem vor Allem durch das Diöcesan-Seminar abgeholfen werden sollte. In einer Urkunde vom 4. Juni 1568 über das Gut Krausen hebt er bestimmter das Bedürfniss von katholischen Schulen innerhalb der von Protestanten rings umgebenen Diöcese hervor [77]).

Im Jahre 1567 wurde das Diöcesan-Seminar eröffnet. Indem die Jesuiten dessen Leitung in Bezug auf Unterricht und religiöse Erziehung übernahmen, gingen sie die Verpflichtung ein, den Alumnen diejenige Ausbildung zu geben, deren ein Priester nothwendig bedurfte, um seinen seelsorgerlichen Verpflichtungen genügen zu können. Dazu rechnete man vor Allem Grammatik, Kirchengesang, Kenntniss des kirchlichen Kalenders oder der Rubriken, Einiges aus der h. Schrift, den liturgischen Büchern und den Homilien der Väter, eingehende Anweisung zur Ausspendung der Sacramente und namentlich des Busssacraments, genaue Kenntniss des Ritus und der kirchlichen Ceremonien. Doch sollte den Befähigtern auch Gelegenheit geboten werden, sich in den philosophischen und theologischen Disciplinen noch weiter auszubilden [78]).

Wie die Jesuiten dieser Verpflichtung nachgekommen sind, darüber belehrt uns ein anderer Bericht nach Rom vom Jahre 1611, worin ausdrücklich gesagt wird, sie hätten neben den auf den fünfklassigen Gymnasien üblichen Gegenständen zu Gunsten der Alumnen des Diöcesan-Seminars ausserdem noch Casuistik und Controverse gelehrt [79]). Die Studirenden, welche in

[77]) Abgedruckt bei Dittr., diss. Progr. v. [illegible], S. 30, wo es heisst: Cum magnam eam [illegible] Seminarii necessitatem videremus, cum haec Dioecesis nostra a scholis catholicis procul remota, haereticis vero esset undique circumdata u. s. w.

[78]) Constitutiones seminarii dioecesani a. 1567: Quorum nemo et ingenio [illegible], humanioribus philosophicis et theologicis studiis prolixius et exactius dare operam poterunt. Sed omnes saltem grammaticam, cantum, computum ecclesiasticum et quod convenire videbitur ex sacra scriptura et libris ecclesiasticis et sanctorum homiliis [illegible]. Ea praeterea singulari studio discent, quae ad sacramentorum administrationem maximeque ad confessiones audiendas videbuntur opportuna. Ritus vero ac ceremonias ecclesiasticas non discent solum, sed etiam [illegible] et memoriae mandabunt. Vgl. Treter, de episc. Warm. p. 131: missalia, breviaria, agenda, qui sunt libri ecclesiastici. — Auf die genannten Gegenstände wird sich auch das Examen der Ordinanden, wovon in den Synodal-Constitutionen Rudnicki' (Constit. synod. dioec. Warm. Braunsb. 1612, p. 87) die Rede ist, erstreckt haben. Cromer setzte in den Constitutionen von 1575 die Commission für das Pfarrexamen fest; sie bestand aus den Jesuitenvätern und zwei Erzpriestern. (Constit. synod. p. 99.)

[79]) Praelectiones porro in gymnasiis ordinariis [illegible] habitas, quas in collegiis omnibus haberi consueverunt, [illegible] videlicet, quae quinque classibus humaniorum literarum [illegible], adjectam casuum [illegible] quaestionum ad conscientiam spectantium et aliarum controversiarum explicatione in gratiam clericorum dioecesanorum.

dieser Weise unmittelbar für den Eintritt in den Priesterstand und die Seelsorge vorbereitet wurden, hiessen in jener Zeit und lange noch Canisten.

So wenig ein solcher theologischer Unterricht den weitergehenden Wünschen Hosius' entsprechen mochte, es liess sich vorläufig nichts weiter erreichen. Gleichwohl pflegte er, und gewiss mit Rücksicht gerade auf den theologischen Unterricht, von seiner Lieblingsanstalt den Ausdruck „Academia“ zu gebrauchen [16]), eine Bezeichnung, die auch heute noch für

---

16) S. die acta vom Elbinger Landtage a. 1566 (in Hosii opp. II. 100, edit. Coloniae 1584), woselbst es in der Anrede des Magistrates an den Kardinal heisst: (Konitz castell. Gedan. et Cromerus canon. Cracov.) de voluntate et mandato ejusdem Maj. Regiae praedicta commemoraverunt, quemadmodum Illustrissima Celsitudo vestra gravibus magnisque sumptibus Academiam in Brunsbergh instituerit. Et vero cum non tantum hisce terris Prussiae commodo simul decori et ornamento, sed et toti regno Poloniae cum utilitatem conjunctam commodumque habituram, [illegible] eam frequentandam suscipiant etc. Wir fügen hinzu zwei Stellen aus Nurenberg, pragmat. Gesch. des Ordens der Jes. 2, 1160: „Sie erhielten ein Collegium zu Braunsberg im Polnischen Preussen, welches, wie das zu Wilna, nachher in eine Universität verwandelt wurde“; S. 72, 30. „P. Jo. Drews aus der hohen Schule zu Braunsberg Doctor.“ 1708 wurde für Braunsberg in numerum academicorum eine Professur für jus canonicum gegründet. — Academische Gymnasien hiessen manche Gymnasien, um die Vereinigung und den Abschluss der Gymnasialstudien mit den philosophischen und theologischen Cursen zu bezeichnen. In diesem Sinne wurde 1781 bei Neuorganisation des höhern Unterrichtswesens in Preussen durch Kabinetsordre den Gymnasien in Altschottland und Braunsberg die Bezeichnung academische Gymnasien beigelegt, auf welchen auch philosophische und theologische Wissenschaften gelehrt werden sollten, zum Zwecke, die theologische Bildung der dem geistlichen Stande sich widmenden Jugend zu vollenden. Jedoch scheint dies, wenigstens in den ältern Zeiten, nicht der Hauptgrund für eine derartige Bezeichnung zu sein. Für die culmer Schule scheint der Name Academie erst dann aufgekommen zu sein, als die Professoren von Krakau herkamen, und daselbst eigene Lehrstühle für Philosophie und Jurisprudenz gegründet wurden. Köhler (Pr. Pr. Bl. 1836, S. 116) sagt, der Name Academie komme von den academischen Lehrern, welche in Culm Unterricht ertheilten, „wie denn auch andre Schulen in Polen Academien genannt werden, obschon sie nicht Universitäten, sondern bloss Abzweigungen der Universitäten Krakau oder Wilna sind.“ An dem academischen Gymnasium zu Danzig, an welchem Philosophie, Theologie, Medicin und Jurisprudenz docirt wurden, waren die Rektoren ein Jahrhundert lang (c. 1620–1780) von den Universitäten Wittenberg, Leipzig und Königsberg berufen. Um das Jahr 1630 kommt auch zuerst der Name academisches Gymnasium vor (Hirsch, a. a. O. S. 15, hat ihn zuerst 1643 gefunden; Hanow nimmt ihn schon für das Jahr 1560 an). Wie Culm von Krakau, so ist Braunsberg später gewissermassen eine Abzweigung der Jesuitenuniversität in Wilna („academia et universitas Vilnensis S. J.“; gestiftet 1570, bestätigt von Papst und König 1579), von welcher die Professoren der Theologie, ausgenommen seit 1641, nach Braunsberg berufen wurden, wohin sie auch in bedrängten Zeiten sich mit den Theologie Studirenden zurückzogen; worüber weiter unten. In diesem Sinne würde der braunsberger Schule der Titel Academie ebenso gebührt haben, als z. B. der von Bischof Johann Lubranski, einem Mäcenas der Wissenschaften, den auch Joh. Dantiscus in einem Gedichte verherrlicht hat, in der Ausgabe von Hipler S. 243, († 1520), gegründeten und von Bischof Adam Konarski († 1574) restaurirten Academie in Posen (academia Lubranciana), worüber Cromer, p. 85 Ed. Kinov. Für die Jesuitenschule in Rössel, eine Tochteranstalt Braunsbergs, welche nur die Klassen bis Rhetorica hatte, war Braunsberg wiederum die höhere Unterrichtsanstalt. („Zum Studium der Philosophie und Theologie wurden diejenigen Zöglinge — von Rössel —, welche zur Aufnahme in den Orden der Jesuiten bestimmt waren, auf die Universität und

das Wesen der braunsberger höhern Lehranstalt für Philosophie und Theologie weit zutreffender wäre, als der schwankende, örtlich in verschiedener Bedeutung gebrauchte, und daher so missverständliche Ausdruck „Lyceum“.

Die weitere Entwickelung und Vervollständigung der höheren Studien erlebte Hosius so wenig als sein treuer Freund und Mitarbeiter Cromer. Von seinem Antheile an der Hosianischen Stiftung spricht der letztere in seiner Beschreibung von Polen (1575), wobei er auch schon der aufblühenden Studien gedenkt [77]. — Im Jahre 1581 trat auch das päpstliche Alumnat ins Leben, dessen Leitung gleichfalls die Väter der Societät übernahmen. In den Constitutionen desselben (bei Theiner, Schweden u. s. w., 1, 536) von 1578 lesen wir unter n. 16: Es sollen ihnen als gewöhnliche Lehrgegenstände vorgetragen werden der römische Katechismus, die Art und Weise, die h. Sacramente auszuspenden, die Gewissensfälle und die Controversen, namentlich jene, welche bei Ketzern und Schismatikern vorzukommen pflegen. Und in n. 13 ist ausdrücklich hervorgehoben, dass nicht für alle ein vollständiger Lehrcursus der Philosophie und Theologie als nöthig zu erachten sei.

So konnten die Jesuiten ihren Verpflichtungen auch gegen die päpstlichen Alumnen im Allgemeinen durch Unterricht in der Controverse und

---

in das Noviziat zu Wilna gesendet; die übrigen bezogen zu ihrer weitern Ausbildung die höhern Lehranstalten in Braunsberg, Warschau, Krakau u. s. w." S. röm. Progr. v. 1633, S. 3. (Noch am Ende des vorigen und im Anfange dieses Jahrhunderts machten manche in Rössel vorbereitete Jünglinge in Braunsberg ihren theologischen Cursus.) — Ein beliebter Name für beide Schulen war in gehobener Rede Athenaeum. So nennt Clagius, Linde Mariana, p. 361, die braunsberger Schule: Sinus Prussiae Athenas. Selbst für die Anstalt in Rössel haben wir gefunden Athenaeum Resseliense. Die posener Akademie führte den Titel Athenaeum Lubranscianum. Das braunsberger Jesuitencollegium hiess gewöhnlich Collegium Brunsbergense (im gehobenen Style: Brunopolitanum). Der in dankbarer Erinnerung an den Gründer entnommene Beiname seiner Stiftungen (Hosianisch) findet sich schon frühzeitig, so oft Collegium Hosianum (Hartknoch, Pr. Kirchen-Histor., 1686 gedruckt, sagt S. 1060: Von dem Stifter Hosio heisset dieses Collegium noch heutigen Tages Collegium Hosianum). Den in neuerer Zeit beliebten Namen Lyceum Hosianum haben wir aus früherer Zeit einmal in einem durchweg im allerschwülstigsten Style (auf Vladislaus de Kryvwanoga Leo, palatinus Pomeraniae, von den Jesuiten in Danzig 1635 unter dem Titel Triumphalis Solaris Virtutis Apyis u. s. w. in fol. ohne pagina herausgegebenen) Elogium gefunden (auf der Dombibliothek in Frauenburg), dessen Sinn vom Titel an durch lauter Bombast verdunkelt ist. Solaris virtus bezieht sich auf das Wappen, solea, d. i. Hufeisen, des Gefeierten. Die Stelle steht auf dem 19. Blatte: „Ubi enim domesticas solertes otio Hosianum Brunsbergae cuiusnam Lyceum, utque adeo doctoribus studiis Minervae Olympia exornans es, et in novum comparatus eruditionis praesidium novam adjiceres diligentiam.“ Dabei ist natürlich an eine gebräuchliche, officielle Bezeichnung nicht zu denken.

77) S. 93 ed. Elzev.: Brunsberga, quam (urbem) nuper vir amplissimus Stanislaus Hosius, S. R. E. Card. et Varm. episc. cum suo aere ejus ipsius Societatis collegio, studiis literarum atque doctrinae nobiliorum reddidit, urbis adjectoribus, et in religione catholica conservat, collegio religioso eorum hominum, qui de nomine Jesu vocantur, in ea collocato. Von Cromers Eifer für die Stiftung zeugt sein Brief an den Jesuitengeneral v. 1574. S. Theiner, Schweden und der h. Stuhl, 1, 632. [illegible], S. 580, über das Erbieten des Domkapitels wegen der Kosten.

Casuistik als Ersatz der höhern Theologie genügen; immerhin aber musste es als wünschenswerth erscheinen, dass auch für jene, die sich eine weitere theologische Ausbildung zu verschaffen wünschten, ein vollständiger philosophischer und theologischer Lehrcursus in Braunsberg selbst eingerichtet würde. Bis dies Ziel ganz erreicht wurde, sollten noch viele Jahre vergehen. Die Folge davon war, dass in jener Zeit strebsame Zöglinge der Jesuitenschule, die nicht blos für die dringendsten Bedürfnisse der Diöcesanseelsorge sich ausbilden wollten, nach Vollendung der vorbereitenden Studien anderswo Philosophie und Theologie studirten.

Beispiele von dem Bildungsgange einzelner Männer werden dies näher darthun. Die Reihe der im Herbste 1567 in die Matrikel des Seminars inscribirten Alumnen eröffnet Valentin Helwingk aus Wormditt. Derselbe wurde 1571 Priester; 1573 schon Dekan in Guttstadt, 1587 Propst, † 1594. Derselbe hat also 1571 den oben bezeichneten theologischen (canisianischen) Cursus für die Seelsorge schon vollendet gehabt. Friedrich Bartsch aus Braunsberg, geboren 1549, war 1567 Zögling des Jesuitenordens, als dessen Mitglied er später grossen Ruhm erlangte; studirte, nachdem er 1572 eingetreten, Theologie in Wien, wozu er in Braunsberg damals noch nicht Gelegenheit hatte. Derselbe traf seinen Zeitgenossen, den Convertiten Fabian Quadrantinus, welcher von seiner Bekehrung (1567) an bis 1569 in Braunsberg studirte, dann mit Hosius nach Rom ging und dort im Collegium Germanicum fünf Jahre lang Philosophie und Theologie studirte und 1574 Priester wurde. Mit Quadrantinus zugleich verliess ein anderer rühmlichst bekannter Mann, Thomas Treter, das braunsberger Collegium, wo er Humaniora und Rhetorik studirte, und ging ebenfalls 1569 mit Hosius nach Rom. In ihm lernen wir einen Zögling kennen, der sich weder zur blossen Seelsorge vorbereitete, noch auch Mitglied des Jesuitenordens wurde, den wir aber später unter den höhern Würdenträgern der ermländischen Kirche finden (er war Domcustos von 1596—1610, da er starb). Gerade so verhielt es sich mit Heinrich Hindenberg; er studirte in Braunsberg von 1574—1578, da er als Minorist das Seminar verliess, um in Wilna (gegründet 1570, als Academie privilegirt 1579) Philosophie und Theologie zu studiren. 1582 und 1583 war er im Collegium Germanicum zu Rom. Priester wurde er 1585. Aus der Seelsorge kam er ins Kapitel, worin er von 1612—1627 Domcantor war. Martin Laterna, ein namhafter Jesuit, hatte als solcher 1571 in Braunsberg sein Noviziat angetreten; darauf studirte er, wahrscheinlich seit 1573, Philosophie und Theologie in Wilna, wo er auch zum Doktor promovirt wurde. — Auch bei Gründung des von den Jesuiten geleiteten päpstlichen Alumnats in Braunsberg hatte man, wie oben erwähnt, als nächsten Zweck nur die nothwendigste theologische Ausbildung für die nordische Mission im Auge. Besonders befähigte Zöglinge sollten ihre weiteren Studien anderswo, namentlich in Rom machen; für die übrigen wurde ein Lehrcursus in der Philosophie und scholastischen Theologie nicht für nöthig erachtet. Possevin liess im Herbste 1580 den Pater Lorenz

Nikolai, einen Norweger von Geburt, früher Lutheraner, dann Katholik, Priester und Jesuit, der mit dem Nuntius die Beschwernisse der eben vollendeten Mission in Schweden getheilt hatte, in Braunsberg zurück, zunächst, um die Zöglinge des Alumnats, deren Anzahl sich schon auf fünfzig belief, in der schwedischen Sprache zu vervollkommnen und im Predigen und Katechisiren sowie in der Polemik zu unterrichten [76]).

Ein Fortschritt in der wissenschaftlichen Weiterentwickelung der Jesuitenanstalt war die Einführung des philosophischen Cursus. Damit wurde die wissenschaftliche Bedeutsamkeit der Hosianischen Anstalt schon wesentlich weiter gefördert. Gewiss war es stets der Wunsch aller Ermländer und namentlich des Bischofs und des Domkapitels, die für die Sustentation des Jesuitencollegiums so bedeutende Opfer zu bringen gewohnt waren, die Lehranstalt in einer Weise erweitert zu sehen, dass dadurch allen Bedürfnissen der Diöcese genügend entsprochen würde. Man weiss nicht, was die nächsten Motive dazu gewesen — im Jahre 1592 wurde, wie der Bericht von 1611 erzählt, der Cursus für Philosophie in Braunsberg eingeführt, aber wie ausdrücklich zugefügt wird „nulla sub obligatione" [77]). Das heisst nicht etwa, die Jesuiten hätten die Philosophie als nicht obligatorischen Gegenstand in ihre Schule eingeführt, sondern vielmehr, sie hätten mit Einführung derselben den Alumnen beider Seminare gegenüber, für welche sie nur Controverse und Casuistik neben den übrigen in den Statuten verzeichneten Gegenständen zu lehren gehalten waren, keine Verpflichtung übernommen. Es geschah also wohl hauptsächlich im Interesse der Scholastiker des Ordens. Obwohl schon im Jahre 1570 durch den Provinzial Magius das Noviziat im Collegium zu Braunsberg eingeführt war (S. oben S. 44 N. 67), hatte man bisher die Novizen, nachdem sie die niedern Studien vollendet, zur Ausbildung in der Philosophie und Theologie auf die Universität Wilna entsendet. Von jetzt ab konnten sie wenigstens bis zur Theologie in Braunsberg unterwiesen werden,

[76]) Possevin schlug in einem Schreiben an den Papst vom 25. Juni 1578 vor, es sollten die besonders befähigten Jünglinge, nachdem sie in Braunsberg in den humanistischen Wissenschaften einen guten Grund gelegt, in Rom weiter gebildet werden (alcuni ... dei quali però quei che mostrassero eminenti qualità potrebbono dopoi che fossero ben fondati nelle lettere humane, mandar a Roma). S. Theiner, Schweden und der h. Stuhl, 1, 534. In den Statuten des Alumnats von Gregor XIII., vom 10. Dezbr. 1578, heisst es: In literarum studiis mediocribus illi adhibeantur, qui satis sit capitali et [illegible] populorum, inter quos Scholastici illi versari debebunt. Itaque non totum Philosophiae et Theologiae Scholasticae curriculum cum illis erit [illegible] etc. Ibid. 2, 154, Urkk. Ueber Lor. Nikolai ebend. 1, 431, 605; 2, 3.

[77]) Anno vero 1592 philosophicum studium in gymnasio nulla sub obligatione est introductum. Praeter haec [illegible] etiam cursus [illegible] seminarii Pontificii et Regii, in quo ut plurimum duo ex [illegible] degunt. ... Ex quo curriculum philosophicum hic institutum, vixere hoc in collegio novem et plurimum triginta. — Vielleicht hatten die oben S. 43 N. 66 berührten Schicksale der Jesuiten in England in jenen Jahren (worunter auch 1591 genannt wurde) in Richard die geeignete Persönlichkeit für Philosophie dem braunsberger Kolleg zugeführt.

womit auch zugleich den Alumnen und andern auswärts wohnenden Studirenden Gelegenheit zum Studium der Philosophie geboten wurde.

Wie sehr man hiedurch den Wünschen der Diöcese entgegenkam, bezeugt uns u. A. der Laie Michael Neumann aus Guttstadt, welcher um jene Zeit mit seinem Vermögen nicht nur das materielle Wohl der jungen Anstalt, sondern auch die höheren Studien an derselben zu fördern bedacht war, indem er durch sein Testament unter Anderem die Bestimmung traf, dass, wenn es der Societät gut scheine, die legirte Summe von 6000 Gulden auch zur Förderung der Studien, namentlich der philosophischen und theologischen, verwendet werden sollte. Wenngleich die Summe diesem Zwecke nicht wirklich zugewendet wurde, so zeugt sie doch für die schöne Hoffnung, welche man von der Anstalt hegte, von dem regen Interesse, welches man für ihr Aufblühen hatte. Neumann war ausserdem auf Vermehrung der Bibliothek des Collegiums bedacht, in dessen Räumen er sogar seine letzten zehn Jahre verbrachte, und in dessen Kirche er 1608 seine Ruhestätte fand [illegible]).

[illegible]) Die Urkunden über Neumann's Schenkungen befinden sich im bischöfl. Archive zu Frauenburg (A. 8). Den 27. Jan. 1590 schenkt der edle Herr Michael Neumann, Praetor hereditarius Roessellensis (d. i. Erbrichter oder Erbschulze; „Erbscholz zu Ressel" heisst er in einer Urk. von 1598; vgl. 1290 judex hereditarius in Elbing und in Braunsberg, C. W. 1, 81 und 100, und 1329 in Guttstadt, C. W. 1, 411, wo derselbe bald scultetus civitatis, bald jud. hered. genannt wird), in Gegenwart der Patres Friedrich Barclay Theologus et Rector und Simon Nicovius dem Kolleg in Braunsberg die scultetia Resseliensis mit Häusern, Aeckern, Rechten und Gerichten, ferner einen wiederkäuflichen Zins von 240 Floren von der Summe von 3000 Fl. aus seinen Gütern bei Seeburg u. s. w. Am 22. Oct. 1592 verkauft Friedrich Berent praetor hered. oppidi Ressel an Michael Neumann aus Guttstadt, der das praetoris officium Ressellien. resignirt, einen Zins von 165 Fl. für 3000 Fl. aus der scultetia hered. Ress. Neumann aber macht nun an demselben Tage in Gegenwart der Jesuitenväter Johannes Uberus Rector und Wilh. Lampert an das Kolleg eine Schenkung inter vivos und zwar jenen Zins von 240 Fl. für 3000 Fl. wiederkäuflich, aus den seeburger Gütern (nämlich Ustnich oder Lichtenhagen und Kleinendorf), und den zweiten Zins von 165 Fl. auf der Erbschulzerei in Rössel für 3000 Fl. wiederkäuflich u. s. w. Also im Ganzen eine Summe von 6000 Fl. 1593 wurden Zwistigkeiten zwischen Mich. Neumann und Friedrich Berent „Erbrichter zu Ressel" beigelegt. Endlich erfolgte das let. Testament, das nur in undatirten Excerpten über die Legate vorliegt. Das Kolleg erhält obige Gesammtsumme von 6000 Fl. Die Schenkung soll aber nicht mit dem Fundationsfonds des Kollegs, wozu die Gründer verpflichtet sind, zusammenfliessen, sondern unabhängig davon verwendet werden pro maiori Dei honore et gloria religionis catholicae et societatis Jesu sacrorum, progressione et maiori incremento, studiorum bonorum in dicto collegio frequentiori atque stabiliori professione u. s. w. (quod omne liberum sit liberae dispositioni atque arbitrio committo atque relinquo: sive id praeter priorem fundationem supperaddendo Philosophica studia, sive Theologica exercendo, sive singulare aliquod Patrum seminarium instituendo). Es scheint also schon ein Fonds für die höhere Studien dagewesen zu sein. Das Testament ist wohl nach 1601 gemacht. Der Rektor des Kollegs Franciscus Petrosse nahm unter dem 24. Juni 1608 das Legat an. — Unsere andern Quellen bezeichnen Neumann als bischöflichen Oekonom unter Cromer. Der Bericht an die Propaganda von 1611 besagt: Legavit postmodum (die unmittelbar vorhergehende Schenkung ist von 1601) collegio Episcopalis quondam Oeconomus, D. Michael Neumann Guttstadiensis, sex mille

Unter den namhaften Männern, die zuerst sich dieser Fortschritte der höhern Studien in Braunsberg erfreuen konnten, nennen wir den ermländischen Historiker Johannes Leo. In seiner histor. Prus. p. 471 erwähnt er selbst des Anfanges des cursus philosophicus mit genauer Zeitangabe (October 1592) und mit Hinzufügung des Namens des ersten Professors der Philosophie, Pater Richard Singleton aus England. Joh. Leo kam 1587 in das Alumnat und die Schule der Jesuiten. Am 6. August 1595 verliess er als Diacon das Alumnat; in der Pfingstwoche 1596 wurde er Priester und 1597 Pfarrer. Gerlach, im Ind. Lect. Lyc. Hos. 18$^{60}/_{61}$, p. 2 sagt: Leo praeceptoribus usus est in philosophia Richardo Singletonio Anglo et in theologia Joanne Hubero, leider ohne nähere Angabe einer Quelle, aber die Nachricht stimmt mit der Zeit, da diese Männer als Docenten in Braunsberg thätig waren [81]).

Sororum, quarum unam convictoribus aeternum datam adhuc non plene recuperatum, caetera in [illegible] reditum [illegible]. Obtinuit hic vir integerrimus ab admodum R. P. Generali [illegible] in collegio [illegible], simul et sepulchrum [illegible] in aede. [illegible] librariis, quam [illegible] decessit ad praemium 5 Nonas Majas Anno 1608. Die (noch näher zu erwähnende) Ara gratitudinis v. 1645 erneuert das dankbare Andenken an Michael Neumann, magni illius Cromeri quondam Oeconomus. — Das Lob des Herrn Friedrich Berent, des Nachfolgers in der rösseler Erbschulzerei (praetorem [illegible] perpetuum, vulgo scultetum haereditarium appellant), verkündet Glagius, Lind. Mar. 230, 233. Er erblindete, verkaufte seine liegenden Gründe an die Stadt Rössel (S. 231; damit wird die Schulzerei an die Stadt übergegangen sein) und zog mit seinem einzigen, an der heil. Linde wunderbar geheilten, Sohne Carl nach Braunsberg, lebte fast nur in der Jesuitenkirche, worin er auch begraben lag, bis ein schwedischer Soldat den zinnernen Sarg raubte und die Gebeine herauswarf. Sein Sohn Carl, der zu Simon Hein's Zeit in Wormditt lebte, brachte nach dem Tode seiner Frau seine letzten Jahre [illegible] im Kloster Oliva zu. Der Bericht von 1611 lässt auf den Passus über Neumann gleich diesen folgen: Exemplo hujus permotus nobilis vir D. Fridericus Berent aliquot annos oculis captus, in nostro templo assiduus, ubi et quiescit, 2000 floren. collegio adscripsit. Diem suum clausit 4 Octobris anno 1609; quae item, [illegible] reditui [illegible]. Auch die Ara gratitudinis gedenkt Fr. Berent's, Woremditensis, deinde Resseliensis Praetor. Ein Fried. Berendt war Name des Coadjutors Cromer. C. W. 2, 83. Die Familie ist in Braunsberg [illegible] (früher berndt, berend, berent; Hans wird Bürger 1401). Unter den braunsberger Jesuiten nennen wir: *Simon Berent*, Sohn des braunsberger Tuchmachers Simon B. (1570 Bürger), geb. 1584, Prof., Präfect des Alumnats, Rektor u. s. w., gestorb. 1649; ein Joh. Berent kommt 1626 und 1656 als Rektor vor; Jacob Berent 1667; Georg B., 1717 als Rektor gestorben.

[82]) Zu den im Texte S. 52 u. f. gegebenen Nachrichten fügen wir noch folgende Notizen: Ueber Helwigh s. Wölky, Sco. W. 279; Fabian Quadrantinus (geb. 1544 in Pr. Stargardt, studirte gleichzeitig mit Bartsch und Treter in Braunsberg zwischen 1565 und 1569, wurde 1567 katholisch, machte seine philosophischen und theologischen Studien in Rom 1569 bis 1574, da er Priester wurde, trat in die ermländ. Seelsorge, wurde 1582 Jesuit, fungirte u. a. in Braunsberg als Prediger, aber nicht als Professor der Theologie, wohl aber docirte er in Posen Polemik. Zwischen 1592 und 1598 war er Beichtvater der Königin Anna. Dann lebte er bis an seinen Tod 1606 in Braunsberg, wie es scheint in stiller Zurückgezogenheit). Ebend. 107; Eichhorn, Hosius 2, 159; danziger Kirchenblatt, 1867 № 16. Ueber Treter s. dessen Symbol. Vitae Christi meditatio, Brunsb. 1612, Vorrede, wo es heisst: In [illegible] in Hosiano Brunsb. collegio soc. Jes. [illegible] humanitatis ac eloquentiae Musis perpolitus. Vgl. Eichhorn, Zeitschr. 3, 563. Ueber Hindenberg s. Eichhorn,

Wenn nun auch 1592 ein eigentlicher philosophischer Cursus eröffnet wurde, so bestand doch unabhängig davon für die Theologie während dieses ganzen Zeitraumes immer nur noch jener casuistische Cursus zunächst für die Aspiranten des Diöcesanclerus, mit welchem sich auch Joh. Leo begnügte. — Unter den uns bekannten Docenten in der Theologie aus dieser frühern Periode verdienen zwei bedeutende Männer, die Professoren und Rektoren Friedrich Bartsch und Johannes Huber, hier besonders hervorgehoben zu werden. Wir wissen, dass ihre Fächer auch nur Casus und Controversen waren.

Friedrich Bartsch studirte nicht nur in Braunsberg, sondern auch im Collegium Germanicum in Rom, woselbst er auch 1572 in den Jesuitenorden trat, kommt als Rektor des braunsberger Collegiums 1584, 1586 und 1590 vor, worin er, wie auch in Posen, einige Jahre Docent war, zwischen 1596 und 1600 Rektor der Universität Wilna, die ihm auch 1587 den theologischen Doktorgrad ertheilte; 1600 Provinzial; seit der Zeit Beichtvater Sigismund's III., den er auf dem moskowitischen Feldzuge begleitete, bei welcher Gelegenheit er, ein Opfer bei der Pflege der durch ansteckende Krankheiten hingerafften Soldaten, fiel, 1609 den 21. November. Er wurde in Wilna begraben.

Johann Huber begegnet uns in Braunsberg zuerst 1593 als Rektor, dann auch 1604 und 1611. Er muss schon damals Theologie tradirt haben, wenn ihn Johannes Leo darin noch zum Lehrer gehabt hat. Die Nachrichten, welche Ribadeneira (Biblioth. Scr. Soc. Jesu p. 251) über ihn giebt, sind, was die Zeitbestimmungen betrifft, nicht ganz genau. Er berichtet, dass Johannes Huberus (Uber), ein Würzburger, 1583 Jesuit wurde. Nach dem Katalog der Alumnen, bei Theiner, S. 458, hatte er im Coll. Germ. zu Rom studirt. Er lehrte ein Triennium Moral und Polemik in Polen, leitete acht Jahre Seminarien, stand abwechselnd den Kollegien in Braunsberg und Danzig während sieben Jahre vor, verlebte dreizehn Jahre als beliebter Prediger und starb 1612 in Danzig, 64 Jahre alt, nach Eintritt in den Orden im achtundzwanzigsten. [48]).

---

a. a. O. 615, Wölky, l. c. 271. Sein Vorgänger in der Prälatur Joh. [illegible], Convertit, hatte ebenfalls zuerst das Jes. Kolleg besucht (Eichhorn, a. a. O. 613). Martin Laterna hielt sich bis 1586 in Krakau, Wilna, Braunsberg und andern Orten auf; bis 1588 war er Prediger des Königs und wurde endlich auf einer Mission 1598 von den Schweden zu Tode gemartert, in einem Alter von 45 Jahren (Ribad., 378.). Ueber Johannes Leo s. Wölky, l. c. 278.

[48]) Fried. Bartsch war vielleicht ein Sohn des verdienten Bürgermeisters Hans B., der 1573 das nach ihm benannte Hospital gründete. Der Sohn des letztern ist Jacob B., Besitzer von Krausen 1595, Rastenburg 1597 und seit 1609 von Basien, das er von Ludwig von Baysen auf Cadienen und Weitzen kaufte. Von Fried. Bartsch heisst es in dem Katalog der Alumnen des Collegium Germanicum (Theiner, Gesch. der geistlichen Bildungsanstalten, S. 461), Fridericus Bartschius Prutenus Soc. Jesu, Theologiae doctor, libris scriptis, [illegible] virtutibus clarus et Sigismundo III. Poloniae Regi a confessionibus, quem secutus in Moscoviticam expeditionem, dum militum contagio laborantium saluti procurat, eodem morbo correptus occubuit. Seines Lobes sind auch die übrigen Quellen voll, so, ausser Ribadeneira,

Auch die Matrikel des Seminars liefert Belege für das Gesagte. Wir finden darin, seit 1597, dass einzelne Alumnen zu dem philosophischen Cursus der Jesuiten übergingen. Seit 1616 begegnen wir jungen Männern, welche auf kürzere Zeit (also anderswo bis dahin vorbereitet) ein bis zwei Jahre ins Seminar eintreten, um Casuistik zu hören und zu studiren (audire casus conscientiae; studere casibus conscientiae; casistae).

Dass in jenem ganzen Zeitraume bis zum Jahre 1641 wenigstens die theologischen Studien in Braunsberg über die nothwendigsten Anforderungen nicht hinausgingen, dafür haben wir noch weitere Anhaltspunkte. Johann von Preuck ging, als ihm im Jahre 1593 ein Canonicat verliehen worden, ehe er dasselbe antrat, 1596 auf drei Jahre nach Rom, um sich zu einem tüchtigen Priester auszubilden. (Ueber ihn s. Eichhorn, erml. Zeitschr. 2, 273.) Braunsberg konnte ihm damals noch nicht jene höhere theologische Bildung bieten, wie sie für einen Domherrn gefordert wurde. Ebenso war es mit Albert Radzicki, Dompropst von 1633—1651, welcher schon 1611 ein Canonicat erhielt. (Ueber ihn s. Eichhorn in der erml. Zeitschrift 3, 324). Der auf seinen 1651 erfolgten Tod von den braunsberger Jesuiten herausgegebene Panegyricus (Sagitta Radziciana, typis Weingaertner 4°) sagt von ihm, er sei in den philosophischen Disciplinen zu Braunsberg, in den theologischen anderswo unterwiesen worden[illegible]).

In den ersten Decennien des 17. Jahrh. studirte auch Georg Marquardt, 1651—1660 Domcustos von Frauenburg, bei den Jesuiten in Braunsberg nur bis zur Rhetorik, Philosophie aber und Theologie in Wilna. (Vgl. Eichhorn a. a. O. 3, 559).

Aus den handschriftlichen Memorialia des braunsberger Jesuitenkollegs ist es ebenfalls ersichtlich, dass vor der Zersprengung des Collegiums durch die Schweden am 10. Juni 1626 in der Theologie immer nur das gelehrt wurde, was ein Priester gebrauchte, um seinen Pflichten in der Seelsorge zu genügen, nämlich Casuistik und Controverse. Von der eigentlichen

---

Bibl. Soc. Jes. 143, Drews, Fasti Soc. Jes. p. 487, Univers. Vilu., Jöcher u. s. w. Seine Schriften bei Ribadeneira l. c. und in Bibliothèque des écrivains de la compagnie de Jésus. Par Augustin et Alois de Backer, I. p. 48. Bartsch hat, nach Ribadeneira, S. 251 u. 143, zu schliessen, mit Huber in der Leitung der Jesuitenresidenz in Danzig (das Collegium [illegible] Gedanense in Altschottland 1656, vom Bischof von Leslau Hieron. Rozrażewski gestiftet) und Braunsberg abgewechselt. Von Bartsch sagt er: Gedanensem residentiam et collegia Brunsbergense Vilnenseque diu rexit; von Huber: duobus per vices collegiis Brunsbergensi et Gedanensi saepius annos praefuit. In ihren Lehrfächern stimmten beide, nach Ribadeneira, überein; Bartsch: Quaestiones conscientiae atque quae cum haereticis controversae sunt; Huber: Theolog. moralis religionisque controversias. So wie Bartsch und Huber, so findet sich auch Quadrantinus in der Matrikel des Colleg. Germ. p. 457. Die theologischen Werke aller drei, Bartsch, Huber und Quadrantinus, sind meist Controversschriften; die davon in Braunsberg erschienenen s. in unsern bibliographischen Notizen, in Pr. Prov. Bl. 1844. Wir finden, dass Bartsch vom Rathe seiner Vaterstadt Braunsberg in wichtigen Angelegenheiten am königl. Hofe als Vertreter [illegible] wurde (zu 1603 u. 1604).

[illegible]) Liberalibus philosophiae hic Brunsbergae theologicisque alibi disciplinis instructus, egregie utriusque maturus virtus.

wissenschaftlichen Theologie, welche später theologia positiva, sacra scriptura, theol. scholastica und theologia moralis umfasste, ist in dieser Periode noch nicht die Rede. Nach der genannten Quelle übernahm 1613 an Pater Prankl's Stelle, der bisher die conferentiae casuum domesticae geleitet und die Controversen gelehrt hatte, Pater Busau die Conferenzen und Pater Ackerbau die Controversen, während Prankl wie bisher die Casuistik beibehielt[84]). Die Studenten hatten bisher die humaniora gleichzeitig mit den Casus und Controversen gehört. 1614 wurde nun verordnet, es solle künftighin eine solche Vermischung der Studien nicht mehr statthaben, und Niemand zu den lectiones superiores zugelassen werden, bevor er die humaniora absolvirt. Im künftigen Studienjahre solle man diese Angelegenheit ordnen, und beachten, dass es besser sei, einen guten Casisten heranzubilden, als sich mit Vielen, d. i. nicht hinreichend Vorbereiteten, vergebens abzumühen. An Stelle der Controversen solle man lieber ein zweite casistische Vorlesung halten, damit der casistische Cursus in zwei Jahren absolvirt werde, und man möge Acht geben, ob sich diese Studienordnung nicht besser bewähre, als die frühere. Die Verordnung bezüglich der Controversen gelte jedoch nicht auch für die sonntäglichen Controversen. Demgemäss wurden nun jene Vorlesungen nicht mehr gehalten, so dass der Provinzial bei einer Visitation im Jahre 1638 es für nöthig fand, anzuordnen, es möge wieder einer der Väter Controverse lehren, weil eine Kenntniss der Lehrgegensätze in dieser Gegend nothwendig sei.

Auch über die Philosophie bieten uns die Memorialia einige Notizen. Im Jahre 1600 giebt es einen praeceptor philosophiae und 1603 erhält der Studienpraefekt den Auftrag, in Zukunft nicht bloss für die niedern Schulen Sorge zu tragen, sondern auch für die Philosophie, und im Nothfalle die Philosophen sogar zu züchtigen. (Einige Jahre später, 1611, haben die philosophi externi Excesse verübt, wofür sie strenge bestraft werden sollen.) In dem Memoriale von 1615 begegnet uns auch die Verordnung, dass die Rhetoren nur nach einem strengen Examen zu den Vorlesungen über Philosophie zugelassen werden sollen. — Zudem wurde

---

84) Ausser diesen dreien und den schon früher erwähnten Docenten, Fried. Barteb (theologus) und Joh. Huber, werden uns gelegentlich als Jesuitenprofessoren dieser ersten Zeitperiode genannt: Anton Arias, ein Spanier, 1575, der 1601 in Wilna starb; Johann Olstiensis 1575, und P. Adam Brok 1578, welcher immer im Anfange des 17. Jahrh. Rektor der Universität in Wilna war. S. Universitatis Vilnensis [illegible] 1707. Vita. fol. [illegible] pag., wo es von Brok heisst, P. Adamus Brocus, academiae honoris fastigium virtute commeritus, [illegible] ornamentis [illegible] reddidit. Er ist, jedenfalls vor 1615, der dritte Nachfolger von Fried. Barteb (wahrscheinlich von 1585 bis 1600) in der Würde als Rektor zu Wilna. Ob der bekannte Thomas Clagius, ein geborener Ermländer, aus Hermsdorf im Ermlande, und mit 1615 in einem Alter von 20 Jahren Jesuit, welcher uns 1636, 1639, 1640 als Superior der Residenz Rössel (1641 ist schon ein anderer) und 1650, 1652 als Rektor in Braunsberg entgegentritt, schon in dieser frühern Periode in Braunsberg gewirkt habe (seine Fächer waren auch Mathematik und Casus), haben wir nicht gefunden. Er starb 19. Juni 1664.

auch sehr häufig disputirt und zwar mit Eifer und bisweilen mit Heftigkeit, so dass es nöthig wurde, daran zu erinnern, es möge Niemand den Andern beleidigen, auch mehr mit Gründen, als mit Geschrei certirt werden. In diesem Jahre, 1615, giebt P. Klinger den Scholasticis in der Klasse der Metaphysiker Anweisung im Unterrichten. Dieser Lehrer der Philosophie Pater Klinger ist identisch entweder mit Pater Petrus Clingier, welcher nach Memor. 1613 neben P. Andreas Busan, Andreas Bruchmann, Joh. Grussewski zum Consultor ernannt wurde, so wie mit dem Pater Klingier, dem in demselben Jahre die Leitung des Alumnats und der Bursa übertragen wurde, oder aber mit dem Pater Andreas Klinger, welchen wir als Professor der Philosophie 1624 antreffen, in welchem Jahre er Logik und philosophia naturalis nach Aristoteles docirte, und dem wir dann wieder in der zweiten Periode des Kollegs öfters in Braunsberg begegnen; (1639 war er Rektor, 1648 gar Provincialis) [8].

Dass die Eröffnung des philosophischen Cursus in Braunsberg viele lernbegierige Jünglinge, selbst aus protestantischen Familien, herbeizog, darüber giebt Pisanski (Preuss. Litterärgesch. 1, 233) eine beachtenswerthe Nachricht. Wegen der verbesserten Methode fanden die Schriften der Katholiken, „besonders was die Dialektik und Metaphysik betrifft, auch bei Verschiedenen unter den Evangelischen Beifall, um so mehr, da die Verfasser sich wohlbedächtig gehütet hatten, etwas einfliessen zu lassen, was sich auf den Unterschied beider Religionen bezog. Insonderheit wusste der in diesem (16ten) Jahrhundert gestiftete Orden der Jesuiten durch seine Geschicklichkeit im Unterrichte der Jugend, wie in andern Kenntnissen, also auch in der Philosophie, sich so beliebt zu machen, dass auch in Preussen manche dadurch geblendet wurden, und an ihrer Weltweisheit etwas besseres zu finden glaubten, als an Aristoteles und Melanchthon. Daher kam es, dass sie die Ihrigen Studirens halber in die Collegia dieses Ordens nach Polen und anderwärts, insonderheit aber in das 1565 in der benachbarten Stadt Braunsberg angelegte hinschickten,

---

[8]) Pater Andreas Klinger war 1631 erster Superior Residentiae Rossenensis, eines aus aufblühenden Zweigen des gesegneten braunsberger Collegiums (collegium Brunsbergense, sagt Clagius, Lind. Mar. p. 349, e quo [illegible] Phoenicis in hac [illegible] quasi nobile [illegible]). Andr. Klinger kommt noch 1649 in einer braunsberger Verhandlung vor. Der erste Priester, der in Braunsberg nach der Schwedenzeit am 4. Oct. 1626 wieder celebrirte, ist P. Andr. Klinger. Er war ein Wormditter, Sohn des dortigen Bürgermeisters Joh. Kl. — Die Familiennamen Clender, Clinder, Clinger, Clinger, Klender, Klinger, Klinger (alle ebenso identisch wie Lindemann und Lingemann) weisen uns die Mon. Warm. schon im 14. Jahrh. in Ermland nach; das Dorf Clinderswald, jetzt Klingerswalde, ist 1362 gegründet von Nic. Clinder; seit 1429 als Bürgerfamilie in Guttstadt nachweisbar. Um die Mitte des 15. Jahrh. erscheint die Familie Clender mit der Familie von Dassele (ebenfalls schon im 14. Jahrh. in Ermland, und nach v. Ledebur noch 1700 in Thorn vorkommend; vielleicht nach Dassele in Westfalen benannt) durch Verschwägerung in naher Verbindung.

um damit die thomistischen und scotistischen Grundsätze einzumengen" [66]).

Durch die Jesuiten geschahen bekanntlich auch in Preussen viele Conversionen. Auch in der Jesuitenschule in Altschottland erkannte man von der gegnerischen Seite, namentlich für Danzig, einen gefährlichen Posten, so wie die braunsberger eine bedrohliche Nachbarin für Ostpreussen war. Das danziger Particular zeichnete sich noch nicht durch bedeutende Leistungen aus; die Schulen in Elbing und Thorn waren im Verfalle. „Das bewog viele evangelische Eltern ihre Kinder in den Humanitätsstudien in jenen Jesuitencollegien ausbilden zu lassen; was um so gewinnreicher schien, da einige derselben die Vorrechte einer Universität hatten. Die meisten dieser Jesuitenschüler kehrten zurück, wankend gemacht in ihrem Glauben, leicht geneigt für irdischen Vortheil zur katholischen Kirche zurückzukehren. Und diesen um einen solchen Preis zu gewähren, war Niemand bereitwilliger, als Polens König Sigismund III." Viele der angesehensten Familien des preussischen Adels kehrten zur alten Kirche zurück u. s. w. S. hierüber Hirsch, Gesch. des acad. Gymn. in Danzig, S. 15. Vgl. das oben S. 15 N. 23 Gesagte. Selbst die Feinde der Jesuiten geben Zeugniss für die Tüchtigkeit ihrer Lehrmethode [67]).

Verhängnissvoll wie für ganz Braunsberg, so für das Jesuitenkolleg wurde das Jahr 1626. Gustav Adolph von Schweden erschien am 10. Juli vor der Stadt. Noch denselben Tag fiel sie in seine Hände. Für die Jesuiten begann ein zehnjähriges Exil [68]), während dessen das Kolleg als unter-

---

[66]) „Der Professor der Beredsamkeit Georg Reimann eifert dawider in der auf Georg Friedrich 1603 gehaltenen Rede, wenn er S. 2 sagt: Non possunt eorum probare judicium, qui fucata et simulata Jesuitarum sanctitate et eruditione Thomistica et Scotistica decepti [illegible] Gleiche Klagen führt Hennenberger in der Erklärung der Landtafel, S. 159: Den Bürgern in der Stadt Heiligenbeil, die nahe an Braunsberg liegt, wird zugleich, als das Collegium der Jesuiten daselbst war errichtet worden, durch ein den 6. Sept. 1566 ergangenes fürstliches Rescript sehr scharf verboten, ihre Söhne dorthin zum Unterrichte zu senden."

[67]) Hirsch, a. a. O., theilt nachträglich ein Schreiben des danziger Collegen Joh. Schröder vom 19. Aug. 1620 mit, worin neben dem Hasse gegen die „Jesuiten oder Saleen" zugleich die Anerkennung durchblickt. „Solte dies geschehen (nämlich der Bau eines Collegiums beim Schottlande), würde gute Ordnung und Inspection auf Dantzcher Schulen sehr von Nöthen sein, damit diese [illegible] mit ihrer Institution nicht den Preiss und Vorzug behalten; sonst wird manch junges Blut von ihnen eingenommen und innerlich verunehret werden. Ich kenne diese vögell, sie werden ihren gantzen kram und [illegible] ausschütten, das sie ein anderes und Bessers praestiren mögen, als was sonst in Schulen für [illegible] Arbeit getrieben wird." .... „Ich weiss der Jesuiten Griffe" .... „Für zwo Jahren habe ich die Jesuiten zu Braunsberg besucht, Fern jahre bin ich darnach nach Regensburg verreiset." .... „Der Regensburger Art gefället mir am besten und möchte wünschen, das er allhier auch in den Schulen würde in acht genommen, was sie getan haben" u. s. w.

[68]) Es war dies nicht das erste Exil. Im Jahre 1577 stand Danzig in Empörung gegen den neuen König Stephan Bathori; letzterer bekriegte die Stadt. Die Danziger wandten sich gegen die Bundesgenossen des Königs, wozu die Ermländer gehörten, und sandten den 13. Sept. 1577 eine Flotte gegen die Haffstädte. Braunsberg musste sich mit

gegangen angesehen werden kann, aber eine neue Wurzel in Rössel schlug [88]). Diese Zwischenzeit trennt entschieden unsere erste Periode der Geschichte der Jesuitenlehranstalt von der folgenden.

Als Braunsberg in die Hände der Schweden gefallen, konnten am allerwenigsten die Jesuiten sich Gutes von den neuen Herren versehen. Sie waren schon zeitig, schon bei der ersten Nachricht von dem schwedischen Einfalle, die sich am 25. Juni verbreitete, auf ihre Rettung bedacht; „weswegen die Patres sich entschlossen, der Gefahr sich zu entziehen, und an sicherere Oerter zu flüchten, bis sich das Ungewitter würde verzogen haben, da indessen zwey von selbigen, und drey ihrer Mitt-Brüder oder sogenannte Coadjutoren, zur einstweiligen Besitz-Haltung des Collegii verbleiben müsten; aber auch diese bald erfahren müssen, was sie von solch einem Feind befürchtet hatten, weil selbige nach geschehener Uebergabe der Stadt gefänglich abgeführt worden, und schwere Ungemach, so wohl auff den Schwedischen Schiffen, wie auch in dem Kercker zu Elbing länger dan zwey Jahr haben ausstehen müssen: da indessen das Collegium mit der Kirche rein ausgeplündert, auch die vortreffliche Orgel sammt der ansehnlichen Bibliothek nach Schweden überführet worden“ [89]). In dem

---

einer grossen Geldsumme loskaufen, und versprachen, die Jesuiten zu vertreiben. Die Patres begaben sich freiwillig, um nicht die Stadt zu gefährden, in die benachbarten Städte und Dörfer, wohin ihnen die meisten der Stadtbewohner schon vorangeeilt waren, mit Hinterlassung eines oder zweier Brüder zur Bewachung des Collegiums. Dies Exil dauerte aber nicht lange. Nach ein bis zwei Wochen, während der Friedensunterhandlungen mit dem Könige (der Friede wurde am 11. Dec. abgeschlossen) kehrten die Jesuiten zurück. Vgl. Drews, Fasti, p. 144; Gralath, Gesch. Danz. 2, 270 ff.; der danziger Einfall in Ermland 1577 nach einer alten Handschrift, im erml. Hauskalender f. 1848.

[88]) Clagius, Lind. Mar. p. 349 sqq., spricht von dem [illegible] Brunsbergensis collegii mit elegischem Ausdrucke. S. 351 sagt er, capta primo Suecorum impetu Brunsberga collegioque societatis prostrato, cuncta in pejus ruere ac retro sublapsa referri. Jesuitis proscriptis una cum illis Prussiae Athenis literae; usque erat, ubi juventus, catholicis praeceptionibus parentibus, vel ad virtutem vel ad eruditionem, everso illo florente literarumque palaestra, fugerentur... Sed et scholae ac magistratus civitatum, desertae pariter ac jure deserta omnia deficientibus, vastitatem atque horrorem quodammodo minabantur.

[89]) S. „Lehrer-Baum u. s. w. Wobey eine Historische Erzehlung Von dem Wunderthätigen Gnadenbild etc. etc. Braunsberg im Coll. Soc. J. 1750“ (handelt über das 1626 von schwed. Soldaten durchschossene Bild, wo jetzt die Kreuzkirche). S. 11. P. Jo. Drews, Fasti Soc. Jesu, Brunsb. 1723, 4°, der die Nachricht von der Occupation Braunsbergs unter dem 10. Juni (!) hat, sagt p. 270 ungefähr dasselbe in annalis collegii, „qui e nostris residui erant in collegio, aliis mature ad tutiora dilapsis, Patres duo et coadjutores Fratres tres captivi sunt abducti, graviaque per biennium et ultra passi sunt incommoda, tum in navibus, tum in carcere Elbingensi. Collegium, fügt er hinzu, occupavit primum proditor quidam Mevensis, deinde Minister haereticus. Unter den 1635 die Stadt verwaltenden Lutheranern finden wir (in den Rathsakten) allerdings zwei Mewer namentlich genannt. Aus derselben Quellen wissen wir, dass am 1. April 1631 im Collegium noch der königliche Commissarius Michael Kriester lebte, welcher am 20. März 1634 sogar königlicher Burggraf wird. Der Minister ist kein anderer, als Andreas Hojer aus Usedom, 1617—1620 prof. logic. et graec. ling. in Danzig, zugleich 1619—1626 Prediger an der Dreifaltigkeitskirche daselbst, 1630 entlassen, nach Hirsch in Marienburg gestorben. S. über ihn Hartknoch's Kirch. Histor. S. 810 ff., 1052; Prätorius, Danziger Lehrer Gedächtniss S. 11,

verlassenen Collegium richtete sich der 1630 aus Danzig berufene evang.-lutherische Prediger Lic. Andreas Hojer 1631 ein, um als Inspektor der darin einzurichtenden neuen Unterrichtsanstalten zu fungiren. Ob etwas derartiges zu Stande gekommen, ist sehr unwahrscheinlich. Er blieb darin bis zur Rückkehr der Jesuiten. Erst nach Beendigung der schwedischen Occupation und Zurückgabe der Stadt, die am 3. Oct. 1635 erfolgte, nahm der Orden wieder Besitz von seinem Collegium [97]). Es bedurfte noch einiger Jahre, bis sich dasselbe wieder erholte, um dann mit den nicht nur wieder begonnenen, sondern auch gehobenen höhern Studien (seit 1641) einer neuen Blüthe entgegen zu gehen.

76; Hirsch, Gesch. des danz. Gym., S. 63; Bender, Preuss. Prov. Bl. 1865, S. 436. — Der erste Prädicant (Pastor) in Braunsberg ist Mag. Joh. Rüdiger (schon Juli 1626; geht ab Sept. 1629). Ein concionator aulicus Dr. Joh. Botvidi [illegible] im Sept. 1629. Einen M. Andreas Zacharias diaconus finden wir 1631 tanquam universalis Vicarius omnium beneficiorum. Nach dem Rathsbuche F. 130 soll im Juli 1631 das Collegium reparirt werden für Lic. Andr. Hojerus, „weil er nicht tanquam Pastor in der Widdem, sondern tanquam Primarius Inspector Studiorum, so im Collegio soll eingerichtet werden, daselbst zu wohnen begehrt. Derohalb allgemeiner Schoss." Nach dem Lehmann S. 73 ist aber während der zehntehalb Jahre der schwedischen Occupation kein einziger Einwohner Braunsbergs von der katholischen Religion abgewichen; „wie solches selbsten der Prädicant, welcher das Collegium der Gesellschaft Jesu zu selbiger Zeit bewohnte, den Patribus gedachten Collegii (bey welchen er, nachdeme sie das Collegium nach zehen Jahren wiederum in Besitz genommen, der Gefahr halber, die ihm von den Polnischen Soldaten bevorstunde, sich noch zwey Wochen aufgehalten) selbst gestanden, und mit Zeugen erwiesen hat." Da also die Jesuiten auch nach ihrer Rückkehr ihrem Feinde in ihren Räumen gastlichen Schutz gewährten, so ist das von Prätorius angegebene Todesjahr des Lic. Hojer (1634 oder 1635) darnach zu rectificiren. Nach den Rathsakten ist Hojer am 23. Oct. 1635 noch in der Stadt, „ein unrichtiger schädlich Mensch"; „soll ausgetrieben werden." Nach [illegible], l. c. 349, werden zwei Jesuiten in die Katastrophe verwickelt, während von den Zersprengten der P. Simon Hein mit einem andern nach Rössel übersiedelte. Hic belli turbine [illegible] [illegible] Brunsbergae [illegible] et aliis alio disjectis, P. Simon Hein cum Socio Resellii substitit.

[97]) Den Zeitpunkt, wann die Jesuiten zurückgekehrt, können wir nicht genau bestimmen. Sie sagen selbst (Ara gratitud.), dass sie post decennale exilium zurückgekehrt seien; das führt auf das Jahr 1636. Am 16. September 1635, einem Sonntage, wurde der Frieden gefeiert mit Triumph, Tedeum u. s. w. Am 3. October wurde die Stadt dem Bischofe übergeben; die Schweden zogen ab nach dem Haff. Am 4. October wurde die Pfarrkirche reconciliirt; die erste katholische Messe hielt P. Andr. Klinger S. J. Einzelne Patres scheinen sich also zeitig wieder eingefunden zu haben. Auch die Ara grat. bezeugt, dass nicht ein einziger Braunsberger vom alten Glauben abgefallen sei; dass aber, nachdem die Jesuiten post belli furorem kaum zurückgekehrt seien, sie im ersten, zweiten und dritten Jahre Viele zum Katholicismus bekehrt haben. Von Wiedereröffnung der Schulen sprechen sie bei dieser Gelegenheit allerdings nicht, aber, nach den Memor., sollten Pater Berent oder P. Hintz 1637 dem [illegible] [illegible] vorstehen.

2.
Die Zeiten des vollständigen philosophisch-theologischen Unterrichts bis zur Aufhebung des Jesuitenordens (1641—1773). *)

Die schwedische Occupation war für Ermland in jeder Beziehung unheilvoll; seine Kultur, welche Dank den Bestrebungen eifriger Bischöfe und der Jesuitenschule zu Braunsberg in so erfreulichem Fortschritt begriffen war, wurde wieder um Jahre zurückgebracht. Die reichen literarischen Schätze des frauenburger Archivs und die Bibliothek der Jesuiten wanderten nach Schweden; die geistliche Pflanzschule selbst, die Schöpfung des grossen Hosius, stand leer und theilweise zerstört, und es war Manchem zweifelhaft, ob sie sich überhaupt noch einmal aus ihren Trümmern erheben werde, da von dem durch das Kriegsglück so sehr begünstigten Schweden für Ermland alles zu fürchten stand **). Doch die Vorsehung hatte es anders beschlossen. Nicht nur trat die Anstalt von Neuem ins Leben, sondern wurde auch wenige Jahre nach dem Abzuge der Schweden bedeutend erweitert und gelangte nun zu einer Blüthe wie nie zuvor.

Bisher hatten die braunsberger Jesuiten diejenigen ihrer Zöglinge, welche zur Aufnahme in die Societät bestimmt waren, in ihrem Collegium, wo ja schon 1570 ein Noviziat eingerichtet wurde, nur bis zur Rhetorik einschliesslich, seit 1592 auch noch in der Philosophie unterrichtet, dann aber zur weitern namentlich theologischen Ausbildung auf die Universität Wilna geschickt. Mit dem Jahre 1641 trat hierin eine wichtige Aenderung ein. Bischof Nicolaus Szyszkowski nämlich, ein gelehrter Mann und Freund der Wissenschaft und deren hohe Bedeutung für den Geistlichen wohl kennend, war darauf bedacht, seinem Diöcesanklerus die Möglichkeit zu verschaffen, sich weiter und eingehender, als es bisher geschehen konnte, auszubilden. Das Domkapitel theilte seine Absicht und seinen Eifer. Dieses konnte aber leicht dadurch ermöglicht werden, dass die Jesuiten ihre Scholastiker nach Braunsberg zogen und für sie den an den Jesuitenacademien üblichen philosophisch-theologischen Unterricht ertheilten. So konnten auch diejenigen, welche Talent und Liebe für die Wissenschaft zeigten, der Wohlthat einer tiefern Einführung in die Theologie theilhaftig werden. Und dass dieses in den Intentionen des Papstes und des ermländischen Bischofs und Kapitels lag, beweisen die schon oben angeführten Bestimmungen der Statuten des päpstlichen und des Diöcesanseminars, deren nothwendige Consequenz die Einführung eines vollständigen theologischen Cursus war. Was aber bis dahin noch nicht erreicht worden

---

*) *Dieser und der folgende Abschnitt sind von Dr. Dittrich verfasst.*

**) Gerade in Erwägung dessen machte Domherr v. Preuck 1631 in Rom seine Fundation für Landeskinder, welche sich dem Studium der Philosophie, der Theologie und des canonischen Rechtes widmen wollten. (Vgl. Eichhorn, erml. Zeitschr. II. 275).

war, gelang jetzt endlich der gemeinsamen Bemühung Szyszkowski's und seines Kapitels, so dass die noch zu erwähnende Jubelschrift der braunsberger Jesuiten von 1665 (Ara gratitudinis) von ihm rühmen konnte:

Scientiarum Principem Theologiam Brunsbergam induxit,
Cui debet Varmia tot tantosque suarum Ecclesiarum
Theologos Pastores.

Die nachstehende Darstellung wird den Beweis liefern, dass, wenn auch nicht alle, so doch sehr viele ermländische Jünglinge die ihnen nun gebotene Gelegenheit, sich eine höhere als blos für das Bedürfniss berechnete Ausbildung in den theologischen Disciplinen zu erwerben, fleissig benutzten. Und Bischof und Domkapitel erwiesen sich dem Collegium von Braunsberg für die der Diöcese geleisteten Dienste dankbar durch eine wahrhaft väterliche Freigebigkeit [76]).

Das Jahr 1641 als Anfangspunkt der neuen und weitern Entwickelungsstufe der höheren Klassen anzunehmen, zwingt die als Manuscript vorhandene Geschichte des braunsberger Kollegs, welche zum Jahre 1675 ausdrücklich sagt, auf Wunsch des Bischofs Szyszkowski und des Domkapitels seien im Jahre 1641 die Scholastiker von Wilna nach Braunsberg berufen worden [77]). Mit den Scholastikern zugleich kamen aber die Professoren der (Philosophie und) Theologie, so dass die Jubelschrift mit Recht sagen konnte, unter Szyszkowski sei die Theologie nach Braunsberg eingeführt worden.

Wenn wir unter dieser Theologie (sie wird auch nova theologia genannt) den geordneten theologischen Lehrcursus der Jesuitenschulen verstehen wollen — und dazu zwingen uns die Thatsachen, — so ist es auch von vornherein nicht sehr wahrscheinlich, dass man schon vor dem Jahre 1641 mit diesem Unterricht werde begonnen haben. Denn der Theologie musste als Vorbildung ein drei- oder doch zweijähriger philosophischer Cursus vorhergehen, und dass es vor 1641 an philosophisch gebildeten d. i. für die Theologie vorbereiteten Schülern fehlen musste, begreift sich, wenn man bedenkt, dass erst ungefähr 1637 nach zehnjähriger Unterbrechung überhaupt wieder ein Unterricht beginnen konnte. Was so ganz im natürlichen Gange der Dinge liegt, bestätigen auch durchaus die Memorialien aus den letzten dreissiger Jahren. Am 20. April 1637 fand wieder die erste Visitation statt. Es wurden die resolutiones casuum eingeführt, an denen alle Priester der Societät Theil nehmen sollten. P. Berent [78]) oder P. Hintz, der erst am 19. April d. J. die vier

---

[76]) Vgl. Historia ad a. 1675.

[77]) Hoc ipso anno theologi novi scholastici Brunsbergam venerunt. Nimirum pii Illmi Nicolai Szyszkowski, Principis ac Episcopi Varmiensis, nec et Venerabilis Capituli totius desiderio anno 1641 Vilna evocati....

[78]) Simon Berent, geb. zu Braunsberg im Mai 1594, Sohn des Tuchmachers Simon Berent, Beichtvater des Prinzen Alexander, mit dem er Deutschland und Italien bereiste, dann viele Jahre Prediger, Präfekt der Bursa und des Alumnats, auch Rektor des Kollegs in Braunsberg, starb am 5. Mai 1649. Vgl. N. 60 S. 55. Die Hist. sagt von ihm, er sei gewesen ein vir vere

Gelübde abgelegt hatte, sollten die Leitung derselben übernehmen. Bei der nächsten Visitation (1638) verordnete der Provinzial, dass künftighin auch wieder in den Lehrgegenständen unterrichtet werden sollte, was bisher (wahrscheinlich wegen des Memoriale von 1614, vgl. oben S. 58) unterlassen worden. Zu denen, welche in jener Zeit die Controverse vortrugen, gehörte auch P. Richtsteig († 1644)[66]. Dass man die Alumnen der beiden Seminarien auch in der Casuistik werde unterrichtet und geübt haben, lässt sich als selbstverständlich voraussetzen. Von der eigentlichen höhern Theologie ist indessen noch keine Rede. Zum Jahre 1639 werden allerdings Professoren der höheren Schulen erwähnt; aber nichts hindert uns, die Lehrer der Casuistik und Controverse, vielleicht auch schon der Philosophie zu verstehen. Was die letztere betrifft, so ist mir soviel bekannt, dass nach dem Schwedenkriege zuerst P. Gregorius Hinz wieder Philosophie lehrte (nachweislich schon 1642, wo in den Memorialien Philosophen erwähnt werden) und zwar drei Jahre hindurch, worauf er nach einer mehrjährigen Unterbrechung im Jahre 1646 die Vorlesungen über Theologie begann, welche er bis 1649 fortsetzte[67]. Vorher hatten schon andere die Theologie vorgetragen, wie sich aus einem noch vorhandenen Collegienhefte über theologia scholastica aus den Jahren 1644 und 1645 ergiebt. Zu jenen ersten Lehrern der Scholastik mag P. Barthol. Cieskiewicz zu rechnen sein, der 1642 in Braunsberg war, und von dem auch bemerkt wird, er habe dort drei Jahre Theologie vorgetragen. Wenn demnach zum Jahre 1646 berichtet wird, dass die Professoren Gregorius Hinz, Gorgonius Agricon und Andreas Szepkowski die Lectiones in nova theologia begonnen haben, so kann man hieraus keineswegs folgern, dass überhaupt erst mit dem Jahre 1646 der vollständige Unterricht in der Theologie angefangen worden sei. Lässt sich nun ein vollständiger theologischer Unterricht vor dem Jahre 1641 nicht nachweisen, und bestand derselbe bereits in den Jahren 1644 und 1645, so ist gewiss die Nachricht der Quellen, dass er unter Szyszkowski († 1643) und zwar 1641 eingeführt worden, in hohem Grade glaublich[68].

---

apostolicam, qui praeter humaniores litteras facultatem utramque superiorem docuit. Ob er aber auch in den höheren Klassen gerade zu Braunsberg gelehrt habe, wird nicht berichtet.

[66]) Vgl. Mem. 1644.

[67]) Mem. 1653: S. Theologiae doctor, quam post triennalem philosophiae cursum, quem a bello Suetico primus inchoavit, annos tres magna cum laude et omnium approbatione legit. Im Jahre 1649 ging P. Hinz nach Wien, wurde dort Rektor, kehrte dann nach Braunsberg zurück und starb hier 63 Jahre alt, von denen er 35 in der Societät verlebt, als Regens des Alumnats am 26. Januar 1653.

[68]) Dagegen scheint noch zu sprechen die Hist. zum Jahre 1669, wo es heisst: Profesto sub initium Augusti theologia cum suis auditoribus a suo professore Vilnam translata, et nos viduati annorum triginta et amplius possesso decore et honore. Rechnen wir 31 oder 32 Jahre zurück, so kommen wir auf 1638 oder 1637, und darin läge auch an sich kein Widerspruch, weil ungefähr 1637 die Schulen wieder eröffnet wurden. Allein nach den angeführten Gründen können wir auf diese Notiz kein entscheidendes Gewicht legen und nehmen darum an, der Berichterstatter von 1669 habe irrthümlich geglaubt, die Theologie,

Bei der Visitation im Jahre 1642 führte der Provinzial die Studienordnung von Wilna auch in Braunsberg ein; es wurden jährliche Examina vor dem Rektor, dem P. Regens und den Zöglingen des Alumnats für die Philosophen und Theologen vorgeschrieben [illegible]). Im Jahre 1644 schärft der Provinzial dem Collegium ein, dass die Studien nie unterbrochen würden, auch keine Vertretung durch andere Professoren oder ein Buch stattfinden solle, es sei denn in Krankheitsfällen; denn das Collegium in Braunsberg gehöre zu den seminaria magna der Societät. Das alles lässt deutlich erkennen, wie man mit der Erweiterung und Organisation der Anstalt rüstig vorgegangen ist.

Dem entsprach auch das Bestreben, für die erweiterte Anstalt entsprechende Schullokale herzustellen. Zu den Räumlichkeiten des alten Franziskanerklosters, welche in der ersten Zeit, zumal der ursprüngliche Plan, auch das Diöcesanseminar in dieselben zu verlegen, bald aufgegeben war, für die Bedürfnisse des Kollegs sowohl wie der Schulen vollkommen ausreichten, waren im Laufe der Zeit noch andere Gebäude hinzugekommen. Dahin gehört zunächst die Bursa, errichtet ums Jahr 1602 in dem Hause der Wittwe Regina Krüger, dem jetzigen Wohngebäude der Professoren [illegible]).

---

wie sie zu seiner Zeit in Braunsberg bestand, sei gleich mit Eröffnung des Kollegs nach dem Schwedenkriege eingeführt worden, während der Verfasser der Jahresschrift von 1665 und der Berichterstatter von 1675 besser unterrichtet waren. Wer da weiss, wie oft die einzelnen Väter ihren Wohnsitz wechselten, wird einen solchen Irrthum erklärlich finden.

[illegible]) Mem. 1642 pro Alumnatu: Alumni non promoveri debent nisi per solenne examen, quod pro philosophia et theologia fiat singulis annis publice coram P. Rectore, Regente et aliis [illegible], qui sunt in alumnatu.

[illegible]) Schon Hosius scheint die Initiative zur Errichtung einer Bursa für arme Studenten ergriffen zu haben. Wenigstens liegt uns ein in dieser Angelegenheit vom hiesigen Bürgermeister Mateus Witte an den wortführenden Bürgermeister Steffen Werner gerichtetes Schreiben vom 1. Aug. 1569 vor, woraus hervorgeht, dass der Kardinal sich wegen Erbauung „einer Bursche zu Braunsbergk vor die gemeine arme Knaben“ an sämmtliche Städte des Fürstenthums wandte, diese aber nicht sofort darauf eingingen, sondern die Sache erst vom allgemeinen Landtage behandelt wissen wollten. (Acta Praet. D. 96 fol. 153.) Die Verhandlungen wegen eines eigenen Hauses für die Bursa zogen sich jedoch noch viele Jahre hin, indem der Rath von Braunsberg die Erwerbung eines Bauplatzes vor der Stadt, noch mehr die Erwerbung eines Bürgerhauses zu solchem Zwecke als eine Verletzung der Stadtprivilegien und des lübeckischen Stadtrechtes betrachtete und nach Kräften zu verhindern suchte. So baten die Jesuiten noch 1593 durch den Statthalter Heinrich [illegible] vergebens „vmb eine stelle vor der Stadt zu erbawung eines hauses vor die bursisten oder pauperes studiosos“ (Acta Praet. D. 97 fol. 196). Dann aber traten sie selbst mit Regina, Jakob Krügers Wittwe, in direkte Verhandlungen wegen Ankauf ihres Hauses für die Bursa und erlangten den 9. Mai 1601 ungeachtet aller Proteste des Raths vom Bischof Tylicki die Bestätigung des betreffenden Kaufkontraktes (Vgl. Acta Praet. D. 97 fol. 196). Es ist dieses das dem Steinhause zunächst liegende jetzige Lyceumgebäude № 40. Ursprünglich sind daraus wahrscheinlich zwei Bürgerhäuser gewesen. Vgl. Acta Praet. ad a. 1611 F. 129 fol. 157.) Die Jesuiten haben die zwei alten Häuser neben dem Steinhause brechen lassen, um ein neues Haus dahin zu bauen, da sie denn an dem Graben, da die Vorkeller gewesen, weit nach der Gasse räumen und graben lassen, als wollten sie etwas ein Ambulatorium, als vorm Steinhause ist, herausbauen. Sich genüget, dass es vom Stein-

Schon seit dem Jahre 1581, als noch die Gregorianische Stiftung eines päpstlichen Alumnats für nordische Missionen hinzukam und den Jesuiten anvertraut wurde, sahen diese sich genöthigt, über die Mauern des Kollegs hinauszugehen und sich weitern Raum zu verschaffen, und was war da wohl natürlicher, als dass sie vor allem an die zunächst liegenden, nur durch eine enge Feuergasse vom Kolleg getrennten Häuser dachten, von denen das Eckhaus den Erben des Georg Bartsch, das darauf folgende dem Bäcker Schöarade gehörte? Diese beiden Häuser kaufte denn auch P. Possevin, um sie für das päpstliche Alumnat, aber auch zugleich, wie es scheint, für das Convikt einzurichten, indem wir späterhin beide Institute, obwohl einer getrennten Verwaltung unterworfen, doch in demselben Hause antreffen [102]).

[illegible]

[102]) Die Einwilligung des [illegible]

Mittlerweile hatten sich die Bedürfnisse theils des Kollegs selbst, theils der Schulen so sehr gesteigert, dass man auch für letztere in allem Ernst an neue und grössere Räumlichkeiten denken musste. Sei es nun, dass man die beiden Alumnatsgebäude für Schulen am besten geeignet hielt, oder dass man eben für das Alumnat selbst andere Lokalitäten zu gewinnen suchte: kurz man ging schon ums Jahr 1600 damit um, das päpstliche Alumnat zu verlegen [99]), und erwarb endlich trotz aller Proteste und Gegenbemühungen des Rathes, durch Intercession des Bischofs Rudnicki [100]) das alte „Steinhaus" [101]), welches damals dem Besitzer von Curau, Merten v. Preyck, gehörte. In die alten Alumnatsgebäude wurden nunmehr wenigstens die höheren Klassen der Schule verlegt. Damals schon mögen dieselben theilweise schlecht und baufällig gewesen sein, wie denn in den Visitations-Memorialien nicht selten bezüglich der Schulen nothwendiger Reparaturen und Bauten Erwähnung geschieht. Das ärgste Missgeschick sollten sie aber durch die lange schwedische Occupation erfahren; denn während dieser Zeit wurden sie nicht nur verwüstet und unbrauchbar

---

das eine der gedachten Häuser vom Alumnenpräfekten P. Franz Petrus aus gekauft, wohl er sich, zur Proportion des hintern Giebels zu gewinnen, mit dem Rathe dahin einigte, einige Schuh nach den Stäffen in die Gasse, „da das erste alumnat auffhoret vnd das neue gebeude anhebet, auszurucken zu concediren, das wollte er das alte gedachte alumnatgebeude nach der engen Gassen nachm Collegio, als auch gemine vorhandenen newen gebeude nach Jacob Krugers Hause werts derkegens gleich soviel auff beiden enden einziehen, das also was in der mitte [illegible] am gebeude in der gasse zuwachse, auff beiden enden wiederumb abgehen lassen vnd die gassen vorbreittern wollte". (Acta Praet. D. 97 fol. 224.)

99) Wir ersehen dies aus einer Verhandlung des Raths mit dem Provincial P. Friedr. Bartsch „wegen Jacob Krugers hause, das P. Franc. Petrus, Präfekt des Alumnats, dasselbe an sich zu kauffen sich vornehmen lassen" (Acta Praet. fol. 225). Wir wissen schon, dass dieses Haus bald darauf für die Burse angekauft wurde. Es blieb nun in jenem Stadtviertel nur noch das Steinhaus übrig, auf welches man für die Zwecke des Alumnats sein Augenmerk richten konnte.

100) Um nicht auch dieses Haus, welches allerdings schon theilweise „verfreimarkt", d. h. von Stadtwachen und Scharwerken befreit war, aber doch nur so lange, als es in der Preyckschen Familie verblieb, für die Commune verloren gehen zu lassen, suchte der Rath sein ganzes Ansehen aufzubieten, und kaufte es, um allen Absichten darauf zuvorzukommen, im Jahre 1613 sogar selbst für 5000 Mark an. Indessen musste er schliesslich doch wieder der bischöflichen Intervention nachgeben und gegen Erstattung des Kaufpreises den Jesuiten das Haus fürs päpstliche Alumnat überlassen. Nur dieses erreichte er, dass einerseits der Rektor des Kollegs P. Andreas Nakial verschiedene Bedingungen im Interesse der Stadt einging und unterschrieb, andrerseits Bischof Rudnicki in einer eignen Urkunde vom 2. Sept. 1614 die Erklärung abgab, dass, nachdem das Collegium ausser dem Steinhause schon fünf Häuser erworben und somit für seine Zwecke Raum genug gewonnen habe, er mit Rücksicht auf die alten Privilegien und die Bitte der Stadt zur Erwerbung anderer Häuser wider den Willen der Stadt weder seine Genehmigung ertheilen, noch auch zu dessen Gunsten interveniren werde.

101) Der Name ist uralt (1465 kommt „Peter im Steenhuse" vor; 1467 wohnt Peter v. Darethen „im Steinhause", Acta Praet. 64 fol. 177) und ist mithin geblieben bis auf den heutigen Tag. Darethen war ein eingegangenes adeliges Gut bei Schöndamerau. Ein Domherr Elias von Darethen starb 1498.

gemacht, sondern theilweise gänzlich zertrümmert [295]). Nach ihrer Rückkehr (etwa 1637) waren die Jesuiten nicht im Stande, die zerfallenen Schulen aus eignen Mitteln wiederherzustellen, und mussten demnach Jahre lang zu Unterrichtszwecken mit den traurigsten Räumlichkeiten sich begnügen [296]). Erst seit 1642 finden sich einige Wohlthäter, unter denen ganz besonders der Domherr Matthias Montanus, einst des Glaubens wegen aus Schweden vertrieben, hervorragt. Dieser edle Freund der studirenden Jugend drängte schon im Jahre 1642 die Väter, sie möchten den Bau der Schulhäuser nach dem bereits entworfenen Plane in Angriff nehmen, und versprach seine Unterstützung [297]). Er brachte dann nicht nur auf eigne Kosten die verwüstete Bursa wieder in wohnlichen Zustand, sondern gab auch zur Wiederherstellung resp. zum Neubau der Schulhäuser von seinen Mitteln soviel her, dass zwei grosse massive Gebäude aufgeführt werden konnten, geräumig genug, um nicht nur die fünf untern Klassen zu fassen, sondern auch genügende Auditorien für die drei höheren Lehrgegenstände der philosophia, theologia scholastica und theologia moralis zu bieten. Ein solcher Opfersinn schien wohl werth, auch der Nachwelt bekannt zu werden, und es wurde deshalb an dem Giebel der neuen Schulhäuser eine zierliche Gedenktafel angebracht mit der Inschrift: Matthias Montanus, Can. Warm., Restaurator Scholarum anno 1646 [298]).

Bedeutungsvoll in der Entwicklungsgeschichte der braunsberger Lehranstalt war das Jahr 1640. Am dritten September hielten nämlich die Professoren der hebräischen und griechischen Sprache ihre Antrittsvorlesungen (praefationes) in Gegenwart des Domherrn Montanus, welcher aus eignen Mitteln die Professur für das Griechische gegründet hatte. Auch begannen jetzt drei neue Professoren ihre Vorlesungen in nova theologia [299]): Gregorius Hintz, ein Mann von ausgebreitetem Wissen und grosser Frömmigkeit, promovirt in Wilna (verfasste die „Spes Rustici“

[295]) Nach dem Stadtplane von 1635 ist das Eck-Schulgebäude bis auf kleine Mauerreste vollständig verschwunden, während die enge Gasse verbaut ist. (Vgl. Acta Praet. F. 130 1. April 1631: Im Collegium baut der königliche Commissbäcker Mich. Krosmann, hat die enge Gasse zwischen Infima und dem alten Alumnat und dem Steinbaum auch bei der Diebsthüre gänzlich verbaut, will sich auch des Schlossgartens bemächtigen.) Dieser interessante Plan ist vom dazumaligen schwedischen Amtsschreiber Paul Sterthal gefertigt. Die betreffenden Kupferplatten wurden nach Feststellung des Friedens der Stadt überlassen und befinden sich noch im Rathsarchiv; davon besorgte im Jahre 1853 der damalige Oberlehrer Dr. Lilienthal einen schönen, jetzt leider schon selten gewordenen Abdruck.

[296]) Vgl. die Historia Collegii Brunsbergensis vom Jahre 1644: Ordinarias scholas multis annis non habuit Collegium, sed bina inde spatiosa caveas pro iis quam auditoria, partim in angulo Collegii, partim intra ruderum ampliorum aedicula, quae vetustate corruerant.

[297]) Mem. 1642: Potuit etiam iam tum ideam fecisse ad fabricam scholarum novarum admoveri, quandoquidem Perill. et Adm. R. D. Montanus, Canonicus Varmiensis, non solum desiderat et urget, sed auxilium promittit, quod etiam alibi operatur.

[298]) Sie ist noch heute zu sehen an dem Giebel eines jetzt lange als Speicher benutzten, nunmehr für das Lyceum acquirirten Schulhauses.

[299]) Historia ad a. 1646.

für das Collegium von Rössel); Gorgonius Ageison, Sohn des in Rössel lebenden Dänen Joh. Ageison, und Andreas Szepkowski. Von diesen vertraten zwei die scholastische Dogmatik, einer (tertiae lectionis) die casuistische Moral. Neben ihnen lehrten ein oder vielleicht zwei Professoren die Philosophie; wenigstens werden zum Jahre 1645 zwei Lehrer der Philosophie, P. Andr. Rosenwald und P. Georg Cladius genannt. Wirkten diese nicht nach, sondern neben einander, so wäre daraus ersichtlich, was man dazumal aus der Anstalt zu machen gedachte.

Von nun an hatten die philosophischen und theologischen Studien in Braunsberg ungefähr 80 Jahre hindurch ihren regelmässigen und geordneten Fortgang. Es wurden jährliche Examina abgehalten; es wurde repetirt und disputirt wie an allen übrigen Academien der Jesuiten. Häufig fanden auch öffentliche Disputationes ex universa theologia oder philosophia statt, denen die ex parte theologiae resp. philosophiae vorangehen pflegten [109]). Zu Ende des Jahrs 1646 übernahm P. Hinz das Rektorat des Kollegs, ohne indessen seine Vorlesungen über Theologie einzustellen. 1648 wurde P. Ageison nach Wilna berufen, um anstatt des P. Alb. Kojalowicz, des bekannten Historikers Litauens [110]), Theologie zu lehren, und in seine Stelle rückt P. Szepkowski, früher Professor tertiae lectionis. Für die dritte Lection trat wahrscheinlich schon damals P. Sigismund Lauxmin aus Samogitien ein, in Wilna zum Doktor promovirt, ein Mann von umfassender Gelehrsamkeit, wovon seine polemischen, rhetorischen und musikalischen Bücher Zeugniss ablegen [111]). Er ist bereits 1648 in Braunsberg und lässt hier bei Caspar Weingaertner ein Buch unter dem Titel: „Praxis oratoria sive praecepta artis rhetoricae" erscheinen. Im folgenden Jahre (1649) wird er schon als Professor der Theologie aufgeführt. P. Hinz reiste 1649 zu der Provinzialcongregation der litauischen Provinz nach Wilna und nahm mit sich den P. Lauxmin, obwohl, wie die Historia bemerkt, P. Szepkowski grössern Anspruch darauf hatte (vielleicht als älterer Professor). Allein dieser blieb auf den Wunsch des Provinzials P. Andreas Klinger zurück. Inzwischen führte P. Georg Ernest das Rektorat und vertrat auch den abwesenden Professor Lauxmin. Letzterer kehrte vorläufig nicht zurück, und da auch P. Hinz in Wilna blieb und dort das Rektorat übernahm, kamen noch im Juli des Jahres zwei neue Professoren von Wilna nach Braunsberg, P. Thomas Porzecki für die Scholastik und P. Andreas Zieniewicz für die lectio tertia [112]).

Um diese Zeit hatte P. Klinger — jedoch nicht lange, denn 1649 ist er Provinzial in Wilna — die Philosophie vorgetragen. Im Februar des

---

[109]) Vgl. Historia ad a. 1647, 1648, 1649 u. öfters.

[110]) Seine Schriften s. bei Jöcher, allg. Gelehrtenlexikon II. 2144.

[111]) Vgl. Universitas Vilnensis. Seine Schriften bei Jöcher, a. a. O. II. 2312, und Bandkowski, historya literat. polsk. II. 496.

[112]) Damals verliess auch P. Casimir Kojalowicz, der Biograph des P. Lancicius, Braunsberg, um in Plock die Philosophie zu lehren. Seine sonstigen Schriften bei Jöcher, a. a. O. II. 2145. † 1674.

folgenden Jahres ist P. Michael Radau, ein (1617) geborener Braunsberger, promovirt in Wilna, Professor der Theologie [116]). Er hatte ausser der Philosophie acht Jahre hindurch scholastische Theologie gelehrt und wohl grösstentheils in Braunsberg; wenigstens befindet er sich hier noch 1654. Im October 1650 lehrt auch schon P. Agrison wieder in Braunsberg, geht jedoch bald auf die Mission in Königsberg, weshalb er von seinen theologischen Vorlesungen entbunden wird. Am 16. Mai 1652 starb im Collegium zu Kowno in Litauen P. Nic. Łęczycki, lateinisch Lancicius, der auch in Braunsberg Theologie vorgetragen hatte [117]).

Das Studium der hebräischen Sprache war indessen, weil weder der Professor, noch die Studirenden dafür reges Interesse zeigten, nach und nach eingeschlummert. Auf Andringen des P. Rektor und namentlich des Joh. Steph. Rutangelius wurde es nun wieder aufgenommen. Im Jahre 1650 kam der letztere nach Braunsberg und begann am 17. Juni den hebräischen Unterricht. Seinen Eifer begleitete der erwünschte Erfolg. Die Berichte der ermländischen Bischöfe an den hl. Stuhl über den Zustand der Diöcese constatiren, dass von nun an die hebräische Sprache neben der griechischen längere Zeit ununterbrochen gelehrt wurde [118]).

Mit besonderem Eifer pflegte man das Studium der Philosophie und Theologie; die Anstalt erfreute sich deshalb auch nach aussen hin einigen Rufes. Im Jahre 1651 kam Johann Porzapowski, ein vornehmer Litauer, bereits Magister in den freien Künsten und der Philosophie, von Wilna nach Braunsberg, um daselbst den theologischen Cursus durchzumachen. In ähnlicher Absicht kamen um dieselbe Zeit zwei andere vornehme Jünglinge, Severin Dąbrowski und Joh. Działyński, die sich bereits auf

---

[116]) Univ. Viln.: Opera illius rhetorica illustrant orbem. Damit ist hingewiesen auf sein Werk „Orator extemporaneus sive Artis Oratoriae Breviarium bipartitum", welches sehr viele Auflagen erlebte. Radau starb am 17. April 1687, 70 Jahre alt.

[117]) Vgl. über ihn A. Räss, die Convertiten seit der Reformation III. 198 ff. Sein Vater, ein polnischer Edelmann, hatte, wie viele Polen jener Zeit, auf deutschen Universitäten calvinistische Grundsätze eingesogen. Deshalb berief ihn der litauische Edelmann Radziwill, ein Calvinist, nach Litauen, damit er dort durch Verbreitung von Büchern u. dgl. die neue Lehre fördere. Er erhielt Grundbesitzungen in dem Dorfe Neswiez unweit Wilna und leitete dort auch eine Druckerei. Hier wurde am 10. Dez. 1574 Nicolaus geboren. Dieser wurde schon in seiner Jugend durch die Jesuiten in Wilna mit dem Katholicismus bekannt, convertirte 1590, bewog dann zu diesem Schritte auch seinen Vater, trat 16 Jahre alt in das Noviziat der Jesuiten zu Krakau, wurde nach Vollendung seiner Studien nach Rom geschickt, arbeitete dort mit P. Orlandini an der Geschichte des Jesuitenordens, kehrte später nach Litauen zurück und lehrte mit grossem Beifall lateinische Literatur, Scripturistik und Theologie in Wilna und Braunsberg. Er starb im Rufe der Heiligkeit. Seine zahlreichen lateinischen und polnischen Schriften bei de Backer, Bibl. des Écriv. de la Comp. de Jésus. 3e Série p. 453 etc. Sein Leben hat der auch in Braunsberg als Lehrer der Rhetorik thätige P. Cas. Kojalowicz beschrieben (vgl. Vita venerabilis Patris Nicolai Lancicii S. J. compendiosius scripta primum a R. P. Casimiro Wijuk Kojalowicz S. J., nunc autem aucta a R. P. Bohuslao Balbino S. J. Pragae 1690. 12°).

[118]) Vgl. die Berichte der Bischöfe Leszczyński (von 1650 und c. 1657) und Wydżga (von 1664 und 1665). Bisch. Archiv zu Frauenburg (B. A. Fr.) C. 91.

Reisen in Italien, Frankreich, Belgien und Deutschland neben der Kenntniss von Sprachen mancherlei Wissen erworben hatten [117]).

117) Vgl. Hist. ad a. 1651. Die niedern Klassen in Braunsberg besuchte damals unter vielen andern adeligen Jünglingen auch Ahasverus von Lehndorff, Sohn des kurfürstlich brandenburgischen Landraths und Hauptmanns zu Rastenburg, Erbherrn von Steinort, Tauerlacken u. s. w., Meinhard von Lehndorff, mit seinem Vetter Georg Friedrich von Eulenburg. Er wohnte nicht in dem Collegium, sondern anfänglich bei dem Wandschneider Kirsten, dann seit September 1653 bei der „Lieutenantschen“, bei welcher mehrere junge Adelige speisten, ein junger Canitz, Mülben und Auer. Gewöhnlich hatten die Söhne reicherer Väter einen andern adeligen Gefährten und einen Hofmeister nebst Dienerschaft bei sich, so dass ein solcher junger Herr vollständig eingerichtet war und seinen Hausstand hatte. Der Hofmeister des Ahasverus und des jungen Eulenburg hiess Simon Seger. Das Leben der Studirenden unter einander war vielfach roh und excessiv; Duelle, Prügeleien (selbst Todtschläge) kamen vor, wofür sich auch aus der Historia des braunsberger Collegiums mannigfache Belege beibringen liessen. Von Ahasverus sind aus jener Zeit noch orthographische Hefte und zwar in französischer Sprache vorhanden. Im Sommer 1654 verliess Ahasverus mit seinem Freunde die Anstalt zu Braunsberg und erhielt folgendes Abgangszeugniss: Adalbertus Kuklinski Scholarum Collegii Brunsbergensis Soc. Jesu Praefectus. Omnibus in quorum manus venerint fausta omnia a Domino. Liberales disciplinas, quibus inveniens usque ad Rhetoricam facultatem liberaliorem operam suam impendit P. M. D. Ahasverus a Lehndorf, plane illiberales essent, si optimo de suo cultore alio [illegible] dimitterent testimonium. Equidem praeter laudem et bene ingenuae virtutis illius testimonium nihil habent, quo comitentur, sed nec aliud praeter laudem atque virtutis comitem individuam mittere possunt. Hoc porro testimonium eo ex liberalius illi concessimus, quod sciamus eum et nostrae commendationi et suae laudi ubique feliciter egregie responsurum, cunctisque Excellentissimis inclytarum academiarum et studiorum Rectoribus ac Professoribus quam diligentissime commendandum putamus, ut ad nobiliorem scientiae animum adjiciendi viam munirent uberrimam et speramus esse in ipsum benevolentiae facturi fructum. In cujus fidem literas has manu nostra subscriptas et collegii sigillo munitas dedimus. Datum Brunsbergae Anno MDCLIV, 5. Cal. Aug. — Er ging nun zunächst nach Posen hauptsächlich, um dort die polnische Sprache zu erlernen. Einer seiner Brüder, Boguslav, besuchte bis 1652 die Jesuitenanstalt zu Wilna und verliess dieselbe als Katholik, oder wurde es doch gleich nachher. Dessen Sohn Boguslav Albrecht studirte einige Zeit an der Jesuitenschule in Rössel, verschwand aber plötzlich aus seiner Pension und lief zu seiner Grossmutter in Steinort. Sein Oheim Ahasverus nahm ihn dann mit nach Polen, übergab ihn dort dem Jesuiten Adalbert Graham, der sich in der Nähe des Königs Joh. Casimir befand und nun für seinen Unterricht und seine Erziehung Sorge trug. Später gab ihn Ahasverus in die Schule von Olmütz; von da ging er nach Prag, wo er 1668 in die Gesellschaft Jesu eintrat. Ahasverus v. Lehndorff blieb lutherisch, obwohl man ihn öfters wegen Uebertritts zum Katholicismus in Verdacht hatte. Wir entnehmen diese Notizen aus: Dr. Wilhelm Hosaeus, der Oberburggraf Ahasverus von Lehndorff (1637–1688). Dessau, 1866. — Neben diesem besuchten noch viele andere Söhne des preussischen protestantischen Adels die Schulen der Jesuiten, weil man aus Erfahrung wusste, dass eine Bildung, wie sie die damalige Zeit von Jedem forderte, der irgend eine Carriere machen wollte, nirgends besser zu erreichen war. Wir erwähnen hier noch den jungen Otto Friedrich von der Gröben, geboren am Ostersonntag 1657 in dem ermländischen Dorf Praslau (jetzt Napratten), wo sein Vater damals im Quartier lag. Er wurde „nebst zweyen andern Brüdern in die neun Jahr bey den Herren Patribus der Jesuiten zu Rössel informiret und sonderlich drey Jahr in der Rhetoric exerciret.“ Vgl. die morgenländische Peregrination oder der Lebenslauf des brandenburgischen Pilgers Otto Friedrich v. d. Gröben (Marienwerder, 1694 4°). S. 12.

Der theologische Cursus umfasste nachweislich damals scholastische Theologie, Schrifterklärung, Moraltheologie und Controverse, dazu griechische und hebräische Sprache [118]). Ums Jahr 1650 las P. Joh. Kühn die Philosophie für die Externen, d. i. für die nicht bereits dem Orden einverleibten Studirenden; 1653 begegnet uns P. Mich. Mazowecki, welcher 1648 in Braunsberg Theses ex parte theologiae und 1649 ex universa theologia vertheidigt hatte, Doktor der Theologie und des canonischen Rechts, als Professor der Philosophie; bei seiner Abwesenheit vertritt ihn Hryniewicz, der damals noch die Theologie hörte.

Mit Ablauf des Jahres 1654 begann für das Collegium in Braunsberg wieder eine kritische Zeit. Die Schweden griffen unter Carl Gustav, dem Schwestersohne Gustav Adolph's, nachdem sie in kurzer Zeit (Juli bis October 1655) Gross- und Klein-Polen, Warschau und Krakau genommen und selbst den König, vom Glück und den Seinigen verlassen, ausser Landes getrieben hatten, nun auch das königliche Preussen an. Alle Städte mit Ausnahme Danzigs, sei es aus confessioneller Zuneigung, sei es am Glück verzweifelnd, [119]) öffneten ihm ihre Thore. Auch Frauenburg und Braunsberg wurden erobert. Im Herzogthum stand der Kurfürst von Brandenburg mit einem starken Heere; Polen und Ermland bauten auf ihn ihre Hoffnungen. Bei ihm fand auch der Bischof in Königsberg eine sichere Zuflucht. Allein er liess sich bald durch Drohungen und verlockende Versprechungen zu einem Vertrage mit den Schweden bewegen (7. Januar 1656), nach welchem Frauenburg dem schwedischen Könige, der übrige Theil des Bisthums aber dem Kurfürsten jure hereditario zufallen sollte. Der Bischof und das Kapitel sollten entfernt, die katholische Religion abgeschafft, die Diöcese in ein weltliches Fürstenthum umgewandelt werden. Die Nachricht von diesen Vereinbarungen setzte den Bischof in grosse Bekümmerniss. Er berieth sich mit dem Domkapitel, und man war allgemein der Ansicht, dass der Bischof unter allen Umständen, um die bedrohte Religion zu schützen, in der Diöcese verbleiben sollte. Diese Entschlossenheit imponirte dem Kurfürsten und veranlasste ihn, dem Bischof sammt dem Kapitel nicht allein den Aufenthalt in der Diöcese, sondern auch den lebenslänglichen Genuss der Einkünfte zu bewilligen. Nur sollten sie sich schriftlich verpflichten, dass sie nicht gegen den Kurfürsten und den König von Schweden heimlich agitiren,

[118]) Vgl. Lesnydski's Bericht von 1650: Ibidem (Brunsbergae) adest Collegium religiosorum Patrum S. J., quod ..... regulari observantia et literatura humaniore, philosophiae et linguae sacrae atque graecae studio insigni dioecesis emolumento floret. Damit stimmen wörtlich überein die Berichte von 1654 und (Wydzga's) von 1684. Wydzga aber berichtet näher unterm 10. September 1689: Brunsbergense Collegium [illegible], quod praeter politiorum literarum severiores quoque disciplinas philosophiae [illegible] consequenterque theologiam, scholasticam, positivam, controversam et ejus, quae de moribus est et in qua [illegible] dicitur, magno dioecesis emolumento profitetur, addita insuper sacrae graecaeque linguae [illegible].

[119]) Vgl. den Bericht Lesnydski's an Papst Alexander VII. B. A. Fr. C. 71.

überall vielmehr den Vortheil des erstern wahrnehmen und jegliche Nachtheile nach Kräften abwenden wollten. Der Bischof berichtete dies sofort nach Rom und gab sich überhaupt mit seinem Kapitel alle Mühe, um das drohende Verhängniss von Ermland abzuwenden. Vergebens. Da sie nur die Wahl hatten zwischen Annahme des Vertrages oder Nichtannahme und Ausweisung aus der Diöcese, so verstanden sie sich, um Schlimmeres zu verhüten, nach Einholung des Rathes auch der braunsberger Theologen zu Ersterem, und erklärten sich bereit, dem Kurfürsten als Landesherrn den Eid der Treue, falls er gefordert würde, zu schwören, was jedoch nicht geschah [185]. Der Kurfürst hatte sofort nach der Unterzeichnung jenes Vertrages Braunsberg mit seinen Truppen besetzt, hatte auch bereits vier calvinistische Prediger designirt, welche in den Hauptplätzen Ermlands dem Calvinismus Eingang verschaffen sollten. Die Haupthindernisse solcher Bestrebungen, die Jesuitencollegien in Braunsberg und Rössel, mussten selbstverständlich beseitigt werden, was denn auch wirklich im Plane des neuen Oberherrn lag [186]. Die Gefahr für den katholischen Glauben der Diöcesanen war gross; nur den eifrigen Bemühungen des Bischofs, seinen Bitten und seinem Ansehen gelang es, einstweilen alle Versuche zur Protestantisirung Ermlands zu vereiteln. Dass die Jesuiten in Braunsberg verblieben, verdankte man namentlich der Vermittlung eines bei dem Kurfürsten viel vermögenden Predigers [187].

In der That zeigten die Väter damals durchaus nicht die Neigung, wie in der schwedischen Occupation Braunsberg's die Stadt zu verlassen, sondern behaupteten unter den schwierigsten Verhältnissen standhaft ihren Posten. Die Schulen freilich kamen trotz ihrer Bemühungen in einen traurigen Zustand; nur wenige Schüler mochten sich an einem wie vom Feinde besetzten Orte aufhalten. Deshalb musste man im Jahre 1660, als mit Herstellung des Friedens auch wieder bessere Zeiten eintraten, gleichsam von Anfang anfangen.

Der damalige Provinzial Gregorius Schönhoff benutzte diesen Zeitpunkt, um unter Hinweis auf die früheren Leistungen der Anstalt und auf den Beruf der Societät für Erziehung der Jugend die Studienpräfekten und die Professoren der höheren und niedern Klassen zu neuem Eifer und besonders zu Strenge bei Versetzungen aus einer Klasse in die andere, was bisher zum grossen Nachtheil der Schule nicht immer war beobachtet worden, allen Ernstes zu ermahnen [188]. Es wurde nun wieder in der

---

[185]) Vgl. Eichhorn, erml. Zeitschr. I. 594 Anm. 3.

[186]) Vgl. den Bericht Lenczycki's a. a. O.: Patribus quoque societatis e Brunsbergensi et Resseliensi Collegiis initium exilium.

[187]) Thom. Treter, de Episcop. Varm. p. 152.

[188]) Mem. 1660: Patri Praefecto et Professoribus tum superiorum, tum praecipue inferiorum scholarum commendatur quam impensissime, ut frequenter praevenient consuetam reformandorum magistrorum scholarum, quando post belli tempestates illas veluti e cineribus resurgimus, et talia initia et quasi fundamenta doctrinae et institutionis dare possumus, qualia primi patres nostri in hac provincia feliciter plantaverunt. Quia enim scholae nostrae bellum prope

gewohnten Weise gelehrt, examinirt, repetirt, disputirt, namentlich auch aus dem Gebiete der Controverse und der Moraltheologie (Mem. 1662). Im Jahre 1661 war P. Albert Tylkowski Professor der Philosophie in Braunsberg; auch mag daselbst um diese Zeit P. Elias Dowmarowicz (aus Witepsk) Theologie gelehrt haben. Wenigstens liess er hier 1664 seinen Tractat über die Moraltugenden „Homo politicus“ im Druck erscheinen.

Im Jahre 1665 feierte die Anstalt mit vielem Glanze das Centenarium ihres Bestehens als Collegium. Die damals gedruckte Festschrift [125]) macht sich zur Aufgabe, das Lob aller Wohlthäter, von den Bischöfen und Domherren angefangen, und der Schule selbst in ihren Lehrern und Schülern mit vielem Ruhme zu verkünden. Darin wird auch, was für unsern Zweck wichtig ist, besonders hervorgehoben, wie aus der Schule zu Braunsberg eine grosse Anzahl gelehrter und tugendhafter Priester hervorgegangen seien [126]). Dass dieses nicht bloss rhetorische Phrasen waren, beweist unter andern der schon erwähnte Bericht Wydzga's an den hl. Stuhl vom Jahre 1669. Darin erklärt nämlich der Bischof, nachdem er sich von vornherein gegen den etwa zu erhebenden Vorwurf oratorischer Uebertreibung verwahrt, der ermländische Klerus sei in der Theologie nicht oberflächlich, sondern gründlich unterrichtet; es werde keiner zu den hl. Diensten zugelassen, der nicht in der scholastischen, oder doch mindestens in der Moraltheologie ausreichend unterwiesen sei [127]). Dieses wird mehr als genügend bestätigt durch ein anderes Schriftstück aus jener Zeit. (B. A. Fr. C. 21). Es hatten nämlich die Missionspriester (Patres Missionarii) den Plan gefasst, sich in der Diöcese Ermland niederzulassen, und ihre Absicht auch dadurch zu motiviren gesucht, dass der Mangel an geeig-

---

evaserunt, sublatum fuit illud malum, quo scholae prope passim flebant, utpote earum fuit multitudo eorum, qui indigni fuerunt classe et gradu, in quo positi fuerunt. Collocantur jam merito digni, sed si quos etiam irrepserunt aliqui indigni, tractantur in quovis schola lectionum gradus inferioris sicut dictum est ceteras. Sed universale et efficacissimum hujus mali remedium est, si praefecti et magistri exacte servent suas regulas frequenterque magno studio ad instituendam juventutem. Quod opus quantae sit apud Deum aestimationis, gratiae, meriti, gloriae, egregie expressit P. Mutius Vitelleschi prolixa epistola missa in omnes provincias 17. Martii 1639. Ubi probat institutionem juventutis vocat characterem et honorem valde insignem, tam propriam nostrae familiae, ut eos modo non ab aliis religionibus separet et distinguat, verum etiam illustrem societatis famam et opinionem conciliet, apud omnes fere principes christianos, qui eo nomine tam multorum amore et benevolentia in ditiones suas nos evocarunt.

125) Sie führt den Titel: Ara gratitudinis aeternitati consecrata etc. Dominis fundatoribus et benefactoribus erecta a Collegio Brunsbergensi Soc. Jesu: anno saeculari ejusdem Collegii Christi 1665. Sexto Nonas Majas. Brunsbergae, typis Henrici Schultz, fol. sine pag.

126) Quid quod celeberrimos hic Varmiae duxerunt virtute et sapientia praeditos tot ecclesiarum summorum pastores? Nonne et hoc vestris debetur beneficiis? l. c.

127) Es heisst darin: Sub extremum narrationis hujus illud adhuc ad solatium Sanctitatis Vestrae de clero quoque Varmiensi (quamquam id citius) non oratorie, sed historica fide referam. Clerus dioecesis Varmiensis rerum imprimis divinarum scientia, qualis per eorum ordinem tenere convenit, non perfunctorie tinctus, sed imbutus. Nullus ad sacrorum tractationem admittitur, qui non scholasticae vel moralis saltem theologiae disciplinis excultus etc.

neten Subjecten für die Seelsorge ihre Beihilfe wohl nöthig mache. Nicht ohne Bitterkeit, und vielleicht die Zustände der Diöcese in zu rosigem Lichte darstellend, antwortet der unbekannte Verfasser jenes Schriftstückes, von allen den vermeintlichen Uebelständen lasse sich in Ermland keine Spur entdecken. Dass es hier unter Klerus und Volk so gut stehe, verdanke man aber vornehmlich den Vätern des Collegiums in Braunsberg, welche durch das lobenswerthe Beispiel ihres Lebens, durch Katechisation und Einführung frommer Uebungen die Ermländer gut gesittet und gottesfürchtig gemacht, die Jugend in den Wissenschaften getreulich unterrichtet, den Aermern sogar die Mittel zum Studium gegeben hätten. Aus ihrer Schule gingen so würdige, so gut unterrichtete und so viele Priester hervor, dass sie kaum in dem kleinen Ermland Beschäftigung finden könnten und darum nicht selten in andere benachbarte Diöcesen übergehen müssten. Dort würden zunächst die päpstlichen Alumnen gebildet, und diese erhielten nicht früher die hl. Weihen, bevor sie hinlänglich in den göttlichen und menschlichen Wissenschaften unterwiesen wären. Ihrer eidlich übernommenen Verpflichtung gemäss hielten sie dann dauernd in der Diöcese Missionen ab; sie vor allem dienten ihr neben den Ordenspriestern als Seelsorger. Dazu kämen ferner die Alumnen des Diöcesan-Seminars, welche desgleichen in der Schule zu Braunsberg mindestens in der Moraltheologie, einzelne befähigtere sogar eingehender in der Philosophie und den übrigen theologischen Disciplinen unterrichtet seien. Die letzteren dienten in der Regel der Kathedralkirche und würden dann, nachdem sie dort längere Zeit geprüft worden, entweder mit Beneficien bedacht, oder den Pfarrern als Hülfspriester beigegeben. Ueberhaupt finde man, nicht zu gedenken der höhern Würden im Domkapitel, selten einen Erzpriester, selten einen Pfarrer, ja selten einen Kaplan, der nicht Doktor der Theologie oder beider Rechte sei. (!) Ermland sei hiernach eine hochgebildete Diöcese, die Kirche erleuchtet, das Volk wohl unterrichtet. Es gebe selten einen Bürger, der nicht Philosoph oder Rhetor gewesen, oder mindestens etwas Latein gelernt hätte. Auch fehle es nicht an Laien, die in der Schule der Jesuiten an dem Unterricht in der Moraltheologie Theil genommen hätten [197]).

197) In studio porro theologico praestant religiosi [illegible] in Collegio [illegible] Brunsbergensi [illegible], qui alumni Pontificii non prius vineae Christi excolendae applicantur, quam sufficienter et ad plenum divinis humanisque literis ac praesertim sacra theologia imbuti ac instructi fuerint. Hi continuo ex instituto sui ratione atque juramento, super bullam Pontificiam [illegible], in dioecesi exercent missiones. Hi potissimum utiliter episcopatus operarii saecularibus in vinea Christi; illos assumit, hos ad beneficia promovet, atque sic per ipsos [illegible] missiones Pontificias [illegible] exercitium. Alumni Pontificii [illegible] Seminarium dioecesani ..... ubi (in dem Collegium) atque sufficienter in scholis [illegible] literaturae et vel saltem theologia morali imbuuntur, imo quorum aetas et ingenium fert, philosophicis et theologicis studiis prolixius et exactius operam dant. Hi ordinarie cathedrali inserviunt ecclesiae ibidemque longiore probati intervallo promoventur et beneficiis augentur. Aliqui ad curatorum [illegible]. Accedit et aliorum [illegible], quos [illegible] duxerunt superiores episcopi, consideratio. Atque generaliter [illegible]

Aber gerade damals, als die Anstalt bei ihrer Secularfeier mit solcher Befriedigung auf die Früchte ihrer Wirksamkeit zurückblicken konnte, scheint es mit den obern Klassen nicht ausgezeichnet gestanden zu haben. Sei es wegen der Bedrängnisse des Krieges, sei es namentlich wegen der Occupation Braunsbergs durch die Brandenburger, welche volle sieben Jahre dauerte: es hatten sich nur äusserst wenige zu den Studien und noch wenigere zum Eintritt in die Societät bereit finden lassen. Da nun die Jesuiten die theologischen Vorlesungen hauptsächlich im Interesse ihrer Scholastiker hielten und allerdings den sogenannten Externi Zutritt zu denselben gestatteten, so entstand die Frage, ob es nicht vielleicht gerathener sei, die wenigen Scholastiker des Ordens wie ehedem wieder nach Wilna zu schicken und dort heranbilden zu lassen. Dem Collegium erwuchs daraus ein nicht geringer Vortheil, indem es so zwei bis drei Professoren weniger zu unterhalten hatte. Auf der Provinzial-Congregation zu Pultusk am 5. Mai 1669 kam die Lage der braunsberger höheren Schulen zur Sprache; es wurde Beschluss gefasst, und die Deputirten von Braunsberg kehrten heim mit der Entscheidung, dass das theologische Studium, wie es einst (im Jahre 1641) von Wilna abgezweigt worden, wiederum mit dem dortigen vereinigt werden sollte, weil die geringe Zahl der Scholastiker in Braunsberg die Ertheilung eines besondern theologischen Lehrcursus überflüssig mache. Deshalb wanderte zu Anfang August die theologische Klasse mit einem Professor nach Wilna, und das Collegium von Braunsberg betrauerte den Verlust einer Zierde, deren es sich mehr als dreissig Jahre hindurch erfreut hatte. Es trauerten auch die ausserhalb des Kollegs wohnenden Studirenden (externi) und die päpstlichen Alumnen. Sehr natürlich! Es war ihnen ja jetzt die Möglichkeit benommen, sich in Braunsberg wenigstens eine weitere als blos pastoral-theologische Bildung anzueignen. Aus demselben Grunde zürnten auch der Bischof und das Kapitel; denn es konnte ihnen nicht gleichgiltig sein, ob sie einen gut oder schlecht unterrichteten Klerus hatten. Sie entzogen in Folge dessen dem Collegium ihre bisher sehr reichlichen Unterstützungen, so dass es bald übel daran war und schon im folgenden Jahre eine Schuld von 1400 fl. contrahiren musste [128]).

(transeundo hoc loco superiores dignitates capitularium, qui omnes fere genere atque ac doctrina singulari illustres et reverendissimi habentur), rarus archipresbyter est, rarus parochus, rarus capellanus, qui non sit vel theologiae vel utriusque juris doctor, aut aliquem parochum habens, non tamen politicis humanioribusque ac et divinis ad sufficientiam instructus idque pro [illegible] et commoditate serviendi tam episcopatui, quam suo praesuli et loci ordinario. *Hinc* diocesis Varmiensis, ecclesia Dei illuminatissima, populus (ubi forte aliquis sit plane rudis ac incapax) instructissimus atque fidei articulis optime informatus. Rarus est civium, qui non sit vel philosophus, vel *rhetor*, vel saltem aliquas litteras humanas [illegible]. Contingit etiam, plures laicos theologiae moralis [illegible] et esse [illegible], quod facit [illegible] scholarum.

[128]) Vgl. Hist. ad a. 1669: Ad congregationem provincialem Pultoviae transmissam 5. Maji anno ivere et rediere duo patres: ex qua conclusio haec allata de conjungendis studiis ob paucitatem nostrorum. Proinde sub initium Augusti theologia cum suis auditoribus et uno professore Vilnam transiit, et non videmus annorum triginta et amplius possessu decore

Wahrscheinlich auf wiederholte Vorstellungen seitens des Bischofs und Kapitels liessen sich die Jesuiten bewegen, im Jahre 1675 ihre Scholastiker zurückzurufen und den Unterricht in der Theologie wieder zu beginnen. Von nun an blieb denn auch die Theologie in Braunsberg, von kurzen Unterbrechungen abgesehen, welche die Bedrängniss der Zeiten bisweilen nothwendig machte. Die Professoren der Societät lehrten die Philosophie und Theologie zunächst für die Scholastiker ihres Ordens; den päpstlichen Alumnen, Seminaristen und andern, die sich etwa des theologischen Studiums halber in Braunsberg aufhielten, den sog. externi, war es gestattet, den Vorlesungen im Collegium beizuwohnen. Das thaten indessen aus der Zahl der Alumnen beider Seminare immer nur die fähigeren; auch durften nicht einmal alle ohne Unterschied dazu gelassen werden, sondern nur diejenigen, welche die Väter nach vorausgegangener Prüfung für hinlänglich vorbereitet erachteten. Es konnte vorkommen, dass einer selbst nach Absolvirung eines regelrechten philosophischen Cursus nicht zur scholastischen Theologie zugelassen, sondern in die Klasse der Casisten d. h. in den pastoral-theologischen Cursus verwiesen wurde [illegible]), um das wenigstens zu lernen, was er für die Ausübung der seelsorgerlichen Obliegenheiten durchaus nöthig hatte. Uebrigens brauchte man, um ein Casist werden zu

---

et honore. Die parallele Nachricht vom Jahre 1675 setzt dieses Ereigniss ins Jahr 1673. Jedenfalls verdient der Berichterstatter von 1669 mehr Glauben, weil er auch die Ursache und die Zeit sehr genau angegeben hat. Vgl. Hist. ad a. 1670: Annus hic paulo gravior nobis accidit; sublata enim theologia et alio translata, Celsissimi Principis et Episcopi nostri et Venerabilis Capituli Praelatorum animos avertit [illegible], et [illegible] commeruit: unde Collegium aere alieno gravari coepit, et hoc anno 1400 florenorum debita contraxit. Zum Jahre 1675 lesen wir: Florenus (theologi nostri scholastici) ad annum usque 1673. Hujus in decursu qui difficillimis belli temporibus, Collegio ejusque bonis sub potestate acatholici principis redactis gravissimisque exactionibus presso, non cesserunt, tandem pace per totum jam regnum reddita, personarum defectu (uti dicebatur) Vilnam [illegible], cum cum professoribus non sine magno dolore tum discipulorum externorum, tum alumnorum Seminarii, tum denique totius episcopatus. Der Grund dieser Massregel war also personarum defectus oder, wie der Bericht von 1669 bestimmter sich ausdrückt, paucitas [illegible]. Da unter den „nostri" wie sonst immer auch hier nur die dem Orden bereits angehörigen Scholastiker gemeint sein können, so ist der Sinn dieser Ausdrücke offenbar nur der im Text angegebene. Wenn es im Bericht vom 1669 heisst: cum uno professore, so kann hieraus nicht geschlossen werden, dass nur mehr ein einziger Professor der Theologie gewesen, und daraus die Verlegung der Theologie nach Wilna aus Mangel an Lehrkräften geschehen sei. Der parallele Bericht von 1675 sagt: una cum professoribus. Es liegt also in den obigen Worten nur dieses, dass ein Professor die Scholastiker begleitete, während die übrigen anderswohin gingen, oder auch zurückbleiben konnten, um für die Alumnen und etwaigen Externen Casuistik oder Controverse oder sonst ein beliebiges Fach in den untern Klassen zu lehren. Fehlende Lehrkräfte konnten leicht aus Wilna, wie bisher immer geschehen, oder einem andern Collegium der litauischen Provinz berufen werden.

[illegible]) Vgl. Mem. 1732: Qui finiunt philosophiam, non debent ire ad theologiam, nisi P. Praefectus superiorum scholarum et PP. Professores theologiae, aliique eis proponendo, judicaverint dignum esse et ex moribus et ex scientia theologiae studio, alias eunt ad casus. — Wir brauchen den Ausdruck „Casist" hier wie früher, weil in unsern Quellen stets „casista" und nicht „casuista" zu lesen ist.

könnten, aus dem Gebiete der Philosophie nur die Dialektik gehört zu haben, und das war für Braunsberg eine alte Verordnung [100]).

So bildete also die philosophisch-theologische Abtheilung des Collegiums für die Societät einen Nachwuchs, für die Diöcese und die nordische Diaspora Priester, und gab Jedem eine Ausbildung, wie er ihrer nach Auffassung der Jesuiten in seinem künftigen Berufe zu bedürfen schien. Der Jesuit musste in allen Gebieten heimisch sein, der Missionär unter Häretikern ein gewandter Dialektiker und guter Controversist sein, der Priester innerhalb der ganz katholischen Diöcese, namentlich der gewöhnliche Hülfspriester, bedurfte weniger.

Um die Continuität des philosophisch-theologischen Studiums in Braunsberg nachzuweisen, mag es genügen, die Namen einzelner uns bekannt gewordener Professoren hier anzuführen. Im Jahre 1678 lehrt P. Jacob Hladowicki, einst römischer Poenitentiar, später Provinzial und Rektor in Wilna (als welcher er 1704 starb), wie ein noch erhaltenes Collegienheft ausweist, Ethica Tulliana; 1682 begegnet uns P. Aloys Stein als ordentlicher Professor für Mathematik und Metaphysik; 1686 commentirte P. Georg Klaws, Doktor der Philosophie und der freien Künste von Wilna her, in den Morgenstunden die Secunda Secundae des hl. Thomas; 1687 tragen P. Jacob Berent scholastische Theologie (in primam partem D. Thomae) und P. Hieronymus Burba am Nachmittage Moraltheologie (in Secundam Secundae D. Thomae Aquinatis) vor. 1693 stirbt P. Joh. Zabicki, einst in Wilna, jetzt in Braunsberg Professor der scholastischen Theologie. Am 9. Mai 1694 erlitt P. Petrus Hanman, Professor der Philosophie, im Hafen (von Braunsberg) Schiffbruch, und P. Caspar Bidigk, Regens des Seminars, setzt seine philosophischen Vorlesungen fort. 1698 wird P. Abraham Dymszewicz als Professor der Theologie erwähnt. 1699 vertheidigt Christophorus Schultz unter dem Präsidium der ordentlichen Professoren der Thelogie P. Abraham Dymszewicz und P. Franciscus Krieger vierzig gedruckte Thesen aus der gesammten Theologie im Beisein von mehreren Domherren. In demselben Jahre, am 27. Februar, schloss P. Joh. Henrichsohn, ordentlicher Professor der Philosophie, im Collegium Hosianum sein Praeambulum cursus peripatetici. Ums Jahr 1700 wirkte auch in Braunsberg als Rektor (1694) und Professor der als Verfasser mehrerer Schriften bekannte P. Joh. Drewe [101]).

---

[100]) Mem. 1733: Tam theologi scholastici externi quam nostri quam etiam philosophi, seu qui se ad philosophiam disponunt, examinentur quovis anno, ut de profectu literarum sciatur et capacitate, ne frustra occupent locum in scholis et per otia discant vitia. Qui vero ad casus literi sunt, audiant primo dialecticam juxta antiquas ordinationes.

[101]) Wahrscheinlich sind auch als Professoren in Braunsberg thätig gewesen P. Albert Kojalowicz aus Litauen, wohl ein Bruder des genannten Casimir Kojalowicz, † 1677; P. Joh. Rywocki, ein Preusse, der an vielen Orten mit grossem Ruhme lehrte, 1641—1646 Rektor zu Braunsberg war, und u. A. eine Vita des Bischofs Simon Rudnicki schrieb, † 1655 zu Warschau; P. Thomas Clagius aus Preussen, geboren 1596, von dem bekannt ist, dass er

Es spricht gewiss für den guten Zustand der braunsberger höheren Klassen, dass sie nicht selten auch von fremden Aspiranten der Theologie oder Philosophie besucht wurden. Der vornehmen Jünglinge Pomapowski, Dąbrowski und Działyński ist schon oben Erwähnung geschehen. Auch der Abt des Cisterzienserklosters Pelplin pflegte seine Novizen in Braunsberg in der Theologie heranbilden zu lassen. Im Jahre 1691 schickte er wieder einige dahin und hebt in dem Ihnen mitgegebenen Schreiben an den Rektor zum Lobe der Jesuiten besonders hervor, wie der grösste Theil seiner Religiosen sich gerade an ihrer Anstalt Frömmigkeit und Wissenschaft in gleichem Maasse erworben hätte [illegible]).

In höchst anerkennender Weise dachte und schrieb auch der ermländische Bischof Załuski von seiner Lehranstalt. In Braunsberg, so berichtet er 1701 nach Rom, sei ein Jesuitencollegium mit einem Gymnasium, in welchem neben den Humaniora auch die höheren Wissenschaften, nämlich Philosophie und Theologie, sowohl speculative als Moraltheologie, dazu auch griechische Sprache gepflegt würden. Dort gebe es Professoren jedes Zweiges der Wissenschaft, ausgezeichnete und gelehrte Männer, eine grosse Zahl von Studirenden. Dieses und die günstige Lage des Ortes, die Grossartigkeit der Schulgebäude, die unlängst erworbene Druckerei stelle das Gymnasium von Braunsberg den ersten an die Seite. [illegible])

---

ausser Rhetorik und Mathematik auch Moraltheologie, Polemik und die Erklärung der hl. Schrift lehrte und 1650 und 1651 Rektor zu Braunsberg war.

[illegible]) Hist. ad a. 1691: Ea, quae foris ad Societatis existimationem faciunt, prius annalibus inserenda videntur, nobis praecipue declarata a viris illustribus, quorum nonnulli cum Societatem universam, tum maxime Gymnasium Collegii hujus adeo magnificis elogiis prosecuti sunt, ut magni aliquid [illegible] in regno eventur [illegible] ad studia literarum [illegible] frequenter per epistolas [illegible], praesertim Societatis commendatione, [illegible], quae et in tales hinc olim evadunt viros, quales in scholis Brunsbergensibus prodisse plerosque hodie tam sacrae quam profanae dignitatis proceres virtute aeque ac doctrina illustres numerat respublica. Haud dissimile [illegible] ordini nostro dedit reverendissimus a. ordinis Cisterciensium abbas Pelplinensis, qui cum hoc ad theologica studia [illegible] commendatione, testatus est, maximam religiosorum suorum partem incrementa pietatis et doctrinae non aliunde quam ex hoc Gymnasio hausisse, utpote ex quo ceu fonte primo omnes [illegible] literaturae civili ad suam professionem [illegible].

[illegible]) Der Bericht von Załuski nach Rom (in „Jura reverendissimi capituli Varmiensis circa electionem episcopi"): Vicina Fraunburgo est Brunsberga hujus episcopatus civitas celebris sanct. mem. Cardinalis Hosii Collegio Societatis Jesu cum Gymnasio, quod praeter humaniores literas etiam studia severiora alit, utpote philosophiae et theologiae tam speculativae quam moralis, linguae quoque Graecae ibidem exercitium. Ipsum Collegium jus typographiae non ita pridem acquisivit. Adeo ut sive studium et disciplinam, sive [illegible] professores, viri docti et integri, sive numerosos studentium et loci commoditates ipsarumque scholarum insignis fabrica spectetur, non immerito Gymnasium hocce inter principalia numerari possit. Unde tam ipsa Societas nunc [illegible] studio [illegible] fovet, quam etiam [illegible] Pontificis Gregorii XIII. liberalitate fundatos [illegible] alumnos, qui peractis philosophiae et theologiae studiis tam in Varmia, quam in circumvicinis dioecesibus multum afferunt fructum per suas [illegible] et doctrinam in vinea Domini. .... Nec minus [illegible] accedit dioecesi Varmiensi a [illegible] Seminario, quod primitus a praefato Hosio Cardinali episcopo Varmiensi [illegible]

Die ersten fünfzehn Jahre des 18. Jahrhunderts waren wiederum ganz dazu angethan, alles wissenschaftliche Arbeiten und Streben zu unterdrücken. Krieg, Contributionen, Misswachs und Pest, von der im Jahre 1710 selbst fünf Väter hingerafft wurden, brachten das Collegium in grosse Noth. Im Jahre 1703 schwebte man in grosser Furcht, weil es immer hiess, dass die Schweden wieder heranrückten; wirklich besetzten sie schon am 24. Juni die Stadt. Die Scholastiker des Ordens suchten in der hl. Linde eine Zufluchtsstätte, zwei Professoren gingen nach Königsberg, wo sich auch der Bischof aufhielt. Im folgenden Jahre kehrten zwar die scholastici aus der hl. Linde zurück, aber nur, um bald wieder die Stadt zu verlassen. Schon am 24. und 25. Februar gingen sie, der eine Theil über Königsberg, der andere über Rössel, nach Grodno. Wann sie wieder heimgekehrt seien, wird nicht berichtet. Zum Jahre 1707 schreibt die Historia, dass die Väter inmitten aller Kriegscalamitäten den Unterricht nicht unterbrochen, sondern in den einzelnen Klassen das geleistet hätten, was die Studienordnung von Lehrern und Hörern verlange. Im Jahre 1708 sind schon wieder die Professoren der Theologie thätig; zwei derselben examinirten im Beisein des Bischofs die päpstlichen Alumnen, welche in die praktische Seelsorge entlassen werden sollten.[154])

Die Väter hatten in diesem Jahre auch die Freude, ihre Anstalt durch eine Professur für das canonische Recht erweitert zu sehen. Bisher war es Aufgabe des Moralisten gewesen, die canonistische Materie gelegentlich in der Moral abzuhandeln. Als aber im 18. Jahrhundert das Studium der kirchlichen Jurisprudenz überall in der Kirche einen erfreulichen Aufschwung nahm, musste man auch in Braunsberg daran denken, den canonistischen Stoff von dem ethischen zu trennen und ihm eine dem damaligen Stande der Wissenschaft entsprechende Behandlung angedeihen zu lassen. Der Official von Ermland, Georg Kunigk, welcher in Rom studirt und als Doktor beider Rechte zurückgekehrt war, kam diesem Bedürfnisse dadurch entgegen, dass er eine Summe von 6000 fl. auswarf, von deren Zinsen künftighin ein Professor der Canones an dem Collegium unterhalten werden sollte. Am 1. October 1708 hielt derselbe in Gegenwart des hohen Wohlthäters seine erste Vorlesung (praefatio); Gratulationen und musikalische Aufführungen schlossen die Feier. Seitdem wurde diese Disciplin ohne Unterbrechung in Braunsberg gelehrt, und die Memorialien

---

impensis Capituli cathedralis erectum, quod fovet alumnos, qui [illegible] legum et canonum Seminarii sub directione P. Regentis ejusdemque socii ex vicino Collegio cum omnia necessaria pro cura animarum doctrina, quam morum honestate imbuuntur.

[154]) Wie früher so gingen auch jetzt noch immer einzelne Ermländer Studien halber nach Rom. So wurde am 11. Novbr. 1701 Florian Bialkowski in's Collegium Germanicum aufgenommen. Er hatte Philosophie und zwei Jahre Theologie in Braunsberg studirt. Er blieb in Rom bis zum 30. August 1703 und kehrte als laureatus heim. 1713 (31. Dec.) wurde er Propst von Königsberg, indem sein Vorgänger Joh. Drescher nach 27jähriger Amtsverwaltung ein Canonicat in Frauenburg erhielt (Hist. ad a. 1713). Ein anderer Ermländer trat 1710 dort ein.

nahmen bisweilen Gelegenheit, unter Hinweis auf den Willen des Stifters und die übernommene Verbindlichkeit, sowie auf die allgemeine Hochschätzung und Pflege der canonistischen Studien, zu besonderm Fleisse und Eifer anzuspornen. Es wurde auch hier fleissig repetirt und nicht selten in solenner Weise disputirt, sollte jedoch auch nach dem Testament des Stifters das canonische Recht ganz in modum academiarum betrieben werden.

Bei der Visitation im Jahre 1709 traf noch der Provinzial Lasiewski die Verordnung, es sollten die Vorlesungen über positive Theologie und Controverse schon im September zugleich mit den übrigen Lektionen, spätestens um Mariä Geburt beginnen; aber schon am 6. November mussten die Schulen wegen der Pest aufgelöst werden. Die Professoren zogen sich nach Seeburg, ihrem gewöhnlichen Sommeraufenthalte, zurück, mit Ausnahme des P. Stephan Puzyna, welcher nach Litauen zum Domherrn Ogiński ging. Die Vorlesungen für die päpstlichen Alumnen wurden indessen fortgesetzt; auch lasen noch P. Johann Anton Preuschoff, den wir noch im Jahre 1707 als Lehrer der Philosophie in Wilna thätig finden, und P. Georg Gerigk [131]) für die Philosophen. Letzterer ist noch 1714 und 1715 in Braunsberg ordentlicher Professor der Philosophie. Einer seiner Schüler war damals Nicolaus Antonius Schultz, Studiosus der Philosophie und des canonischen Rechtes. Schon Ende Februar des folgenden Jahres konnten die Schulen wieder eröffnet werden, weshalb die Professoren aus Seeburg zurückkehrten.

Zum Jahre 1721 bringt die Historia wiederum die Notiz, dass die Scholastiker des Collegiums, welche wegen der Bedrängnisse des Krieges und anderer Unglücksfälle mehre Jahre hindurch abwesend gewesen waren, jetzt zwei an der Zahl zurückgekehrt seien. Die Abwesenheit der Scholastiker hätte nach dem Frühern auch eine Unterbrechung des vollständigeren theologischen Unterrichts zur Folge haben müssen. Dieses scheint jedoch, wie aus den nachstehenden Thatsachen hervorgeht, nicht geschehen zu sein. Im Jahre 1713 giebt der Provinzial eine Verordnung über die Deklamationen der Theologen am Samstage, die man nach Gutdünken auch an andern Tagen zu halten angefangen hatte. 1717 wird ein Professor des canonischen Rechts erwähnt, 1718 wieder eingeschärft, es sollten alljährlich möglichst viele öffentliche theologische Disputationen, nicht allein von Theologen des vierten Jahres, sondern auch in Ermangelung solcher des dritten, ja sogar des zweiten Jahres statthaben, weil dieselben durchaus geeignet seien, den Eifer für das Studium anzufachen. Auch dem Professor der Moraltheologie wird empfohlen, wenigstens jährlich einige öffentliche Disputationen am Samstage abzuhalten; nach dem Memoriale des folgenden Jahres sollten die sabbativae theologiae moralis disputationes

[131]) Er war später Rektor des Collegiums von Rössel; 1730 wurde er als Professor der Philosophie nach Braunsberg berufen, starb aber noch vor Beginn der Vorlesungen am Ostertage.

wenigstens jährlich drei Mal[illegible]), philosophische aber nach der Weise anderer Collegien allmonatlich veranstaltet werden. Auch wird verordnet, dass die canonistischen und casuistischen Vorlesungen nach der Mitte des Septembers zu beginnen hätten. 1720 giebt es zwei Professoren der scholastischen Theologie, denen es zur Pflicht gemacht wird, wenigstens je einmal in der Woche, wie es in den übrigen Collegien geschehe, mit ihren Schülern Repetitionen vorzunehmen. Alle diese Bestimmungen deuten nicht darauf hin, dass eine wirkliche Unterbrechung des theologischen Unterrichts stattgefunden habe. Da wir nun an der Richtigkeit des Berichts von 1721 nicht zu zweifeln berechtigt sind, so erscheint der Schluss nicht gewagt, es haben sich in jener Zeit soviele externi des eigentlichen theologischen Studiums befleissigt, dass die Jesuiten, obgleich ihre Scholastiker abwesend (wahrscheinlich in Wilna) waren, gleichwohl ihre Vorlesungen über scholastische Theologie glaubten fortsetzen zu müssen.

Die nächsten fünfzig Jahre geben uns im Ganzen das Bild einer ruhigen und eifrigen Wirksamkeit der höhern Schulen. Die Memorialien liefern uns den Beweis, wie sehr die Provinziale bemüht waren, auch die höheren Klassen zu heben und auf den Standpunkt der übrigen Jesuitenacademien, namentlich Wilnas, zu bringen. Sie empfahlen zu wiederholten Malen Repetitionen in der Schule und private Repetitionen der Schüler unter einander, wöchentliche und monatliche, private und öffentliche Disputationen, ordneten strenge Examina an, feuerten Lehrer und Lernende zu erneuetem Eifer an[illegible]). Im Jahre 1742 mahnt der Provinzial die Scholastiker zu grösserem Fleiss, damit sie nicht von den Externen und Alumnen übertroffen würden.

Obwohl die Visitatoren Manches zu tadeln hatten, scheinen doch auch die höheren Klassen den gerechten Anforderungen entsprochen zu haben. Der gute Fortgang der Anstalt hatte in den Vätern den Wunsch erweckt, die Erhebung derselben zu einer Academie mit Hülfe des Diöcesanbischofs durchsetzen zu können. Als nun Bischof Szembek im Jahre 1738 am Feste des heil. Franz v. Borgia das Collegium besuchte und sich von den Leistungen der Studirenden überzeugt hatte, stellte er ihnen die Erfüllung ihres Wunsches in Aussicht. Es bewogen ihn dazu vorzugsweise die Leistungen in den philosophischen und theologischen Disciplinen; denn nur, wenn in diesen etwas Tüchtiges geleistet wurde, konnte die Anstalt auf den Namen und die Privilegien einer Academie Anspruch machen. Szembek starb schon 1740, und P. Simon Keichel, Professor der Theologie, hielt ihm die Leichenrede. Zwei Jahre darauf hielt Bischof Grabowski seinen Einzug in Braunsberg und wurde, als er auch das Collegium besuchte, von einem Professor der Theologie in feierlicher Rede begrüsst. Es wird nicht

[illegible]) Vgl. Mem. 1724 und 1728, wo ausdrücklich auf die gleiche Sitte in Wilna und Warschau hingewiesen wird.

[illegible]) Vgl. 1726, 1736, 1739, 1733 und öfters.

berichtet, ob er für die Hebung der Anstalt und besonders der höheren Klassen, wie es sein Vorgänger verheissen hatte, etwas gethan habe.

Im Jahre 1765 trat an die Väter wiederum die Frage heran, ob und wie man das nunmehr 200jährige Bestehen der Anstalt als Collegium feiern sollte. Man entschloss sich, von jeder äusserlichen Feier wegen der Bedrängniss der Zeiten (quum calamitosa et iniqua Societati tempora) und Mangel an Mitteln abzusehen. Vielleicht mochte man das Gefühl haben, dass in Anbetracht der sich vorbereitenden Dinge kein gerechter Grund vorhanden sei, Freudenfeste zu feiern. In der That standen der Anstalt schlimme Tage bevor. Der Geist der Zeit war dem Jesuitenorden abhold und drang auf dessen Aufhebung, die sich auch bald vollziehen sollte [illegible]).

[illegible]) Von Professoren der Philosophie und der Theologie aus der letzten Zeit sind uns noch folgende begegnet: 1736 sind P. Joseph Radomins und P. Hieron. Czarnis Prof. theol., P. Georg Saal Prof. canonum; Ant. Rogall, welcher 1729 Dialektik und 1730 „in Braunsbergensi politano Athenaeo" Logik las; P. Theodor Ascrpius 1740 Prof. theologiae primarius, dann Rektor von 1744—48, da er nach der hl. Linde geht; P. Martin Bruczowski 1740 zweiter Professor der Theologie; P. Adalbert Harrasch (wohl Sohn des aus Danzig ausgezogenen braunsberger Patriziers Adalbert Harrasch) 1740 Regens des Diöcesanseminars und Professor der Theologie, seit 1754 Regens des Alumnats, dann 1762—65 Rektor des Collegiums; P. Joseph Schröter, Professor der Philosophie, † 23. April 1745; P. Burchert, Professor canonum, Regens des Diöcesanseminars 1744 und 1746 (wohl identisch mit Joh. Chrysostomus Burchert, welcher am 11. April 1767 starb); P. Petrus Zimmermann 1743 Professor der Theologie, Praeses typographiae, Praefectus scholarum, dann 1749—54 Regens des Alumnats, 1754 bis Januar 1762 Rektor in Braunsberg, seitdem wieder Regens des Alumnats; P. Krasewski, Professor der scholastischen Theologie 1743—45; P. Casimir Schulz, Professor der Moraltheologie 1744 und 1746; P. Andreas Rogalla, Professor der positiven, der scholastischen Theologie und der Controversen 1745 und 1746; P. Stanisl. Kunitz, S. T. D., Professor theolog. schol. primarius; P. Lingk, Professor der Philosophie 1746 und 1747; P. Jos. Kolberg, Professor der Moraltheologie 1746 und 1750; P. Franciskowski kam 1746 von Königsberg als socius des Alumnats und Professor der Moraltheologie, als welcher er 1747 die praefatio hält; P. Franz. Bartsch, Professor (wahrscheinlich der Philosophie) 1747, 1760, 1767; P. Joh. Hartmann, Professor theologiae moralis 1750, dann auch Procancellarius und Regens Sem. dioec. nach 1766; P. Pet. Schultz aus Braunsberg, Doktor der Philosophie und Theologie, Professor der Logik 1748, dann der Theologie, † c. 1762 zu Königsberg; P. Poltz scheint Prof. canonum zu sein 1746, ein Kenner der griechischen und hebräischen Sprache, Professor des Hebräischen seit 1754; P. Swięcicki scheint Professor der Philosophie zu sein 1750 und 1751; P. Petrikowski, Prof. der Theol. 1753, später auch Procancellarius; P. Alsimer, Prof. der Theol. 1761; P. Jos. Brychtowski, Prof. und Praefectus superiorum scholarum 1758, 1760; P. Pet. Zarybski, Prof. und Praeses typographiae 1761; P. Ehlert, Prof. der Philos. 1762, 1767; P. Tolorzko, Prof. theol. pomeridianus seit 1762, 1764; P. Dobrzewicz, Prof. der Theol. 1765; P. Schultz, Prof. theol. 1765 und 1768, vielleicht identisch mit Matth. Schultz, der 1776 Prof. theol. war, 1781 als Exjesuit Rektor des academischen Gymnasiums wurde und im Juli 1794 im Alter von 60 Jahren starb; P. Wichert, Prof. theol. 1768; P. Woelki, noch 1784 als Exjesuit Prof.; P. Joh. Schwarz, schon 1759 Prof. der Rhetorik, dann der Theol., † vor 1789; P. Joh. Flottwich † als Exjesuit und Prof. emerit. Gym. acad. Br. am 18. Sept. 1801, 71 J. alt; P. Steph. Kucharzewski aus Heilsberg, socius des Alumnats 1759, Prof. philos., 1772 Regens Sem. dioec., wurde als Exjesuit Benefiziat zu Braunsberg, dann Pfarrer von Kechwedorf 1788, † 1792 55 Jahre alt; P. Pet. Laski, Prof. theol. schol., Reg. Sem. dioec., dann letzter Regens des päpst. Alumnats, wurde als Exjesuit 1780 Direktor des Schullehrerinstituts; Valentin Hintz

Es rückte das Jahr 1772 heran, bedeutungs- und verhängnissvoll für Polen und Ermland. In Folge der Theilung Polens durch die angrenzenden Mächte verlor auch Ermland seine Selbstständigkeit; es fiel an Preussen, welches am 13. September davon Besitz nahm. Vieles liess sich aus dieser neuen Gestaltung der Dinge für Ermland fürchten, Manches auch hoffen. Die Zerreissung der äussern Verbindung mit Polen musste auch bald eine Auflösung des innern geistigen Bandes zur Folge haben. Die Bildungsanstalten hatten mit den polnischen bisher in einem engen geistigen Verbande gestanden; das Collegium von Braunsberg war mit der Zeit eine Zweiganstalt von Wilna geworden, von wo es zum grossen Theile seine besten Kräfte bezog. Was sollte aus der braunsberger Schule werden, wenn einmal ihre Verbindung mit Wilna, was bald genug geschehen musste, sich löste? Auf der andern Seite lässt sich aber auch ein Vortheil jener Lostrennung Ermlands von Polen nicht verkennen: es wurde nun der mächtig fortschreitenden deutschen Kultur mehr als je eröffnet, was auch auf seine Bildungsanstalten einen Einfluss üben musste. Ermland war eine deutsche Diöcese mit deutschen Rechten, mit deutscher Sitte und Kultur, wie auch die Bischöfe in ihren Berichten an den hl. Stuhl nie hervorzuheben verfehlten; es hatte auch von jeher gemeinsam mit dem Orden eine deutsche Politik verfolgt. Seit Bischof Paul von Legendorf (1458—1467), entschieden aber seit Hosius begann sich der polnische Einfluss immer mehr und mehr geltend zu machen. Mehr als zwei Jahrhunderte hindurch hatte Ermland von nun an nur polnische Bischöfe, und wenn diese auch, mit Ausnahme von Szyszkowski(?) [Sbąski], die deutsche Diöcese in ihren Sitten und Rechten nicht gefährdeten und Dank den Anstrengungen des Domkapitels mit fremden Regierungsformen und Einrichtungen möglichst verschonten, so war es ja doch immer von seinem Mutterlande abgeschnitten und musste ihm mit der Zeit gänzlich entfremdet werden. Es ist keine Frage, dass sich nun für Ermland die Aussicht eröffnete, seinem Berufe, ein Träger deutscher Kultur im fernen Osten zu sein, in höherem Maasse als früher entsprechen zu können.

Auch lässt sich hier schwer der Gedanke abweisen, wie sehr gerade das kleine Ermland sich einer besondern Gunst der göttlichen Vorsehung zu erfreuen hatte. So lange Polen gross und mächtig war, musste sich Ermland jener Nation anschmiegen, um von ihr getragen und namentlich in seinem alten Glauben geschützt zu werden. Polen gab ihm einen Hosius und Cromer, so wenig diesen auch der deutschen Partei im Kapitel gefallen mochte, und diesen Männern dankt es Ermland vor allem, dass

Prof. theol. 1780; Valentin [illegible] Prof. philos. 1780; P. Mich. [illegible], Prof. theol. 1788 und Franz [illegible], Exjesuit, nach dem Tode des Math. Schulz Rector Gymnas. acad. † 1798. Jesuitenprofessoren, von denen es zweifelhaft ist, ob sie auch Philosophie oder Theologie docirt haben: P. Georg Frisch † Jan. 1744; P. Jac. Krüger 1742; P. [illegible] 1745, 1750; P. [illegible] 1745; P. Pet. [illegible] 1744, 1761; P. Karkowski 1749, 1749; P. Dionys Borchert 1746; P. Franz. [illegible] 1760; P. Ferd. Schroeter 1747, 1756; P. Wagner 1761; P. [illegible] 1764.

es, ringsum von Akatholiken umgeben, dem Glauben seiner Väter treu bleiben konnte. Hosius berief die Jesuiten nach Braunsberg, welche die Vertheidigung des Katholicismus auf ihre Fahne geschrieben hatten, und sie entsprachen vollauf seinen Erwartungen. Jetzt war Polen in der Auflösung begriffen, und die Vorsehung fügte Ermland dem jungen, lebenskräftigen Preussen ein, damit es nunmehr von ihm gehoben und getragen würde. Freilich konnte es bei diesem Wechsel für seinen katholischen Glauben Befürchtungen hegen. Allein Friedrich II. gab ja schon in dem königl. Patent vom 13. September die tröstliche Versicherung, „er werde das Land dergestalt regieren, dass die vernünftigen und wohlmeinenden Einwohner glücklich und zufrieden sein könnten, und keine Ursache haben würden, die Veränderung zu bereuen". Was aber speciell die religiöse Frage angeht, so machte er sich anheischig, die katholische Kirche mit allen ihren Gütern, Instituten, Lehranstalten u. s. w. in statu quo zu belassen, und bei der bekannten Gesinnung des preussischen Königs hatte man nicht Ursache, die Aufrichtigkeit solcher Versicherungen anzuzweifeln.

So hatte denn das Ereigniss von 1772 auch für die Jesuiten in Braunsberg zunächst nur die Folge, dass kein anderer Wechsel als der des Landesherrn eintrat. Sie nahmen durchaus keinen Anstand, dem neuen Landesherrn (durch den Regens des Diöcesan-Seminars und Professor der scholastischen Theologie P. Petrus Laski und den Professor der Philosophie P. Steph. Kucharzewski) den Eid der Treue zu leisten; sie konnten dieses umsomehr, da sie nie nationale, sondern stets allgemein kirchliche Ziele zu verfolgen pflegten. Auch im eigentlichen Polen wussten gerade die Jesuiten sich zuerst in die neue Ordnung der Dinge zu fügen. Bevor noch die Abtretung der betreffenden Landestheile durch einen Tractat vollzogen war, trugen sie durchaus nicht Bedenken, die vorgeschriebenen Dankgebete in allen ihren Kirchen und zwar mit grösster Feierlichkeit abzuhalten, während der übrige Klerus, aus Furcht, das so tief verletzte Nationalgefühl der Polen zu beleidigen, noch einige Zeit schwankte. Sie erkannten auch zuerst Catharina II. als rechtmässige Herrscherin an und verherrlichten namentlich in Polock die Huldigungsfeier in höchst auffallender Weise durch zwei Predigten in polnischer und deutscher Sprache. Leider war es hier gerade P. Katenbringh aus Ermland, der in der deutschen Predigt das Lob der Kaiserin in einer Weise verkündigte, dass er (sich selbst zwar sehr nützte, aber) seinem Orden nicht blos in den Augen des unglücklichen Polens, sondern aller Gutgesinnten, selbst der bourbonischen Höfe in hohem Grade schadete [illegible]).

Die Theilung Polens und die Einverleibung Ermlands in Preussen war schon an sich eine folgenreiche Thatsache, die auch im Laufe der Zeit auf die Anstalt in Braunsberg nicht ohne Rückwirkung bleiben konnte. Aber folgenschwerer und vollends entscheidend war das Ereigniss, welches im nächsten Jahre eintrat, nämlich die Aufhebung des

---

[illegible]) Theiner, Geschichte des Pontificats Clemens XIV., II, 264.

Jesuitenordens im Jahre 1773. Das war wie für die Schule in Braunsberg überhaupt, so auch für die beiden höheren Klassen derselben der Todesstoss. Diese Thatsache, deren Richtigkeit der nächste Abschnitt nachweisen wird, mag es rechtfertigen, wenn wir in einem Rückblick auf die mehr als zweihundertjährige Wirksamkeit der Jesuiten in Braunsberg zusammenfassend uns vorführen, was und wie sie gelehrt, was sie geleistet, welchen Charakter die Anstalt in ihren beiden obern Klassen gehabt.

Der hl. Ignatius hatte selbst schon in seinen Constitutionen (4, 5) die Grundzüge zu einem Studienplan für die Collegien der Gesellschaft Jesu festgestellt. Darauf basirt die ratio studiorum, welche, unter dem fünften Ordensgeneral Aquaviva 1586 abgefasst, nebst den durch die Zeitverhältnisse herbeigeführten unwesentlichen Abänderungen und erläuternden Zusätzen seitens der General-Congregationen und Ordensgenerale die Norm bildete, nach welcher in den Schulen der Societät der Unterricht ertheilt wurde [147]. Nach derselben nahm das philosophisch-theologische Studium nicht weniger als volle sieben Jahre in Anspruch, wovon drei auf die Philosophie und vier auf die Theologie kamen. Bei der bekannten Gleichförmigkeit des Lehrplans und der Methode an sämmtlichen Lehranstalten der Jesuiten lässt sich von vornherein nicht annehmen, dass das braunsberger Collegium hierin andere Grundsätze werde befolgt haben. Sie hatte als Ziel und Vorbild die grössern Lehranstalten des Ordens im Auge, und wenn sie zu Zeiten nicht alles das lehren konnte, was die Studienordnung der Gesellschaft verlangte, so lag dieses nur an der Ungunst der Zeiten und andern äussern Verhältnissen.

Einzelne durch die lokalen Verhältnisse bedingte Abänderungen traf der Provinzial von Wilna. Ueberhaupt war der Studienplan von Wilna als der höhern und vollständigeren Anstalt für Braunsberg maassgebend; was sich dort erprobt hatte, wurde auch hier, so gut es eben ging, angenommen. Im Jahre 1642 wird die Studienordnung von Wilna geradezu in Braunsberg eingeführt. Unterm 10. November 1650 schickt der Provinzial einen neuen Lehrplan (novus ordo praelectionum) den Professoren von Braunsberg zu, damit sie in Erwägung zögen, ob er nicht, wie es in Wilna bereits geschehen, auch hier angenommen werden könne. Sie sprachen sich zwar dagegen aus; gleichwohl wurde er noch in demselben Winter auf Befehl des Provinzials eingeführt [148]. Bisweilen rechtfertigt auch der Visitator seine Ausstellungen mit der Bemerkung, dass man es in Wilna anders handhabe [149].

---

[147]) Ratio atque institutio studiorum per sex Patres ad id jussu R. P. Praepositi Generalis deputatos conscripta, Romae 1586. Regulae societatis Jesu auctoritate septimae congregationis generalis auctae. Antw. 1635.

[148]) Vgl. die Historia zum J. 1650.

[149]) Vgl. Mem. 1726.

Was nun zunächst die Philosophie betrifft, welche seit 1592 in Braunsberg bestand, so wurden in dem dreijährigen Cursus (zwei Stunden täglich) Logik nach Toletus oder Fonseca, Physik, Metaphysik in eben dieser Ordnung, ferner Ethik und Mathematik gelehrt. In den philosophischen Disciplinen schlossen sich die Jesuiten enge an Aristoteles an, dessen Meinungen sie, insoweit sie nicht offenbar von der kirchlichen Lehre oder der sententia communis der Theologen abwichen, einfach reproducirten. Ihre Auffassung der Aristotelischen Philosophie war jene, welche der hl. Thomas in die Welt eingeführt hatte. Den letztern achteten sie in allem hoch, und wenn sie in manchen Punkten von ihm abwichen und den Autoritäten aus ihrer Gesellschaft beipflichteten, so durften sie doch nie in verletzender Weise den Ansichten jenes grossen Lehrers entgegentreten. Es lässt sich zwar nicht nachweisen, dass man sich in Braunsberg immer genau an den sonst allgemein geltenden Plan gehalten habe; aber noch vorhandene Collegienhefte und einzelne zerstreute Notizen liefern den Beweis, dass thatsächlich alle die genannten philosophischen Disciplinen gelehrt worden sind. Von der Dialetik (ars recte disserendi) versteht sich dieses von selbst; denn sie galt als das Nothwendigste, weshalb man selbst von den Casisten verlangte, dass sie dieselbe vorher ein Jahr gehört haben sollten [143]. Im Jahre 1613 werden zwei Klassen von Philosophen erwähnt (Mem. 1613), und 1615 giebt P. Petrus Klinger den Metaphysikern Anleitung im Unterrichten. Neun Jahre später liest derselbe Klinger Einleitung in die Aristotelische Physik. Nach dem ersten Schwedenkriege lehrt P. Hirtz drei Jahre hinter einander Philosophie, gewiss den ganzen philosophischen Cursus. In der Folgezeit kamen häufig Disputationen ex universa philosophia vor, und waren nachweislich alle Disciplinen vertreten. Selbst die Ethik wurde als Theil der Philosophie gelehrt; 1678 nämlich docirte P. Jac. Hladowicki „Ethica Tulliana", und ein anderes Collegienheft enthält eine kurzgefasste philosophische Ethik. Man hielt sich, wie schon bemerkt, streng an Aristoteles und Thomas; indessen scheint man in späterer Zeit auch bisweilen auf die neuern Richtungen in der Philosophie einige Rücksicht genommen zu haben [144].

Für die Scholastiker der Societät dauerte der philosophische Cursus drei volle Jahre; waren jedoch die Zuhörer blos aus der Zahl der Externen, so durfte nach der Studienordnung der Provinzial die Dauer des Cursus bestimmen, was selbstverständlich nur sagen will, dass er ihn nach Umständen auch auf zwei oder noch weniger Jahre herabsetzen durfte [145]. In Braunsberg

---

143) Mem. 1723.

144) Ein uns vorliegendes Collegienheft aus späterer Zeit führt die Aufschrift: Philosophia moralis seu Physica juxta mentem recentiorum explanata.

145) Ratio atque institutio etc. Reg. Prov. 17: Philosophiam cursum triennio absolvant, non autem minore tempore, ubi sunt Nostri: si autem soli sint externi auditores, relinquatur Provincialis judicio. Quotannis vero, si fieri potest, unus cursus absolvendus et alter inchoandus.

hielt man es auch zu Zeiten so, dass ein Professor die Philosophie für die Scholastiker des Ordens (pro nostris), ein zweiter für die Auswärtigen lehrte. Solche Professores pro externis waren z. B. P. Kühn, der sich 1651 zu Königsberg bei Gelegenheit eines academischen Actes im Universitätsgebäude als gewandter Disputator hervorgethan hatte (Hist. ad a. 1651), und P. Georg Gerigk (1714 und 1715). Sie trugen, wie aus einem noch vorhandenen Dictat des letztern ersichtlich ist, in einem zweijährigen Cursus Auszüge aus dem ganzen Gebiete der Philosophie vor [146]).

Die Mathematik wurde in den Jesuitenschulen nach Euklid gelehrt. Im zweiten Jahre mussten sämmtliche Philosophen mathematische Vorlesungen hören; wenn einige für dieses Studium besondere Vorliebe zeigten, wurden sie privatim eingehender unterwiesen. Monatlich, oder doch jeden zweiten Monat, sollte einer der Schüler in Gegenwart aller Philosophen und Theologen irgend ein schwierigeres mathematisches Problem lösen, woraus sich dann eine Disputation entwickelte (Hist. ad a. 1649). In Braunsberg scheint dieses Studium nur geringe Pflege gefunden zu haben. P. Georg Berent († 10. September 1717) wird allerdings als namhafter Mathematiker gerühmt; es ist aber nicht gesagt, ob er auch zu Braunsberg in diesem Fache unterrichtet habe. Das Mem. von 1750 schärft folgendes Monitum des Generals ein: Quum ad altiores scientias spectet quoque studium matheseos et illud neglectum scribatur, eo majori deinceps efficacia in nostris aeque ac externis urgendum erit, quo pluris nunc ubique locorum haberi solet [147]).

Die Theologie wurde in den Anstalten der Jesuiten in vier Jahren absolvirt und fasste in sich scholastische Dogmatik, casuistische Moral, Schrifterklärung nebst hebräischer Sprache, Controverse und canonisches Recht. Dass in den braunsberger höheren Klassen alle diese Disciplinen gepflegt wurden, hat die vorhergehende Darstellung nachgewiesen. Es bleibt uns nur noch übrig, einige Bemerkungen über deren Inhalt und die Lehrmethode beizufügen.

---

[146]) Das erwähnte Collegienheft enthält folgende Tractate: 1) De ente ad [illegible] de ortu et interitu, alias de generatione et corruptione. 2) Eine Art Psychologie. 3) Meteorologie, worin auch von den Temperamenten gehandelt wird. 4) Einiges aus der Metaphysik, wobei zugleich gesagt ist, dass das Uebrige in der Logik besprochen sei. Der Schluss des Ganzen lautet: Et haec pro biennali decursu [illegible] dicta sufficiant. Puto, quo hoc biennalis temporis intervallo nil [illegible] transiisse, quae ad stilum [illegible] etiam triennalem philosophiae [illegible]. Sistimus igitur in biennali philosophiae terminos cursum peripateticum etc.

[147]) Als nennenswerthe ermländische Mathematiker der spätern Zeit erwähnen wir hier Tulawski, Pfarrer in Arnsdorf, dann Domherr in Guttstadt (1767), dessen Werk „Gnomonica“, gedruckt in Königsberg 1761, noch heute mit Nutzen gelesen werden kann. Die meisten älteren Sonnenuhren in Ermland sind wahrscheinlich von ihm eingerichtet. Ferner Cajetan v. Lepszynski, Schlosspropst in Heilsberg, ein Mann, der auch in die Analysis der Neuern tief eingedrungen ist, wie dieses sein „Arithmetik“ bezeugt. Er schrieb ferner eine analytische Trigonometrie, † 1837.

So lange die Scholastiker des Ordens in Wilna gebildet wurden, lehrte man, wie bereits bekannt ist, in Braunsberg nur eine Art elementarer Theologie, wie sie von den Statuten des Diöcesan-Seminars gefordert wurde. Dann kam bald (mit Eröffnung des päpstlichen Alumnats, dessen Constitutionen die Gewissensfälle und Lehrgegensätze als Unterrichtsgegenstände vorschrieben) noch die Casuistik und Controverse.

Die Casuistik hatte den Zweck, erfahrene Seelsorger oder Verwalter der Sacramente heranzubilden. In zwei Jahren behandelte der Professor zusammen die einzelnen Sacramente, die geistlichen Strafen, die besondern Standespflichten, erklärte die zehn Gebote und erörterte bei dem siebenten die Lehre von den Contracten. Minder Wichtiges, wie Absetzung und Degradation der Geistlichen, wurde nur kurz berührt; allgemeine Erörterungen über ethische Grundsätze sollten nur selten und in aller Kürze, wenn es nothwendig erschiene, angestellt werden, z. B. über Tod- und lässliche Sünden, über Zustimmung des Willens und Aehnliches [illegible]). Da die Casuistik die wichtigsten, nicht blos ethischen, sondern auch liturgischen und canonistischen Fragen in ihren Bereich zog, so konnte sie wohl und musste auch damals wie später noch fast die ganze theoretische und praktische Theologie ersetzen.

Die Controverse umfasste so ziemlich alle jene Punkte, welche unsere heutige Symbolik, wenn auch in ganz anderer Weise, behandelt.

Alle Controversisten des Jesuitenordens verfolgten in ihrem Streite mit den Protestanten dieselbe Methode; sie suchten nämlich darzuthun, dass, da die christliche Lehre zumeist solche Wahrheiten enthalte, welche das menschliche Fassungsvermögen übersteigen, vor allem eine infallible Autorität gesucht werden müsse, auf deren Ansehen hin man die Glaubenssätze mit voller Beruhigung annehmen könne. Diese Lehrautorität fanden sie in dem ex cathedra sprechenden Papste. In der Controverse hatten es die Jesuiten zu einer gewissen Meisterschaft gebracht, so dass sie von den Protestanten nicht wenig gefürchtet wurden. Ganz dem Geiste jener Zeit gemäss, da die confessionellen Interessen so sehr alle Gemüther beherrschten, dass man nahezu auf allen Plätzen und an allen Strassenecken über religiöse Streitfragen disputirte, polemisirten sie nicht blos in dem engen Raume ihrer Schulen, sondern auch auf den Kanzeln, in Predigt und Katechese, in den sonntäglichen Controversen in der Kirche und in öffentlichen Disputationen.

[illegible]) Vgl. Ratio atque Institutio stu. Reg. Prof. casuum conscientiae 1 und 2: Eo tamen omnem operam atque industriam conferre studeat, ut peritos parochos sive sacramentorum administratores instituat. Uno praelectorum biennio explicet sacramenta omnia et censuras et praeterea hominum status atque officia: alter biennio legem decalogum, in cujus septimo praecepto agat de contractibus, semper levius attingendo, quae minoris momenti, aut non ita propria esse videntur v. g. de depositione, degradatione, magia et aliis hujusmodi. War, wie in Braunsberg, nur ein Professor für Casuistik (gewöhnlich war es der Regens des päpstlichen Alumnats) vorhanden, so trug er die gesammte Materie allein, aber in zwei Stunden täglich vor.

Seit der Erweiterung der Anstalt (1641) kamen zu den genannten Unterrichtsgegenständen noch scholastische Dogmatik mit Moraltheologie, Schrifterklärung und hebräische Sprache, später auch das canonische Recht, zunächst wohl für die Scholastiker der Societät, dann aber auch für die fähigeren aus den Alumnen und Externen.

Nach ihren Constitutionen waren die Jesuiten verpflichtet, in der scholastischen Dogmatik sich an das Lehrsystem des hl. Thomas anzuschliessen, sowie es zur Zeit der Entstehung des Ordens in den spanischen und italienischen Schulen herrschend war. Das sollte jedoch nicht so verstanden werden, als dürften sie in nichts von jenem Lehrer abweichen [117]. Sie nahmen in der That vielfach eine Mittelstellung ein zwischen Scotisten und Thomisten, verhielten sich überhaupt gegenüber den zahlreichen Meinungsverschiedenheiten innerhalb des mittelalterlichen Scholasticismus von vornherein eklektisch [118]. Uebrigens geben die Studien-

---

117) Werner, Geschichte der katholischen Theologie S. 91 ff. Vgl. Ratio atque institutio etc. Societatis Jesu. Reg. Prof. schol. theol. 2: Sequantur nostri omnino doctrinam S. Thomae eumque ut doctorem proprium habeant, ponantque in eo omnem operam, ut auditores erga illum quam optime afficiantur. Non sic tamen S. Thomae adstricti esse debere intelligantur, ut nulla prorsus in re ab eo recedere liceat, quum illi ipsi, qui se Thomistas maxime profitentur, aliquando ab eo recedant, nec arctius Nostros S. Thomae alligari par sit quam Thomistas ipsos.

118) Werner a. a. O. S. 92. Namentlich liess sich die Thomistische Gnadenlehre den Protestanten gegenüber nicht halten, weshalb man zum Molinismus und später zum Congruismus griff. Ersterer hat den Namen von dem spanischen Jesuiten Molina, welcher die scientia media in die Theologie einführte, mit deren Annahme man die schwierigsten Fragen über göttliches Vorherwissen, Prädestination, menschliche Freiheit u. a. leicht glaubte lösen zu können. Der Streit darüber wurde in den einzelnen theologischen Schulen mit grosser Lebhaftigkeit geführt und hatte auch im 18. Jahrhundert noch nicht seine Bedeutung verloren. Die Jesuiten suchten stets alle vortheilhaften Seiten jener Doctrin mit gewohnter Meisterschaft hervorzukehren. Auch in der braunsberger Schule wurde auf die Beleuchtung dieses Lehrpunktes in dem Tractat de Deo verhältnissmässig viel Zeit und Mühe verwandt. In einem uns vorliegenden Dictat umfasst die Lehre von der Scientia Dei mehr als den dritten Theil des Tractatus theologico-scholasticus in primam partem Divi Thomae de Deo. Gleich der zweite Artikel stellt sich die Frage: Quomodo scientia Dei dividatur? und unterscheidet dann die scientia simplicis intelligentiae, die scientia visionis und zwischen beiden stehend die scientia media. Der letzteren nun wird eine sehr eingehende Behandlung zu Theil. In zwei Artikeln wird zunächst untersucht, 1) was die scientia media sei und ob sie mit Recht so genannt werde, 2) ob es eine scientia media gebe. Dann werden in einer Reihe von Appendices folgende Fragen behandelt, aus denen zugleich ersichtlich ist, welche Tragweite man dieser Lehre beigemessen habe. App. I. De utilitate scientiae mediae. Art. 1. Qualiter scientia media sit utilis imo necessaria ad dirigendum Deum in decretis absolutis et providentia sua. Art. 2. Utrum scientia media sit utilis ad salvandam libertatem humanam. Art. 3. Utrum scientia media utilis sit ad conciliandam libertatem cum praedeterminatione et efficacia gratiae. Art. 4. Exponit et alias aliquas utilitates ex independentia scientiae mediae. Es folgen nun Einwendungen gegen 1, 2, 3. App. II. De convenientia scientiae mediae cum attributis divinis. Art. 1. An cum scientia media salvetur ratio causae primae, primi moventis etc. Art. 2. Utrum cum scientia media maneat in Deo summum in creaturas dominium per gratiam. Art. 3. Utrum cum scientia media salvetur independentia causae primae in creatura et perfectionum Dei operatio. App. III. De conformitate scientiae mediae cum doctrina antiqua ecclesiae. Art. 1. Utrum [illegible]

ordnung und die Verordnungen einzelner General-Congregationen ganz bestimmte Vorschriften darüber, was gelehrt, und was nicht gelehrt werden sollte [illegible]). Da nun die Jesuiten ihre Mitglieder fast immer nur aus den eigenen Schülern wählten, was ihnen bei einem fast unbeschränkten Einfluss auf die Jugend nicht schwer fiel, und nur ungern und höchst selten solche, die schon anderweitig gebildet waren und in reiferem Alter standen, aufnahmen, so kamen thatsächlich keine fremden Elemente in die Theologie ihres Ordens, und es bildete sich auch in der theologischen Wissenschaft jene constante Gleichförmigkeit in formeller und materieller Beziehung aus, die überhaupt dem ganzen Institute eigen ist.

Wo, wie zumeist in Braunsberg, zwei Professoren der scholastischen Theologie thätig waren, commentirte der erste (nach den berühmteren Autoren der Societät) im ersten Jahre 43 Quästionen aus dem ersten Theil der Summe des hl. Thomas, im zweiten die Materie von den Engeln und 21 Quästionen aus der Prima Secundae, im dritten von qu. 55 oder 71 bis zum Ende der Prima Secundae, im vierten aus der Secunda Secundae die Materie vom Glaube, Hoffnung und Liebe. Der zweite Professor erklärte im ersten Jahre aus der Secunda Secundae die Quästionen de justitia et jure et religione, im zweiten aus dem dritten Theil die Materie von der Incarnation und, wenn möglich, auch von den Sacramenten im Allgemeinen, im dritten die Taufe und Eucharistie, Firmung, Priesterweihe und Ehe, im vierten endlich die Busse und Ehe mit Hinzuziehung pastoraltheologischer und canonistischer Fragen. Um dieses umfangreiche scholastische Material in der festgesetzten Zeit bewältigen zu können, sollten sich die Professoren mit Erklärung von Schriftstellen nicht aufhalten, Controversen umgehen, überhaupt nicht historisch, sondern rein scholastisch verfahren, philosophische Erörterungen vermeiden, auch casuistische Fragen nicht discutiren, sondern in letzterer Beziehung sich lediglich auf die Darlegung der allgemeinen ethischen Principien beschränken. Man sieht hieraus zugleich, dass bei den Jesuiten jene Disciplin, die wir Moraltheologie nennen, mit der Scholastik zusammenfiel. In der That zweifelte noch Arriga, ob die theologische Ethik, wenigstens insofern sie sich mit den allgemeinen Principien der Sittlichkeit befasst, als ein von der theologia scholastica verschiedener Lehrzweig angesehen und behandelt werden dürfe. Deshalb erörterte man die allgemeinen ethischen Grundsätze innerhalb der scholastischen Theologie bei Erklärung der Prima Secundae und Secunda Secundae und nannte die bezüglichen Tractate mitunter wohl auch Moraltheologie. War aber, wie zu Zeiten nachweislich auch in Braunsberg, neben den beiden Professoren für Scholastik ein eigner für Moraltheologie angestellt, so

---

scientia media contradicat scripturae. Art. 2. Utrum scientia media non sit doctrina contra Patres et antiquam ecclesiam. Art. 3. Num scientia media injuriosa sit Divo Augustino. Art. 4. An scientia media sit contraria doctrinae Divi Thomae. Dann folgt wiederum eine Reihe von Objectionen.

[illegible]) Vgl. Ordinatio pro studiis superioribus ex deputatione, quae de illis habita est in congregatione nona Generali a R. P. N. Francisco Piccolomineo ad Provincias missa a. 1651.

übersprangen jene bei Commentirung des hl. Thomas die moralischen Materien, oder berührten sie doch nur in aller Kürze, während der Moralprofessor sie unter dem Namen „theologia moralis“ eingehend behandelte [illegible]).

Immer aber wurde daneben noch Casuistik getrieben, der es vorbehalten blieb, die allgemeinen Grundsätze auf alle nur erdenklichen Fälle des praktischen Lebens anzuwenden und so das Urtheil der künftigen Seelsorger zu bilden und zu schärfen. Wenn von Moraltheologie in den Schulen der Jesuiten die Rede ist, so hat man in der Regel nicht an jene Erörterung ethischer Fragen innerhalb oder neben der theologia scholastica zu denken, sondern eben nur an die Casuistik. Das gangbarste Handbuch für diese Disciplin war in späterer Zeit die Medulla theologiae moralis (von dem Verfasser in der Vorrede auch Medulla casuum conscientiae, was sie im Grunde genommen auch nur ist, genannt) des westfälischen Jesuiten Hermann Busenbaum, welche von 1645 bis 1670 nicht weniger als 40, im Ganzen 52 Auflagen erlebte. Dieses Handbuch der casuistischen Moral wurde auch in Braunsberg viel gebraucht und zweimal (1737 in Braunsberg, 1799 in Königsberg) wieder gedruckt. In der That kam es einem schon längst gefühlten Bedürfnisse entgegen, indem es nicht blos, was bisher nicht geschehen war, die beiden Gebiete der Moral und des canonischen Rechts näher abzugrenzen und sich möglichst auf den specifisch ethischen Stoff zu beschränken suchte, sondern sich auch durch grössere Ordnung und Uebersichtlichkeit des Stoffes vor frühern ähnlichen Produkten, selbst vor Laymann's Werk, vortheilhaft auszeichnete [illegible]). Es handelt in acht Büchern von dem Gewissen als der innern und von den Gesetzen als der äussern Norm der Handlungen, von den drei theologischen Tugenden, von den Geboten des Dekalogs und der Kirche, von besondern Standespflichten, von den Grundsätzen und Regeln, die Natur und die Grade der Sünden zu unterscheiden, von den Sacramenten, von den Censuren und Irregularitäten.

Im Jahre 1755 wurde verordnet, dass die Moral des französischen Jesuiten P. Antoine, die schon in fast allen Schulen eingeführt und von der Propaganda zu Rom approbirt worden war, auch in Braunsberg als Handbuch für die moraltheologischen Vorlesungen zu Grunde gelegt werden sollte [illegible]).

Wenn auch die Schrifterklärung mit als ein Theil der Theologie betrachtet wurde, so scheint doch dieses Feld wie überall so auch in

---

[illegible]) Vgl. das 23. Decret der 7. General-Congregation n. 7.

[illegible]) Theologia moralis in V libros partita, quibus materiae omnes practicae cum ad externum ecclesiasticum, tum internum conscientiae forum spectantes nova methodo explicantur. München 1625, 4 Voll. 4°. — Sodann wiederholte Auflagen in 1 Vol. Fol.; die letzte erschien 1723. Länger erhielt sich noch ein Auszug (Compendium theologiae moralis Pauli Laymann), welcher zum letzten Male 1756 in Wien aufgelegt wurde.

[illegible]) Theologia moralis universam complectens omnia morum praecepta et principia decidendi casuum conscientiae omnium suis quaeque momentis stabilita. Ad usum parochorum et confessariorum. Nancei 1726, 2 Vol. 12°.

Braunsberg wenig angebaut worden zu sein. Der Prof. sacrae scripturae erklärte die einzelnen Bücher nach der Vulgata; auf den hebräischen und griechischen Text wurde nur selten, höchstens dann zurückgegangen, wenn die lateinische Uebersetzung bedeutend abwich oder an einer Unklarheit litt. Der Stand der exegetischen Studien in der braunsberger Schule ist hinlänglich gekennzeichnet durch das umfangreiche Werk des P. Mart. Bricius, eines Ermländers[161]). Es behandelt in zwei Theilen sämmtliche Bücher des A. und N. T. Eine sehr kurze Einleitung enthält wenige hermeneutische Grundsätze. Den einzelnen Kapiteln ist eine kurze Inhaltsangabe vorausgeschickt; dann folgen eine Reihe von Quästionen mit den entsprechenden Antworten. Es werden darin manche, allerdings dem heutigen Stand der Exegese und unserm Geschmacke wenig zusagende Fragen gestellt und beantwortet.

Das Studium der hebräischen Sprache, welches mit der Schrifterklärung verbunden wurde, hatte sich einer eifrigen Pflege nicht zu erfreuen; weder Lehrer, noch Lernende gaben sich sonderliche Mühe, weshalb die Provinziale bei den Visitationen sich wiederholt genöthigt sahen, zu grösserem Eifer anzuspornen. Sehr eifrig und mit Erfolg wurde es von P. Rutangelius betrieben, sank aber wieder nach seinem Abgange. Ungefähr hundert Jahre später (1704) begegnet uns wieder ein Lehrer der hebräischen Sprache, nämlich P. Poltz.

Ein Hauptmissstand der jesuitischen Lehrweise, der sich auch und namentlich in den philosophischen und theologischen Wissenschaften sehr fühlbar machen musste, war die fast gänzliche Vernachlässigung des historischen Studiums. Die Geschichte, so dachte man, ist in Büchern niedergelegt; wer sich darin unterrichten will, braucht nur diese zu lesen. Ein Professor könne über Geschichte mehr philosophiren, als dieselbe lehren. Mit der Kirchengeschichte hielt man es ungefähr so wie der hl. Thomas. Man zog historische Thatsachen zum Beleg und zur Illustration einzelner Wahrheiten herbei, erkannte aber nicht weiter die Nothwendigkeit, die historische Thatsache des Christenthums durch Eindringen in seinen Ursprung und seine allmälige Entwickelung in der Zeit zu erfassen und zu vertheidigen. Am meisten musste selbstverständlich bei den Controversen auf die Geschichte recurrirt werden, und hier suchte man den Protestantismus als eine alte und längst widerlegte Häresie darzustellen und somit abzufertigen. An der von Jesuiten geleiteten Universität Breslau wurde erst um die Mitte des 16. Jahrhunderts eine Professur für Geschichte creirt[162]).

In Braunsberg wie überall wurden allerdings die Philosophen angewiesen, in ihren nicht gerade zahlreichen Freistunden sich auch mit der Geschichte zu beschäftigen; aber das will eben nicht viel sagen. Im Jahre 1737 wurde ein die Rudimente der Profan- und biblischen und Kirchengeschichte

---

161) Quaestiones exegeticae in sacram scripturam V. et N. T. ad earum elucidationem Brunsbergae 1727 typis Collegii Soc. Jesu, Fol.

162) Vgl. Reinkens, die Universität Breslau, Festschrift der katholisch-theologischen Facultät. S. 102.

enthaltenden Buch, früher in Breslau erschienen, wieder gedruckt [157]). Es war eigens für die Gymnasien der Societät geschrieben und hat gewiss auch in Braunsberg als Lehrbuch für das Privatstudium der Kirchengeschichte gedient. 1761 wurde für die höheren Klassen auch Geschichte vorgeschrieben.

„Das Studium der kirchlichen Jurisprudenz wurde in der ersten Hälfte des 18. Jahrhunderts mit besonderm Eifer betrieben; Scholastik, Casuistik und Canonistik waren die drei Hauptelemente der theologischen Bildung, in ihnen erschöpfte sich gewissermaassen der Gesammtinhalt der kirchlichen Gottesgelehrsamkeit" [158]). In Braunsberg wurde, wie oben gezeigt, erst seit 1708 das canonische Recht durch einen besondern Professor vertreten. Er dictirte seinen Zuhörern, was er aus dem weiten Gebiete für wissenswerth und nothwendig hielt, in die Feder. Im Jahre 1755 aber verordnete der die Schule visitirende Provinzial, es solle künftighin nicht mehr dictirt, sondern den Studirenden P. Vitus Pichler [159]), dessen Candidatus abbreviatus, ein Auszug aus dem grössern Werke, auch gerade damals zu Braunsberg im Drucke erschien, oder ein anderer Autor erklärt und danach repetirt werden. Auch sollte der Professor das Corpus juris canonici sowie das Corpus juris civilis stets in die Vorlesung mitnehmen, damit, wenn er im Autor auf ein Citat aus dem Corpus juris stiesse, er dieses sofort aufschlagen und den Zuhörern den ganzen Canon oder das Gesetz vorlesen könne. So würden die Schüler sich allmälig eine Kenntniss beider Rechte erwerben und auch den Gebrauch des Corpus juris erlernen (Mem. 1755). Hieraus und aus der Wahl des Lehrbuches lässt sich ein Urtheil über den Stand des canonistischen Unterrichts in Braunsberg gewinnen. Pichlers Kirchenrecht kann betrachtet werden als ein Versuch, den in dem Corpus juris enthaltenen Stoff in einer schon einigermaassen systematischen Ordnung darzustellen. Es handelt, nach vorausgeschickten Prolegomena über Recht, Gerechtigkeit und Object des canonischen Rechts in fünf Büchern mit vielen Titeln im engen Anschluss an die Decretalen Gregor's IX., über die Gesetze, Gerichte, kirchliche Personen und Sachen, über Sponsalien und Ehe und Strafgerichtsbarkeit.

Wie aus dem canonischen Recht, so wurde auch aus den übrigen philosophischen und theologischen Gebieten den Studirenden alles in die Feder dictirt, etwa eine halbe Stunde; die zweite halbe Stunde sollte mit

---

157) Rudimenta historica sive brevis facilisque methodus etc. Pro gymnasiis Soc. Jes. etc. 5 opuscula: 1) hist. biblica. 2) IV praecip. Monarch. 3) Monarch. Rom. 4) De regnis aliisque orbis provinciis. 5) Epit. histor. ecclesiast. Juxta exemplar Wratislav. reimpressa. Br. typ. Colleg. Soc. Jes. A. 1737. 8°. 5 Voll.

158) Werner a. a. O. S. 121.

159) Jus canonicum practice explicatum, seu decisiones casuum ad singulos decretalium Gregorii IX. Papae titulos. Ingolstadt 1728, 4°; 1735, Fol. — Summa jurisprudentiae sacrae universae, seu jus canonicum secundum quinque decret. Greg. IX titulos explicatum. Augsburg 1723, Fol. — Candidatus jurisprudentiae sacrae. Augsburg 1726, 5 Voll. 8°. — Candidatus abbreviatus jurisprudentiae sacrae. Augsburg 1736, 2 Voll. Braunsberg 1755.

Disputationen der Schüler unter sich und mit erklärenden Bemerkungen der Professoren ausgefüllt werden. Es kam jedoch auch vor, dass nach Verlauf der halben Stunde die Lehrer die Schule verliessen, und die Schüler dann auf den Corridoren promenirten. Auch liessen die Professoren ihre Hefte wohl mitunter durch Andere dictiren. Jedoch pflegte der Provinzial derartige Missstände, sobald sie bemerkt wurden, sofort abzustellen [100]. In der letzten Zeit versuchte man es, anstatt des Dictirens ein geeignetes Handbuch dem Unterricht zu Grunde zu legen. So verbietet das Memoriale von 1755 das Dictiren des canonischen Rechts und der Moraltheologie, und schrieb, wie wir bereits wissen, die Handbücher von Pichler und Antoine vor. Aber 1765 lesen wir wieder: Canones non ex libro explicentur, sed juxta communem morem dictentur. Die Unterrichtssprache war durchweg die lateinische [101]. Die Zahl der Lehrstunden war äusserst klein, zwei für die Philosophen, für die Theologen zwei bis drei täglich. Die übrige Zeit des Tages wurde mit allerlei Uebungen, wie Repetitorien und Disputatorien, Academien so reichlich ausgefüllt, dass die Schüler gleichwohl nur wenige freie Augenblicke für sich behielten.

Repetitionen fanden schon jedes Mal nach der Vorlesung, eine Viertelstunde oder eine halbe statt, dann aber noch eine Stunde täglich klassenweise; sie sollten den Geist üben und dem Professor Gelegenheit geben, unklare oder falsche Auffassungen des Vorgetragenen, überhaupt alle Schwierigkeiten im Verständnisse zu beseitigen. Die Professoren der scholastischen Theologie haben die Pflicht, wenigstens einmal in der Woche mit den Studenten in der Schule zu repetiren, und wo, wie in Braunsberg, zwei für dieses Fach waren, sollten es beide thun, der eine an einem, der andere an einem andern Tage [102]. Aus einzelnen Gebieten, die man für minder wichtig hielt, wurde seltener repetirt, so aus der Schrifterklärung nur wöchentlich, aus der Mathematik monatlich, aus der philosophischen Ethik, wo sie gelehrt wurde, alle vierzehn Tage einmal.

Ausserdem sollten namentlich die Theologen angehalten werden, sich Correpetitoren zu wählen und privatim diese Uebungen vorzunehmen [103]. Es wird besonders hervorgehoben, dass auf diese Weise das braunsberger

---

[100]) Mem. 1750.

[101]) Die Vernachlässigung der Landessprache ist eine Schattenseite an der Lehrmethode der Jesuiten. Oft genug, und in Braunsberg namentlich, waren ja auch die Professoren Ausländer, wenig kundig der Sprache ihrer Schüler. Vielleicht mit einziger Ausnahme Frankreichs, wo man auf die Landessprache mehr grosses Gewicht legte, wurde dieser so unentbehrliche Bildungszweig ausser Acht gelassen. Uebrigens gilt dasselbe mehr oder minder auch von den protestantischen Schulen bis ins 18. Jahrh. hinein. Thomasius, der unter den ersten die Muttersprache in ihr Recht einzusetzen bemüht war, musste mit seinen Zuhörern in Halle vor Allem deutsche Stylübungen vornehmen, da die meisten nicht einmal einen kleinen Satz sprechen oder einen deutschen Brief schreiben konnten. Vgl. Döllinger, die Universitäten sonst und jetzt (München 1867), S. 17. Sehr beachtenswerth ist, was dieser Gelehrte ebendaselbst (S. 15 u. 16) über die lateinische Unterrichtssprache sagt.

[102]) Mem. 1750.

[103]) Mem. 1738.

Collegium wiederhallte von den häufigen und eifrigen Repetitionen mit Disputationen, so dass man nicht selten gegen diese Disputirwuth mit allerdings für die Betroffenen ehrenden Strafen einschreiten musste. Zu Zeiten unterliess man indessen die privaten Repetitionen, weshalb der Provinzial sich genöthigt sah, unter Festsetzung weniger ehrender Strafen diese Art von Silentium zu verbieten [164]).

Eine hervorragende Bedeutung legte man in den Schulen der Jesuiten den Disputationen bei. Sie sollten für die obern Klassen das leisten, was für die untern die Deklamationen, Dialoge u. s. w. Man hat zu unterscheiden wöchentliche, monatliche und feierliche, die nur einige Mal im Jahre stattfanden. Um den Zweck dieser Uebungen möglichst vollkommen zu erreichen, sollten auch die Lehrer der niedern Klassen und die Professoren anderer Fächer dabei erscheinen und sich betheiligen; selbst der Rektor sollte möglichst oft zugegen sein, um zu sehen, wo es fehle, und was sich besser machen lasse. Die wöchentlichen Disputationen der Philosophen und Theologen fanden in der Regel an jedem Samstage statt. Jeder Professor hielt sie mit seiner Abtheilung an Stelle der ordentlichen Vorlesungen. Sie erstreckten sich auf alle Zweige des philosophischen und theologischen Unterrichts und wurden immer und immer wieder bei den Visitationen als besonders wichtig eingeschärft [165]). Die monatlichen Disputationen, denen die Professoren, möglichst viele von den Vätern des Collegiums und den Studirenden beiwohnten, waren öffentlich und mit grösserer Feierlichkeit umgeben. Den Vorsitz und die oberste Leitung hatte dabei der Studienpräfekt. Es war die Aufgabe des Vorsitzenden, die Beweis- und Gegenbeweisführung zu leiten und zu überwachen, um die Doctrin, der zu folgen sei, aus der Discussion hervortreten zu lassen, und im Interesse der Zuhörer zu definiren, endlich um das Zeichen zum Ende der Disputation zu geben und die Zeit derart zu vertheilen, dass soviele wie möglich an der Argumentation sich betheiligen konnten. Bei den Philosophen „bestreiten nicht weniger als drei die erklärten Sätze Vormittags, und ebensoviele Nachmittags. Der erste scharmutziret eine Stunde, der andere und dritte etwa jeder drei Viertelstunden. Zuerst tritt ein Theologe wider einen Methaphysikus oder philosophischen Grosshändler auf. Hierauf tritt ein Metaphysikus gegen einen Physikus auf den Kampfplatz, und dann ein Physikus gegen einen Logiker. Nachmittags ringen Grundwissenschafter mit einem Respondenten ihrer Zunft, physikalische Ritter mit einem naturkundigen Klopffechter, Vernünftler mit einem Flügelmann der Vernunftlehre [166])“. Ausgeschlossen waren die Philosophen des ersten Jahres, weil diese eben erst im Studium der Logik begriffen waren. In den ersten Wochen durften diese gar nicht disputiren, nachher allenfalls am Samstage in ihrer Klasse. Ohne Zweifel sind Disputationen, private wie öffentliche, ein nicht zu unterschätzendes

---

164) Mem. 1765.

165) Mem. 1651, 1662, 1718, 1719, 1723, 1724, 1726, 1757 und öfters.

166) Harenberg, pragmatische Geschichte des Ordens der Jesuiten. II, 974, 975.

Bildungs- und Anregungsmittel, wenn anders nicht blos mit Worten, sondern vornehmlich mit Gründen gestritten wird, und letzteres lag ja, sosehr man auch auf die schulgerechte Form hielt [167], in dem Sinne jener Anordnung [168]. Wenn man sich indessen die einzelnen Sätze näher ansieht, über welche mit der ernstesten Miene und mit Aufbietung grossen Scharfsinnes disputirt wurde, so möchte man es fast beklagen, dass soviel Zeit mit derartigen Dingen vergeudet wurde.

Die meiste Wirkung versprach man sich aber von den feierlichen Disputationen, solennen Acten, die nur mehre Mal, besonders am Schlusse des Jahres stattzufinden pflegten. „Der Professor der Philosophie soll, ausser den gewöhnlichen am Samstage, mindestens vier feierliche Disputationen halten, im ersten Jahre aus der gesammten Dialektik und aus der gesammten Logik, im zweiten aus der gesammten Physik und aus der gesammten Philosophie [169].“ Bezüglich der Theologen aber wird verordnet: „Es sollen alljährlich möglichst viele öffentliche theologische Disputationen gehalten werden, nicht allein von Theologen des vierten, sondern auch in Ermangelung solcher des dritten, ja des zweiten Jahres, weil dadurch der Eifer zum Studium belebt werden wird“ [170]. Nicht selten wurden für diese Acta Thesen gedruckt, um dann in solenner Weise vertheidigt zu werden. Die Historia des Collegiums berichtet über zahlreiche derartige Disputationen ex parte philosophiae oder theologiae, denen dann die ex universa philosophia oder theologia zu folgen pflegten [171].

Die Disputationen aus dem Gebiete der Moral (disputationes oder resolutiones casuum), die hier noch besonders erwähnt sein mögen, fanden ebenfalls an jedem Samstage im Kolleg sowohl, als in dem päpstlichen Alumnat unter Leitung des Prof. casuum statt. „Jederzeit wird am Sonnabend über vorbestimmte Sätze etwa zwo Stunden disputiret, in Gegenwart des Lehrers, und zwar durch Fragen, oder also, dass gewisse Fälle unter neuen Umständen den Sätzen entgegengestellt werden; auch wohl ein Canon oder angesehener Lehrer angeführet wird, der den Satz anderst

---

167) Vgl. Ratio atque institutio etc. Reg. Prof. philos. 20: Sic ab ipso Logicae initio juvenes instituantur, ut nihil eos magis pudeat in disputando, quam a formae ratione defecisse: nihil ab illis severius exigat Praeceptor, quam disputandi leges ac suam vicem. Itaque qui respondet, repetat primum totam argumentationem, nihil ad singulas propositiones respondendo; tum iterum propositiones addatque Nego vel Concedo majorem, minorem, consequentiam; interdum etiam distinguat; raro autem vel declarationes vel rationes praesertim invito obtrudat.

168) Mem. 1618.

169) Mem. 1629. Vergleichen wir diese Verordnung mit der Reg. 19 Prof. philos. (Ratio atque institutio etc.): Ubi non est nisi unus Philosophiae magister, ter aut quater in anno instituat solenniorem aliquam disputationem festo aliove feriato die; idque eo splendore atque apparatu, invitatis etiam Religiosis aliisque Doctoribus ad argumentandum, ut ex ea re nostris studiis fervor aliquis accedat, so ergibt sich, dass wenigstens ums Jahr 1629 in Braunsberg nur ein Professor der Philosophie war.

170) Mem. 1618.

171) Es liegen uns zwei gedruckte Specimina vor, das eine (philosophische Thesen) aus dem Jahre 1662, das andere (theologische Thesen) aus dem Jahre 1680.

entschieden hat. Zuweilen werden auch drei bis vier Fälle angeschlagen, welche die Studenten der casuistischen Schaar in denen ihnen mitgetheilten Büchern aufschlagen und nachlesen und deren Auflösungen sie auf bestimmten Tag vortragen. Der Vorsteher der Disputation lässet hierauf durch drey Disputanten einen Fall nach dem andern beurtheilen und er zeiget darauf selbst, welche Lehre, worüber die Schriftsteller uneinig sind, sicherer und wahrscheinlicher sey. Er leget ihnen auch gewisse Zweifel vor, lässet sie darauf antworten, und löset sie zuletzt also auf, dass sie sich in ihrem folgenden Beichthörungsamte daraus erbauen sollen. Bleibet etwas ausser der Auflösung bestehen, so wird es zur nächsten Conferenz ausgesetzet" [177]. Oeffentliche Disputationen sollten aus dem Gebiete der casuistischen Moraltheologie in Braunsberg wenigstens drei im Jahre statthaben [178]. Die häufig erwähnten conferentiae casuum waren wöchentlich einmal im Interesse der Väter selbst unternommene Besprechungen über einzelne schwierigere Gewissensfälle. Alle Väter, auch die im Seminar wohnenden, nur nicht die Professoren der Philosophie und Theologie, waren verpflichtet, denselben beizuwohnen.

Zu den Repetitionen und Disputationen kamen noch die sogenannten Academien, freie Vereine der Studirenden unter einem Rektor oder Moderator aus ihrer Mitte, dem zwei Räthe und ein Secretair beigegeben waren. Einer jeden Academie stand einer von den Vätern als Präfekt vor. Die Philosophen und Theologen bildeten, wenn ihre Zahl nicht zu gross war, in der Regel zusammen eine Academie. Zweck dieser Einrichtung waren allerlei auf die Studien bezügliche Uebungen (Repetitionen, Disputationen), durch welche nicht allein der Eifer für das Studium geweckt und belebt, sondern auch Anregung und Anleitung zu selbstständigen wissenschaftlichen Arbeiten gegeben werden sollte. Zu letzterem Behufe pflegten einzelne Studirende Vorträge zu halten nach Art der Vorlesungen, woran sich dann eine freie Besprechung mit Disputation knüpfte.

Die Studienordnung schreibt ferner strenge Examina vor, die am Ende jedes Schuljahres gehalten werden sollten. Schon die Rhetoren wurden nach Absolvirung ihres Cursus strenge geprüft, damit nicht Unfähige in die philosophische Klasse hinüber kämen [179]. Die Bestimmungen bezüglich der jährlichen Examina betrafen nicht blos die Scholastiker der Societät, sondern auch die Externen und die Alumnen beider Seminare. Am Ende des dreijährigen Cursus wurden die Philosophen noch von dem Präfekt der höhern Studien und den Professoren der Theologie einer Prüfung unterworfen, ob sie auch die für die scholastische Theologie erforderliche philosophische Vorbildung besässen. Wer über die Mittelmässigkeit in der Philosophie nicht hinausgekommen war, durfte nur ausnahmsweise an den theologischen Vorlesungen Theil nehmen; die Alumnen der Seminare

---

177) Harenberg a. a. O. II, 961.
178) Mon. 1790.
179) Mon. 1616, 1732.

gingen für diesen Fall zu den Casisten d. h. in den pastoral-theologischen Cursus über [175]). Den gleichen Prüfungen mussten sich auch die Theologen alljährlich und am Ende des vierjährigen Cursus unterwerfen [176]).

So fehlte es also nicht an mancherlei Mitteln und Wegen, durch welche die Jesuiten den Eifer ihrer Studirenden in den obern Klassen anzuregen und dadurch den glücklichen Erfolg des Unterrichts zu sichern bemüht waren.

Fragen wir nach den Resultaten, welche sie mit diesen Mitteln und Anregungen in den genannten Gegenständen erzielt haben, so geben uns die schon oben angezogenen Berichte der ermländischen Bischöfe an den hl. Stuhl über den Zustand ihrer Diöcese wenigstens nach einer Seite hin genügende Auskunft. Die Jesuiten haben, so lange sie in Ermland wirkten, mit allen Kräften für die Erhaltung und Befestigung des katholischen Glaubens gekämpft [177]). Dahin zielten die sonntäglichen Controversen in der Kirche, viele öffentliche, mit grossem Glanze umgebene Acte, ferner die zahlreichen Controversschriften, die sie bei gegebenen Veranlassungen entweder selbst verfassten, oder indem sie andere, die sie für zweckdienlich fanden, wieder druckten und unter dem Volke verbreiteten [178]). Nach demselben Ziele hin wirkten sie ferner durch Heranbildung eines moralisch und wissenschaftlich tüchtigen Klerus. Wenn auch die Lobsprüche des unbekannten Apologeten Ermlands gegen die Verdächtigungen durch die Patres Missionarii über den Bildungszustand des Klerus (siehe oben S. 76) etwas übertrieben sein mögen, so stimmen doch alle Bischöfe in ihren Berichten nach Rom dahin überein, dass jeder Ordinirte in der scholastischen oder doch mindestens in der Moraltheologie, d. h. in der praktischen Theologie, gründlich unterrichtet und moralisch untadelhaft sei [179]). Der Haltung des Klerus gegenüber den Akatholiken

[175]) Mrgr. 1728.

[176]) Vgl. Historia ad a. 1640, 1653, 1748.

[177]) Die oben benannte Vertheidigungsschrift schreibt die glücklichen Zustände Ermlands neben den Bernhardinern in Wartenberg namentlich den Vätern S. J. in Braunsberg zu. Was diese gewirkt, dafür spreche die Unversehrtheit des katholischen Glaubens in Br. und Ermland (fides catholica illibata conservata [illegible] est). Vgl. die Berichte von Rudnicki, Leszczyński, Wydżga.

[178]) Vgl. Hennenberger, Erklärung der Landtaffel, 1595, S. 483: „Vom papistischen Wetterhan." „Hosius hat Jesuiten gen Braunsberg gesetzt, die da eine Schule halten vnd mit jhrer Heucheley vnd glatten worten viel, auch im Fürstenthum jre machen, sonderlichen mit jhrem ...... Hahn, den sie Wetterhan nennen, welchen sie anno 1590 allda mit schönen schrifft auffliegen vnd [illegible] lassen, vnd zeichen den einfeltigen beibringen vnd vorbereiten" u. s. w.

[179]) Rudnicki's Bericht von 1616 (B. A. Fr. A. 34): Episcopatus sed [illegible] haereticis locis circumseptus [illegible] Dei singulari gratia et beneficio [illegible] studioque et vigilantia Patrum S. J. et fratrum Bernardinorum, quorum illi Brunsbergae, in metropoli dioecesis, collegium suum, hi Wartenbergi monasterium habent, tum opera quoque eorum, qui ex scholis Patrum et Seminario dioecesano non minus pietate ac vivendi integritate, quam doctrina bene instructi ecclesiis parochialibus et aliis beneficiis et muniis ecclesiasticis applicantur, in sacrosancta Romana catholica fide et religione sub

namentlich zur Zeit der schwedischen Invasion und Occupation Braunsberg's durch die calvinistischen Brandenburger wird alles Lob gespendet [260]).

Theologische Lehranstalten haben nicht nur die Aufgabe, Priester zu bilden und zu erziehen, sondern auch die Wissenschaft zu pflegen und an ihrem Ausbau zu arbeiten. Darum erscheint wohl die Frage berechtigt, ob auch die Lehrer an den höhern Klassen zu Braunsberg, wie sie durch Unterricht die geistigen Errungenschaften früherer Zeiten an die jeweilige Generation überlieferten, auch durch gelehrte Forschung und literarische Produktivität, zur Erweiterung des Wissenschaftsgebietes etwas beigetragen haben.

Es sind zwar in Braunsberg ausserordentlich viele Professoren der Philosophie und Theologie thätig gewesen, doch lassen sich nur von einem kleinen Bruchtheile derselben philosophische oder theologische Schriften nachweisen, ein Umstand, der gewiss in der durchaus praktischen Tendenz der Gesellschaft Jesu seine Erklärung findet [261]).

---

sedis apostolicae obedientia sit conservatus ac [illegible] [illegible]. Bischof Szembek berichtet unterm 19. Sept. 1735 (B. A. Fr. A. 31 p. 87) an den apostolischen Stuhl: Clerus bene compositus est et exemplaris, literarum [illegible] virtute vitaeque doctrina ac pietate praeditus. Nullus enim parochorum reperitur, qui in scholastica aut ad minus in morali theologia non sit convenienter excultus.

260) Vgl. Wydzga's Bericht an den römischen Stuhl (B. A. Fr. C. 21): Alterum est [illegible]

261) Die nächsten Ziele, welche die Jesuiten bei Errichtung ihrer Collegien, Academien und Universitäten sich steckten, waren die Erziehung der Jugend, namentlich aus den höhern Ständen, und eines ächt kirchlich gesinnten Klerus. Dazu musste ihnen die Wissenschaft als Mittel dienen, indem sie richtig erkannten, dass nur die auf der Grundlage ächter Wissenschaft erbaute Tugend allen Stürmen des Lebens zu trotzen vermöge. „Die Wissenschaft als ein Ideal hinzustellen, das um seiner selbst willen zu erstreben sei, kam ihnen nicht in den Sinn; aber sie hielten sie für unentbehrlich, um die christl. Tugend zur Herrschaft zu bringen.“ Reinkens, die Universität zu Breslau u. s. w. S. 117. Der hl. Ignatius sagt in der Einleitung zur vierten Abtheilung der Constitutionen hierüber: „Der Zweck, wonach die Gesellschaft unmittelbar strebt, besteht darin, den Seelen ihrer Mitglieder und denen der Nebenmenschen behülflich zu sein, den letzten Zweck, um dessentwillen sie geschaffen sind, zu erreichen, und da zu diesem Behufe .... auch die Gelehrsamkeit und die Art, andere zu unterrichten, nothwendig ist ......, so wird man sich mit dem Gebäude der schönen Wissenschaften bekannt machen, und mit der Art und Weise, sich derselben zu bedienen, um durch Hülfe derselben Gott, unsern Schöpfer und unsern Herrn, desto besser kennen und verehren zu können.“ Crétineau-Joly, Geschichte der Gesellschaft Jesu IV, 303. Vgl. auch S. 304.: „Der Orden war nicht in der Absicht, neue Systeme zu schaffen, gestiftet worden, sondern der Kirche und den Sitten ihren Glanz wieder zu geben. Sie sollten sich mehr handelnd als speculativ erweisen.“

Diese wenigen aber lehrten wiederum mindestens ebenso lange in Wilna oder an irgend einem andern Collegium der Provinz, als in Braunsberg, so dass man ihre Schriften nicht einmal mit vollem Rechte gerade als Erzeugnisse von braunsberger Theologen oder Philosophen bezeichnen kann. Es liesse sich daher weit eher feststellen, was die Väter der litauischen Provinz, als was speciell die in Ermland lehrenden literarisch geleistet haben. Da es hier nicht unsere Aufgabe sein kann, ein Stück ermländischer Litterärgeschichte zu liefern, so beschränken wir uns, um diese Seite des wissenschaftlichen Lebens in Braunsberg doch nicht ganz zu übergehen, auf kurze und allgemein gehaltene Andeutungen.

Beginnen wir wieder mit der Philosophie so ist nichts von hervorragenden Leistungen aus diesem Gebiete zu melden. So viel uns bekannt, sind nur zwei philosophische Schriften aus der Druckerei des Collegiums hervorgegangen [illegible]). Die eine, welche die Aufschrift führt: Eclipses solis et lunae publica lectione in Collegio S. J. Brunsbergae explanatae (Brunsbergae 1649, 4°) [illegible]) ist uns leider nicht zu Gesicht gekommen; die andere, eine Zusammenstellung von Thesen aus der gesammten Philosophie [illegible]), liefert uns nichts als ein überzeugendes Bild von dem nicht sehr erfreulichen Zustande der philosophischen Studien in den Schulen der Jesuiten und speciell derer in Braunsberg [illegible]). Die Reihenfolge der Hauptabschnitte

[illegible]) Ob auch die philosophischen Schriften P. Albert Tylkowski's (philosophia curiosa, meteorologia curiosa), welcher 1661 in Braunsberg Lehrer der Philosophie war, zu den Leistungen der braunsberger Väter gerechnet werden dürfen, lassen wir dahin gestellt. Von Tylkowski sagt Drews (Fasti Soc. Jesu p. 18): Varsaviae in Polonia anno 1695 (suppl. obiit) P. Alb. T. (nach Jöcher a. a. O. geb. 1624, gest. zu Wilna) Polonus. Ad omnem literatarum capax ac promptum attulit ingenium: quod assiduo studio et bibliothecarum diligenti excussione ita perfecit, ut in promptu haberet commune ad quaevis edendum opus eruditionem. Etiam in Praelatorum Ecclesiasticorum aulis, quibus adhaerere juvenis erat, tempus lucubrandi invenit; et si meruit, ut solet, cum praelator, cum bona Praelati venia se recipiebat ad musaeum suum. Edidit in varia materia opera et opuscula complura, quorum novendecim recenset Sotvellus, in bibl. Soc., sed multo plura postea prodierunt.

[illegible]) S. Lelewel, bibliogr. [illegible] p. 177.

[illegible]) Philosophia universa illustribus ..., Casimiri amplissimi episc. Varm. dedicata ac sub [illegible] auspiciis propugnata in alm. Brunsbergensi Soc. Jesu Gymnasio a .... Andrea Xav. Nyes Metaphysicae et Matheseos auditore, Praeside R. P. Martino Rosio ejusd. Soc. Jesu Ordin. Metaph. et Mathes. Professore. Anno 1652 .... Juni 9. Brunsbergae typis Viduae Henr. Schmitz.

[illegible]) Die philosophia rationalis (Logik und Metaphysik zusammen) wird auch der in der späteren Scholastik, welche auf einer Verschmelzung von sog. platonischem Realismus mit angeblich aristotelischer Logik beruht, üblichen Weise abgefertigt. Das universale soll einerseits eine vom Intellecte unabhängige Existenz in den Dingen haben, und andererseits wird von eben diesem universale gesagt: dividitur in quinque praedicabilia. Das ist jener Schulstandpunkt, wo die quinque voces des Porphyrius selbst als universale gefasst werden. Um die philosophia naturalis zu charakterisiren, führen wir Folgendes aus c. 3 an: Magia naturalis est ars et habitus practicus, quo applicantur verae et naturales causae ad effectus raros et admirabiles producendos modo quodam ex se minime supernaturali aut daemonis opera concurrente. Per hanc artem potest fieri verum aurum, quale confecisse dicitur Raymundus Lullus in arce Londinensi in Anglia, ex quo feruntur cusi illi celeberrimi aurei Angeli, qui Romae nobiles vocantur.

dieser Schrift und die Verschmelzung der Metaphysik theils mit der Logik, theils mit der Ethik weisen auf eine Anlehnung an die hergebrachte Anordnung der Schriften des Aristoteles hin. Die Verbindung der Mathematik und Metaphysik, die ja auch in einem Professor vereinigt waren, kann wohl als etwas Eigenthümliches bezeichnet werden; nur dürfen wir uns bei diesem grossen Namen nicht auch grosse Dinge vorstellen[166]. Was wir aus der grossen Zahl von noch vorhandenen Dictaten über sämmtliche Zweige der Philosophie gelesen haben, hat uns nur in der über jene Thesen ausgesprochenen Ansicht bestärkt. Die Commentare zu der aristotelischen Physik sind nicht selten interessant durch ihre Erörterungen astronomischer Materien[167]. Leider waren die Jesuiten bis in die letzte Zeit eifrige Gegner des kopernikanischen Systems, weil sie es mit den bekannten Stellen der hl. Schrift nicht glaubten vereinbaren zu können[168].

Von theologischen Leistungen haben wir zunächst eine grosse Anzahl in den Bibliotheken Ermlands zerstreuter Collegienhefte von braunsberger Professoren zu erwähnen, theils scholastisch-theologische Tractate zu den einzelnen Theilen der Summe des hl. Thomas, theils sogenannte Moraltheologien d. h. mehr selbstständige Bearbeitungen des ethischen Stoffes in der Weise der Medulla von Busenbaum. Sie erweisen sich durchweg als Nachhall der in den Jesuitenschulen damals gebräuchlichen Compendien der theologia scholastica und theologia moralis.

Dasselbe gilt auch von den Dictaten über canonisches Recht und Schrifterklärung; ein uns vorliegender tractatus theologicus sacrae scripturae explicationem continens (1760) ist nur ein sehr dürftiger Auszug aus dem grösseren exegetischen Werke von Brictius.

Unter den Druckschriften theologischen Inhalts, verfasst von braunsberger Theologen, nennen wir vor allem die einschlägigen controversistischen und ascetischen Arbeiten von Friedrich Bartsch, der nicht blos durch seine Geburt, sondern auch durch langjährige Wirksamkeit (S. oben S. 56) Braunsberg mit vollem Rechte angehört. Hier liess er 1603 bei Georg Schönfels seinen „Jesuiten-Spiegel wider Danielem Cramerum Lutheranum" erscheinen, während seine übrigen Schriften theils in Cöln, theils in Krakau gedruckt wurden[169].

---

166) In Bezug auf die Arithmetik wird gesagt: Ea est Arithmeticae vis, ut facta sola progressione geometrica, si quis palatium vendere vellet 100000 aureorum, ut solas [illegible] ordinis, quae essent 24 proportione tripla, solveretur, ita ut pro una [illegible], pro altera 3, pro tertia 9 et sic deinceps numerarentur, totum pretium esset [illegible] 4707168941 gran.

167) So ein Dictat von P. Andreas Klinger (1634) in der Bibliothek des Diöcesan-Seminars zu Pelplin V. Nr. 12.

168) In einem Dictat von c. 1757 heisst es: *Systema Tychonicum verosimilius videtur*, Copernicanum autem tanquam hypothesis defendi potest.

169) Commentarii in evangelia adventus et quae sequuntur dominicarum ad [illegible], qui inter haereticos degunt, [illegible]. Cracoviae, 1607 (1633). — Conclusiones controversiarum sive demonstrationes catholicarum contra quosvis haereses ex

Um dieselbe Zeit lebte und lehrte in Braunsberg auch P. Joh. Huber, ein Würzburger, der sich durch eine Reihe von Controversschriften bekannt gemacht hat [89]).

Nach einem langen Zeitraume literarischer Unfruchtbarkeit begegnet uns unter den braunsberger Jesuiten wieder ein Schriftsteller, P. Joh. Rywocki, ein geborner Preusse, von dem jedoch nicht feststeht, ob er auch, wie in Wilna, zu Braunsberg Theologie docirt habe. 1645 erschien hier von ihm die Vita des Bischofs Simon Rudnicki [90]). Als Rektor des Collegiums vertrat er auf dem thorner Colloquium neben Friedrich Meybohm, Doktor der Theologie, Erzpriester von Elbing, die Diöcese Ermland. P. Sigismund Lauxmin, der in den letzten vierziger Jahren in Braunsberg Theologie lehrte, gehörte ebenfalls als Vertreter der Diöcese Ploch zu den Collocutoren, und edirte später in Wilna eine auf die thorner Angelegenheit bezügliche Controversschrift [91]).

Zu den Schriftstellern Ermlands rechnen wir vor allem auch P. Thomas Clagius, welcher, in Hermsdorf bei Allenstein geboren, unter dem Namen

---

dominicarum festorumque dierum evangeliis petitarum. Coloniae, 1610 8°. — Thesaurus spiritualis rerum ac documentorum variarum ad Soc. Jesu pertinentium. Cracoviae, 1607. — Thesaurus precum ac variarum instructionum atque exercitationum spiritualium ex probatis auctoribus collectus. Opera PP. Soc. Jesu. In usum omnis quidem conditionis hominum, sed maxime studiosae juventutis. Cracoviae, 1608. — Brevis ac solida responsio [illegible] quod [illegible] a Zwinglianorum [illegible] ad catholicam [illegible], ad Andreae Volani orationem. Coloniae, 1610 8°.

[89]) Davon erschienen in Braunsberg folgende: Augenscheinlicher und Gründlicher Beweis, das die Heilige Bibel .... nicht gantz auch vollkommen sei etc. 1604 4°. — Apologia Und Gründliche Verthetigung eines kleinen Büchleins, so unter diesem Titel ausgegangen: die Bibel ist nicht gantz u. s. w. Gegen das Vnchristliche Buch Danielis Krameri. 1606 4°. — Von der heil. Bibel sehr gründliche und nötige Disputation u. s. w. (in drei Theilen). 1608. — Von dem Hause Gottes, welches ist die Kirch des lebendigen Gottes u. s. w. 1609 4°. — Judex Controversiarum. 1611 4°. — De libero arbitrio, das ist catholische Lehr wider die calvinische u. s. w. 1611 4°. — Vgl. Bender, Geschichte des braunsberger Buchhandels in: Preuss. Provinz. Bl. 1865 S. 451 ff.

[90]) Er hat neben mehren Gelegenheitsschriften ferner herausgegeben: Arma catholica pro traditionibus et purgatorio contra Antibellarminum Amesii Protestantis Franekerani. 1639. — Paraenesis ad Ministros Calvinianos de spiritu privato ad synodos non admittendo. 1639. — Calvinus Angelomachus seu pravitas Calvini adversus bonos Angelos. — Tractatus in Cant. Cantic. — Laurentialia rigensia. Vgl. Jöcher a. a. O.

[91]) Demonstratio cathol. ecclesiae et certis a primo sui origine notis in s. scriptura expresse positis collecta. In gratiam dissidentium, qui in Thoruniensi congressu cathol. [illegible] concedi sibi [illegible] flagitabant. Vilnae. — In Braunsberg liess er erscheinen: Praxis oratoria sive praecepta rhetoricae. 1648 8°. — Ausserdem hat er verfasst: Oratio de s. Casimiro, Grammatica Graeca. Vgl. Jöcher a. a. O. Theils in Wilna, theils in Braunsberg hielt sich um diese Zeit auch der Controversist Carolus a Kreitz, ein Lausitzer, auf. Wir erwähnen von ihm folgende in Br. gedruckte Schriften: Catholicum oramen fidei contra [illegible] Livonis [illegible]. 1650. — Colloquium charitativum, d. i. Liebreundliches Gespräch mit dem Lutherischen Dantziker Ministerio u. s. w. 1652. — Petra inexpugnabilis, quod sola Romana ecclesia sit una sancta cathol. apostol. 12°. — Vgl. Werner, Geschichte der apologet. und polemischen Literatur der christl. Theologie IV, 347 Note 3. — Bender a. a. O. 457. Jöcher a. a. O.

Didymus Hermannovillanus d. i. Thomas von Hermsdorf, mehre Streitschriften verfasst hat [illegible]). In Braunsberg lehrten auch die als Schriftsteller bekannten P. P. Rosenwald [illegible]), Thomas Porzecki [illegible]), Łęczycki [illegible]), wahrscheinlich auch Downarowicz [illegible]).

Schliesslich erwähnen wir unter den Schriftstellern der Väter des braunsberger Collegiums noch die beiden gebornen Ermländer Joh. Drews und Joh. Brictius, welcher letztere 1723 und 1727 Rektor des Collegiums war und 1727 starb. Von jenem besitzen wir neben mehren Schriften ascetischen Inhalts [illegible]) die „Fasti Soc. Jesu," ein Buch, welches sich zur Aufgabe gemacht hat, merkwürdige Begebenheiten und Personen des Ordens, kalenderartig nach den einzelnen Tagen des Jahres geordnet, zusammenzustellen. Von dem grossen exegetischen Werke des P. Mart. Brictius, welches 1727 aus der Buchdruckerei des Collegiums hervorging, ist schon oben (S. 94) die Rede gewesen. Es kündigt sich selbst an als einen Auszug aus den weitschichtigen Bibelcommentarien jener Zeit, ist also mehr ein Sammelwerk, als eine selbstständige wissenschaftliche Arbeit [illegible]).

[illegible]) Im Jahre 1640 erschien von ihm eine polemisch-satirische Schrift gegen die angebliche Vision eines [illegible] Magd unter dem Titel: Didymi Hermannovillani Anticyrae Praetorio-Praedicantes. S. Erläut. Preuss. 5, 110; Act. Bor. I, 905. Andere Schriften von ihm sind: Didymi Hermannovillani Aristarchus ad [illegible] Academicos Regiomontanos. Coloniae, 1642. — Mercurii Elysio-Borussi New-Kewlen-Schilling oder erster Post-Reuter ex campis Elysiis. Augustae [illegible] (Wilna). Anno 1641. — Lilia Mariana. Authore P. Thoma Clagio Allensteinensi Prutheno Soc. Jesu Presbytero. Coloniae 1653. — Disquisitiones ubiquitisticae. — Jeremia Kalkowski [illegible] in [illegible] episcopi Varmiensis. Vgl. Bender a. a. O. S. 439. Note und Jöcher a. a. O.

[illegible]) Unter dem Namen Joh. Zarzewicz (nach Jöcher Ziemowicz) edirte er: Laurea Academica [illegible] Wladislao Poloniae Regi. Vilnae, 1633. S. Alegambe, bibl. script. Soc. Jesu p. 79.

[illegible]) „Er verliess in gebundener und ungebundener Rede Elogia Jagellonum Poloniae, Hungariae et Bohemiae regum; it. austriacorum imperatorum; florilegium; panegyricus unter dem Titel: Spes altera Romae, und [illegible] [illegible] [illegible]. Baroccii, welches letztere Werk noch nicht gedruckt ist." Jöcher a. a. O.

[illegible]) Gloria s. Ignatii Soc. Jesu fundatoris. Cracoviae, 1622, Vilnae, 1624, Antw. 1626. — De [illegible] et gradibus profectus in virtutibus. Antw. 1641. — Octo [illegible] pro [illegible] Polonia. — Opuscula spiritualia. S. Jöcher a. a. O. und de Backer, Bibl. des Écriv. de la Comp. de Jésus. 3e Série p. 433 etc.

[illegible]) Nach Jöcher a. a. O. II, 207 hat er „unter Verschweigung seines Namens einen theologischen Tractat von den Moraltugenden unter dem Titel „Homo politicus" geschrieben, der zu Braunsberg 1664 in fol. gedruckt worden."

[illegible]) Breviarium asceticum etc. Brunsb. 1700. 4°. 4 Partes. — Fuga [illegible]. Brunsb. 1702. 12°. — Institutiones juventutis in vera [illegible] erga Deum pietate etc. Brunsb. 1704. 12°. — Distractiones [illegible] piae, jucundae, eruditae. Brunsb. 1708. 12°. — Apophthegmata et gnomae illustrium e societate Jesu personarum. Brunsb. 1713. 8°. — Fuga [illegible], [illegible] rationibus gravissimis et memorabilibus exemplis [illegible] etc. Brunsb. 1717. 12°. — S. Bender a. a. O. 459 ff.

[illegible]) Quaestiones etc. collectae ex variis auctoribus in gratiam eorum, quibus deest copia interpretum, ut in epitome habeant, quod in vastis voluminibus quaerere deberent.

Wir schliessen die vorstehenden Erörterungen mit einer kurzen Bemerkung über den Charakter der braunsberger Anstalt. Sie war in ihrer ursprünglichen Anlage weiter nichts als ein sogenanntes niederes Studium, ein Collegium erster Klasse [illegible]), ungefähr einem Gymnasium im heutigen Sinne entsprechend. Die Bedürfnisse machten jedoch sehr bald eine Erweiterung nöthig. Hosius hatte ja die Jesuiten auch zu dem Zwecke berufen, dass sie für die ermländische Diöcese den Klerus heranbilden und erziehen sollten. Später wurde ihnen noch das päpstliche Alumnat übergeben, welches die Bestimmung hatte, wenn auch nicht ausschliesslich, so doch vorzugsweise Priester für die nordischen Missionen zu bilden. Für die Alumnen beider Seminare musste ein wie immer beschaffener Unterricht in der Theologie ertheilt werden. Dazu kam seit 1602 auch die Philosophie; die Anstalt wurde zu einem Collegium zweiter Klasse mit 30 Mitgliedern [illegible]). Indem so die Jesuiten mit dem niedern noch eine Art höheren Studiums verbanden, änderte sich allmälig der Charakter ihrer Anstalt, die nun aus einem Gymnasium annähernd das wurde, was man damals eine Academie zu nennen pflegte d. i. ein Gymnasium, welches mit einem philosophisch-theologischen Cursus abschloss (Vgl. auch oben S. 50 Note 76). Dieser Name gebührte ihr noch mit mehr Recht, seitdem man anfing, die ganze Philosophie, Moraltheologie, speculative und positive Theologie nebst hebräischer Sprache zu lehren d. i. seit dem Jahre 1641. So ungefähr fassten es auch die Jesuiten auf. Bald nachdem der philosophische Cursus begonnen, ist in den Memorialien die Rede von superiores scholae, superiores classes, superiora studia, superiores facultates, denen auch bald ein eigener Präfekt (zum ersten Mal 1615 erwähnt) vorstand. Jedoch waren es damals nur keimartige Anfänge. Mit dem Jahre 1641 wurden die obern Klassen neu organisirt; es wird der Lehrplan von Wilna eingeführt; die Theologie, früher nur auf Controverse und Casuistik beschränkt, wird jetzt von mehren Professoren, zweien für Scholastik, einem (tertiae lectionis) für casuistische Moral, einem für Schrifterklärung und hebräische Sprache (seit 1708 auch einem für canonisches Recht), gelehrt. Da heisst es auf einmal, das Collegium in Braunsberg gehöre zu den

---

[illegible]) „Die Jesuiten stifteten drei Kategorien von Häusern und bestimmten die Zahl der zu ihrem Gedeihen erforderlichen Vorsteher. Die Collegien erster Klasse besassen deren zwanzig, die der zweiten dreissig, die der dritten, Hochschulen genannt, mindestens siebenzig." Cretineau-Joly, Geschichte der Gesellschaft Jesu IV, 192. Dass die Zahl der Mitglieder des braunsberger Collegiums immer wenigstens aus 20 bestand und bestehen sollte, erfahren wir aus dem Berichte von 1677 (siehe oben S. 44), es war also in jener Zeit ein Collegium erster Klasse. Als im Jahre 1592 der philosophische Cursus eingeführt wurde, wuchs die Zahl der Patres auf 30, wie wir in dem Berichte von 1611 lesen: Ex quo curriculum philosophicum hic institutum, vixere hic in collegio ut plurimum triginta. Es wurde also dadurch zu einem Collegium zweiter Klasse. Seit 1641 mehrte sich ohne Zweifel die Zahl der Mitglieder, ohne indessen siebenzig zu erreichen; so stand folglich das Collegium in der Mitte zwischen einem Collegium zweiter Klasse und einer Hochschule.

[illegible]) Vgl. die vorhergehende Note.

Seminaris Magna der Societät. Die Wahl und Zahl der Professoren, welche man damals von Wilna sandte, lässt nicht undeutlich durchblicken, dass man die Schule in Braunsberg zu einer höheren Bildungsanstalt, als sie bisher gewesen, vielleicht zu einer Academie, zu erheben vorhatte. Und in der That, wodurch unterschieden sich die dortigen höheren Klassen noch von philosophischen und theologischen Facultäten nach damaligem Begriffe? Es wurde Logik, Physik, Metaphysik und die ganze Theologie sammt hebräischer Sprache vorgetragen, also dasselbe wie in Wilna und Breslau und an andern philosophischen und theologischen Facultäten der Jesuiten. Es fehlte auch nicht an zahlreichen öffentlichen Acten der Philosophen und Theologen; Thesen wurden gedruckt und darüber mit grosser Solennität wie an Academien disputirt. Und doch war die Studienanstalt in Braunsberg keine Academie im eigentlichen Sinne, und ihre obern Klassen waren keine eigentlichen Universitätsfacultäten; denn dazu fehlte es an mancherlei Dingen.

Um hier nur an eines zu erinnern, so bildeten die Professoren der philosophischen und theologischen Klassen nicht eigene für sich bestehende Corporationen, was nach damaligem wie heutigem Begriffe ein nothwendiges Requisit von Facultäten ist, und eben darum konnten sie auch nicht das einer Corporation als solcher von selbst eignende Promotionsrecht beanspruchen[illegible]). Allerdings hatten die Jesuiten durch besondere päpstliche Vergünstigungen das Recht erlangt, nicht blos ihre schon der Societät einverleibten Scholaren, sondern auch die ärmern Externen und selbst die reichern, falls eine Universität diesen trotz nachgewiesener Würdigkeit die Grade verweigerte, zu promoviren[illegible]); allein sie pflegten von diesem so

[illegible]) Vgl. Reithmayr, über das Promotionsrecht und die Promotion zu den academischen Ehrengraden (München, 1858) S. 7. Ist das Promotionsrecht eine nothwendige Consequenz des Corporationsprincips, so kommt es die Corporationen der Facultäten noch, bevor es ihnen durch Papst oder Kaiser feierlich verliehen wurde. Wenn sich später die Päpste dieser Angelegenheit annahmen, so geschah es nur, um einigen die Ehre des Doktorats und der Wissenschaft gefährdenden Uebelständen zu begegnen. Die Veranlassung hiezu war die Thatsache, dass in Bologna öfters Unwürdige promovirt wurden. Deshalb erliess Honorius III. 1219 an den Archidiakon des Domstifts zu Bologna, Gratia, die Anweisung, für die Zukunft die Einhaltung der satzungsgemässigen Bestimmungen bei Ertheilung des Doktorats zu überwachen. Das Decret vom 28. Juni lautet: Cum saepe contingat, ut in Civitate Bononiensi minus docti ad docendi regimen assumantur, propter quod et Doctorum honor minuitur, et profectus impeditur scholarium volentium erudiri: Nos eorundem utilitati et honori prospicere cupientes, auctoritate praesentium duximus statuendum, ut nullus alicubi in civitate praedicta ad docendi regimen assumatur, nisi a te obtenta Licentia, examinatione praehabita diligenti; tu denique contradicentes, si qui fuerint, vel rebelles, per censuram ecclesiasticam appellatione postposita compescas. — Darum bildete sich im Laufe der Zeit für den Papst und später für den Kaiser das Recht, das jus ad gradus promovendi einer Corporation überhaupt erst zu ertheilen. Vgl. Reithmayr a. a. O. S. 32, 38. Note 3 u. 4.

[illegible]) Da die Jesuiten, wo sie sich niederliessen und Collegien gründeten, auch die Universitätsfächer zu lehren anfingen, so erblickten die Universitäten, welche bisher als die einzigen Stätten der Wissenschaft privilegirt waren, darin eine Verletzung ihrer Privilegien, und es erhoben sich endlose und überaus unerquickliche Streitigkeiten. Einzelne

limitirten Rechte nicht gern Gebrauch zu machen, weshalb sie, wenn sie irgendwo ihre Collegien zum Range einer Academie oder Universität zu erheben gedachten, es nicht versäumten, bei dem Papste oder Könige oder Kaiser die Ertheilung der gewöhnlichen Universitätsprivilegien, namentlich auch des Promotionsrechtes, nachzusuchen.

Wenn nun in Braunsberg häufig philosophische und theologische Thesen gedruckt und in feierlicher Disputation vertheidigt wurden, so haben wir hiebei nicht an eigentliche Promotionen, sondern nur an öffentliche Acte

---

Hochschulen verweigerten geradezu die Ertheilung der academischen Grade an die Schüler der Jesuiten, um sie auf diese Weise von dem Lehramte fern zu halten, und verlangten selbst von denjenigen der Societät bereits angehörigen Scholastikern, welche die Vorlesungen an den Universitäten gehört hatten und dort promovirt werden wollten, die Erlegung der nicht unerheblichen Taxe. Deshalb ertheilte Papst Julius III. durch ein Breve vom 22. Oct. 1552 dem Orden folgende hierauf bezügliche Begünstigungen: Scholaribus Collegiorum Societatis existentibus in Universitatibus alicujus Studii generalis quod ipsi, si praevio rigoroso et publico examine in eisdem Universitatibus reperti fuerint idonei et Rectores Universitatum hujusmodi eos gratis et amore Dei absque aliqua pecuniarum solutione promovere recusaverint, in Collegiis a Praeposito Generali pro tempore existente, vel de ejus licentia a quovis ex inferioribus Praepositis vel Rectoribus hujusmodi Collegiorum cum duobus etiam vel tribus Doctoribus seu Magistris per eosdem eligendis; scholaribus vero Collegiorum eorundem extra Universitates existentium, studiorum eorum cursu absoluto et rigoroso examine praecedente a dicto Praeposito Generali etc. ut supra ... quoscunque Baccalaureatus ac Magisterii, Licentiaturae ac Doctoratus gradus suscipere; Praepositis vel Rectoribus cum Doctoribus hujusmodi, ut eosdem Scholares ad gradus ipsos promovere eisdemque Scholaribus, ut, postquam promoti fuerint, in eis legere, disputare, ac quaecunque alios actus qui illorum necessarios facere et exequi, ac omnibus et singulis privilegiis, praerogativis, immunitatibus, exemptionibus, libertatibus, antelationibus, favoribus, gratiis et indultis omnibus et singulis aliis, quibus alii in quibusvis Universitatibus studiorum hujusmodi rigoroso examine praevio, ac alias juxta illis observari solita et requisita utuntur etc. etc. Es sollten also in Universitätsstädten die Scholaren des Ordens zunächst die Promotion bei den Rectoren der Universitäten nachsuchen, und wenn man dieselben gratis zu promoviren verweigerte, so sollte es der General oder der Provincial oder Rector in seinem Namen thun dürfen; an Orten aber, wo keine Hochschule bestände, sollten letztere ohne Weiteres dieses Recht ausüben dürfen. Man sieht aus der Fassung dieses Privilegiums deutlich genug, dass unter den Scholaren hier nur solche Schüler zu verstehen sind, die der Societät bereits als Mitglieder (scholastici nostri) angehörten. Daher bemerkt auch das Compendium Privilegiorum et Gratiarum S. J. (Antw. 1635) p. 93: Nomine Scholarium in his duobus §§. intelliguntur Scholares, qui sunt de Societate. Pius IV. bestätigte diese Rechte des Ordens durch Breve vom 19. Aug. 1561 und fügte noch hinzu, dass sie auch ihre Externi promoviren dürften, falls die Universitäten dieses verweigerten, wobei jedoch die reichern die vorgeschriebene Taxe an die Universität zu zahlen gehalten seien (Praepositus Generalis per se vel aliquem ex Praepositis vel Rectoribus Collegiorum nostrorum tam in Universitatibus studiorum generalium, quam extra illas existentium, in quibus ordinarie studiorum Artium liberalium et Theologiae lectiones habebantur eorumque ordinarii peraguntur, eosdem Societatis Scholares et pauperes externos, qui dictas lectiones frequentaverint, et etiam divites, si Universitatum officiales eos promovere recusaverint, cum per examinatores nostrae Societatis idonei sunt inventi (solutis tamen per divites suis juribus Universitatibus) in nostris Collegiis quorumcunque Universitatum et in aliis extra Universitates constitutis, quoslibet alios Scholares, qui sub eorundem Collegiorum obedientia, directione vel disciplina studuerint, ad praedictos gradus ac alias in reliquis juxta formam litterarum Julii III. promovere possunt. Compendium Privilegiorum etc. p. 93, 94).

zu denken, welche zur Belebung des Eifers und zur Erhöhung des Glanzes der Schule nach aussen hin häufig mit gutem Erfolge veranstaltet wurden [300]).

Man könnte es auffallend finden, warum doch die Jesuiten für ihre Anstalt in Braunsberg den Titel und die Rechte einer Academie, so viel bekannt ist, nie mit besonderem Nachdrucke begehrt haben. Es konnte ihnen doch nicht entgehen, dass die feierliche Verleihung von academischen Würden mit dem grossartigen dabei entfalteten Pompe nicht allein den Glanz ihrer Schule in hohem Grade erhöhen, sondern auch, weil sich in den Promotionen thatsächlich eine grosse Hochachtung für die Wissenschaft, ihre Wohlthaten und Segnungen, sowie die Absicht ausspricht, diejenigen, welche sich so nützlicher Dinge befleissigt, mit gebührenden Ehren auszuzeichnen, die Schüler zu Fleiss und Liebe für die Wissenschaft anspornen musste. Und dass sie dieses nicht verkannten, bewiesen sie nicht allein durch die Veranstaltung zahlreicher öffentlicher Acte, sondern namentlich durch die grossen Bemühungen, ihren academischen Anstalten wie Breslau, Wilna, Posen und Lemberg den Titel und die Privilegien einer Hochschule, besonders das Promotionsrecht, zu erwirken. Aber gerade die Schwierigkeiten, welche ihnen hiebei durch die Universität Krakau, die in solchen Bestrebungen eine Verletzung ihrer Privilegien erkennen zu müssen glaubte, gemacht wurden [301]), mochten für sie Grund genug sein, Aehnliches nicht auch für Braunsberg zu beanspruchen. Dazu die Nähe von Wilna. Dieses, schon seit 1579 eine vollständig privilegirte Hochschule und Sitz des Provinzials für Litauen, trat eben dadurch sehr bald in den Vordergrund, und Braunsberg, obschon durch die Lage und die Priorität der Gründung ihm vorgehend, sank, weil es zur Provinz Litauen gekommen war, sehr bald zu einer Zweig- und Tochteranstalt von Wilna herab. Da die Societät es für besser hielt, ihren Schwerpunkt statt nach Preussen, lieber nach Litauen zu verlegen, so konnte man der braunsberger Anstalt, welche nach den Intentionen ihres Stifters die Vorkämpferin des Katholicismus in den preussischen Landen sein sollte, schon von vornherein keine grosse Zukunft in Aussicht stellen. Von Wilna erhielt Braunsberg seine Professoren der Philosophie und Theologie, die hier oft nur kurze Zeit wirkten. Denn wenn man in Wilna oder an einem wichtiger scheinenden Orte der Provinz ihrer bedurfte, wurden sie abgerufen und durch andere ersetzt,

[300]) Wenn die Historia zum Jahre 1647 (21. Martii) schreibt: Ad gradum promoti R. P. Barthol. Krupel superior Residentiae Coadjutoris formati, P. Petrus Althoff Professus (vielleicht Professi), so ist hiebei nicht an academische Grade zu denken, sondern an die Grade der Societät. Man nannte nämlich die eigentlichen Rangordnungen (wie Professi und Coadjutores spirituales) einfach gradus und die Aufnahme in dieselben (z. B. professio trium und quatuor votorum) promotio ad gradum. Vgl. Ordinationes Generalium c. XIII de Promovendis ad Gradus Societatis in: Institutum S. J. ex decreto Congr. Gen. XIV. (Pragae, 1705.) p. 156 sqq.

[301]) Hierüber verbreitet sich ausführlich die uns vorliegende Protest der krakauer Universität gegen die Erhebung des Jesuitencollegiums von Lemberg zum Range einer Academie (Rationes, quare non expediat novam Academiam Leopoli PP. Soc. Jesu erigere.

die bisweilen für ihr Fach noch nicht einmal hinlänglich vorbereitet waren. Wozu bedurfte es für eine solche Nebenanstalt des Titels und der Rechte einer Academie? Wer nach den academischen Graden Verlangen trug, konnte sie in Wilna leicht erlangen. Die Scholastiker des Ordens aber, in deren Interesse vornehmlich die scholastische Theologie in Braunsberg gelehrt wurde, und die wohl auch in der Regel die Mehrzahl derjenigen, welche die vollständige Theologie hörten, ausgemacht haben mögen, konnten ja zufolge päpstlicher Privilegien ohne Weiteres nach Absolvirung des vierjährigen theologischen Cursus und zweijähriger Repetitionen durch den Ordensgeneral oder auch durch den Provincial oder Rektor unter Assistenz von zwei oder drei Doktoren promovirt werden. War also die Zahl der Externen, um deretwillen man hauptsächlich von Papst und König das Promotionsrecht nachsuchte, in Braunsberg nicht gross, und noch kleiner die Zahl derjenigen aus ihnen, welche den vollständigen philosophisch-theologischen Lehrcursus durchmachten und nach Ablauf desselben die academischen Grade begehrten, so hatten die Jesuiten wenig Veranlassung, sich noch weiter gehende Rechte zu verschaffen, als sie schon durch die Bullen Julius' III. und Pius' IV. gewährt waren.

Gleichwohl scheinen sie wenigstens zeitweise, namentlich in der ersten Hälfte des 18. Jahrh., als die Anstalt auch durch eine Professur für das canonische Recht vergrössert war, und die höheren Studien sich eines grösseren Zuspruches von Auswärtigen erfreuten, den Gedanken gefasst zu haben, auch für Braunsberg den Titel und die Rechte einer Academie zu erwirken. Sie rechneten hiebei besonders auf die Unterstützung durch die Bischöfe, welche sammt ihrem Kapitel der Studienanstalt Ermlands von jeher ihre besondere Gunst zugewandt hatten, was sich nicht blos in reichlichen Unterstützungen, sondern auch in der öftern Theilnahme an den kirchlichen und Schulfeierlichkeiten, namentlich an den öffentlichen Actus der Philosophen und Theologen, unzweideutig klar zu erkennen gab. Grosses Interesse für die Wissenschaft und darum auch für die Lehranstalt zu Braunsberg zeigte, wie die Historia besonders hervorhebt, Bischof Szembek. Als dieser im Jahre 1738 am Feste des hl. Franz Borgia das Collegium besuchte, und auch Gelegenheit fand, sich von den vortrefflichen Leistungen der Studirenden zu überzeugen — ein Theologe des vierten Jahres begrüsste ihn im Namen des Collegiums in feierlicher Ansprache, einzelne aus den vornehmeren Studirenden im Namen der Schulen —, da stellte er den Vätern die Erfüllung ihrer längst gehegten Hoffnung auf Erhebung ihrer Anstalt zu einer Academie in Aussicht [illegible]). Was die Verwirklichung dieses Gedankens verhindert habe, wird nicht weiter berichtet.

Besass nun auch die braunsberger Schule kein über die diesfallsigen Rechte der Societät als solcher hinausgehendes Promotionsrecht, so genossen

---

[illegible]) Hist. ad a. 1738: qui (die ihn begrüssten) Serenum amantissimum Principem adeo contestarunt, ut spem de fundanda Academia jam pridem conceptam publice renovarit

doch diejenigen, welche hier den philosophisch-theologischen Cursus durchgemacht hatten, dieselben Rechte und Privilegien wie die, welche Universitäten besucht hatten; die oberen Klassen von Braunsberg waren, wenn auch ohne Promotionsrecht, doch ein studium privilegiatum.

Leo X. und Paul V. hatten zu Gunsten der Domkapitel des polnischen Reiches, wozu auch Ermland gehörte, das Privilegium gegeben, dass zu ihren Mitgliedern nur solche gewählt werden dürften, welche drei Jahre an Universitäten als dem studium privilegiatum studirt hätten. Es musste den Jesuiten Alles daran liegen, auch ihren Schülern den Eintritt in das Domkapitel möglich zu machen, und in der That haben sie es bei dem Papste, dem Bischofe und dem Kapitel von Ermland durchgesetzt, dass ihr Studium als privilegirt betrachtet wurde. Auch das Collegium von Posen war eine Art Jesuitenacademie und verlieh academische Grade selbst an Externi mit Berufung auf die Privilegien von Julius III. und Pius IV. Das schien nicht allen gerechtfertigt, und es kam vor, dass man in Posen graduirte Bewerber um ein Canonicat zurückwies [227]). Etwas Aehnliches ereignete sich auch in Ermland. Ignaz v. Czarlinski, der zu Braunsberg seine theologischen Studien gemacht hatte, wurde nach dem Tode Hatynski's 1720 von der Majorität des Kapitels zum Domherrn von Frauenburg gewählt. Die Minorität beanstandete diese Wahl, weil Czarlinski nicht an einem privilegirten Studium studirt hätte. Der Domkustos Lassewski, ein Gönner des Gewählten, wandte sich deshalb an den Rektor des Collegiums, welcher, um diesen Vorwand zu beseitigen und die den Privilegien der Schule, besonders der höheren Klassen (superiores facultates), präjudicirliche Ansicht zu widerlegen, Bullen von Päpsten, Privilegien ermländischer Bischöfe, ja selbst des Domkapitels hervorholte, aus denen unzweifelhaft hervorging, dass die in Braunsberg Studirenden aller Rechte gleich den an Universitäten Gebildeten theilhaftig sein sollten. Daraufhin wurde Czarlinski installirt, und der privilegirte Charakter der höhern Klassen wurde nicht mehr, wie unsere Quelle sagt, beanstandet [228]).

8.
Verfall und Untergang des philosophischen und theologischen Studiums.

Unterm 21. Juli 1773 erfolgte durch das Breve Clemens' XIV. „Dominus ac Redemptor" die Aufhebung der Gesellschaft Jesu. Damit wurden alle ihre Häuser, Schulen, Collegien unterdrückt, ihre Statuten, Constitutionen und Privilegien, die Gewalt des Generals, der Provinziale, Visitatoren und aller andern Vorgesetzten der Societät aufgehoben. Alle

---

227) Vgl. Universitas Vilnensis etc. Diese Schrift wurde 1708 verfasst, um den academischen Charakter Wilna's, der auch immer in Polen, namentlich von den Krakauern, vielfach beanstandet wurde, zu erweisen.

228) Vgl. Hist. ad a. 1720. Vgl. über ihn auch Eichhorn, erml. Zeitschr. II, 309.

Mitglieder, die alten und schwachen ausgenommen, sollten die Häuser und Collegien verlassen und entweder in einen andern vom apostolischen Stuhle bestätigten Orden, oder als Weltgeistliche unter die Gerichtsbarkeit der Diöcesanbischöfe treten. „Wir wollen ferner", so heisst es in dem Breve, „dass, wenn einige von der aufgehobenen Gesellschaft sich bisher in Collegien oder Schulen mit dem Unterricht der Jugend beschäftigten, ihnen alle Leitung und Verwaltung des Unterrichts genommen werden, und solchen in Zukunft zu lehren gestattet sein soll, die von ihren Arbeiten etwas Gutes hoffen lassen [illegible])." Nach solchen Decreten des hl. Stuhles war, wie man glauben sollte, auch das Schicksal der braunsberger Anstalt in ihrem ganzen Umfange entschieden. Wurden dieselben streng ausgeführt, so musste das Collegium in Jahresfrist verwaist dastehen. Auch sollte man wohl denken, Friedrich der Grosse werde gleich vielen andern Fürsten diese Gelegenheit mit Freuden ergreifen, um sich der nicht unbedeutenden Güter des Ordens in seinen Staaten und speciell auch derer in Braunsberg zu bemächtigen. Allein so dachte der preussische König nicht. Er hielt sich nicht für berechtigt, milde Stiftungen — und als solche galten ihm auch die Güter der Jesuiten — ihrem Zwecke gewaltsam zu entfremden. Zudem wusste er die hohe Bedeutung der Wissenschaft und Bildung für den Staat sehr wohl zu würdigen, wie es auch andrerseits seinem Scharfblick nicht entging, dass wie in Schlesien, so auch in Ermland, was von Bildung unter Klerus und Volk daselbst zu finden war, nur der eifrigen Thätigkeit der Jesuiten zu danken sei. Für die Bildung des katholischen Klerus musste doch in irgend einer Weise gesorgt werden; wie das aber nach Aufhebung der Jesuitenanstalten geschehen sollte, darauf wusste er sich keine Antwort zu geben. Die ermländische Jugend anderswo, etwa in Polen, studiren und für den Priesterstand heranbilden zu lassen, das widersprach den Grundsätzen seiner Regierung durchaus. Die Jesuiten wussten es genau, welche gute Meinung Friedrich von ihnen und ihren Leistungen hatte. Als sie sich daher nicht mehr verhehlen konnten, dass die Aufhebung ihrer Gesellschaft sicher zu erwarten stehe, drangen sie durch einen Gesandten in den König, dass er sich des bedrohten Ordens öffentlich annehmen möge. „Ich habe," so schreibt Friedrich unterm 8. Dec. 1772 an d'Alembert, „einen Gesandten des Generals der Ignazianer empfangen, der in mich dringt, mich öffentlich zum Beschützer dieses Ordens zu erklären. Ich habe ihm erwiedert, dass, als Ludwig XV. für räthlich erachtet hatte, das Regiment Fitz-James aufzuheben, ich mich nicht berechtigt glaubte, mich zu dessen Gunsten zu verwenden, und dass der Papst wohl Herr wäre, bei sich jede Reform einzuführen, die er für gut befände, ohne dass sich die Ketzer drein mischten" [illegible]).

Um so sonderbarer muss es erscheinen, dass derselbe Friedrich, nachdem er kaum von dem Aufhebungsbreve Kunde erhalten, am 31. Aug. 1773,

[illegible]) Theiner, Geschichte des Pontificats Clemens' XIV. II, 379.

[illegible]) Theiner a. a. O. II, 285.

noch an demselben Tage dem Departement der geistlichen Angelegenheiten Befehl ertheilte, ungesäumt Vorsorge zu treffen, dass die Publikation jenes Breve's in seinen Staaten inhibirt werde. Das geschah denn auch durch Verordnung vom 6. Sept. Der König liess sich, wie aus seiner hierauf bezüglichen Correspondenz hervorgeht, bei diesem Schritte nur durch die Rücksicht auf den Unterricht der Jugend leiten. Die schlesischen Jesuiten waren mit jenen Maassregeln des Landesherrn nicht unzufrieden und gaben sich anfänglich der Hoffnung hin, unter dem Schutze des preussischen Königs ihr früheres Ordensleben und ihre gewohnte Wirksamkeit fortsetzen zu können. Vergebens bemühte sich der Coadjutor von Breslau, sie zur Unterwürfigkeit unter das Aufhebungsbreve zu vermögen, da sie ja ebenso gut als Weltpriester dem Unterricht der Jugend obliegen könnten. Allein ohne hierauf zu achten, fuhren sie fort, Novizen einzukleiden, und verlangten sogar, dass ihren Scholastikern, welche noch nicht die Priesterweihe empfangen hatten, selbige ertheilt würde, was indessen der Coadjutor mit aller Entschiedenheit verweigerte, obwohl er in Folge dessen mancherlei Unannehmlichkeiten vom Könige zu erdulden hatte [117]). So sehr man auch dem Papste ein ernstes Vorgehen in dieser Angelegenheit anrieth, er begnügte sich doch damit, den Coadjutor von Breslau, den Erzbischof von Prag, in dessen Diöcese das Collegium von Glatz lag, und den Nuntius von Polen dringend zu ermahnen, sie möchten für die Vollstreckung des Aufhebungsbreve's in Preussen und Russland, wo Catharina II. sich ebenfalls als Beschützerin des Ordens gerirte, Sorge tragen.

Der Provinzial von Schlesien hatte sogar den Plan gefasst, alle Jesuiten in Preussen und Russland zu einer Congregation zu vereinigen und die Wahl eines Provicars anzubahnen, welcher die Stelle des Generals vertreten sollte, so lange dieser durch seine Gefangenschaft verhindert würde, selbst nach Schlesien zu kommen und die Leitung der Societät zu übernehmen. Zu diesem Behufe wandte er sich, vorgeblich im Auftrage des preussischen Staatsministers und mit Wissen des Königs, schon unterm 2. Oct. 1773 an den Rektor des braunsberger Collegiums mit dem Ersuchen, er möge alle Jesuiten, die sich in den östlichen Gegenden aufhielten, ferner die von Polen und Russland hievon in Kenntniss setzen, und ihm dann seine Meinung über die Art und Weise, wie die Wahl am besten bewerkstelligt werden könne, mittheilen; ob man sich nicht in Schlesien oder sonst irgendwo in Preussen versammeln solle, welche und wieviele Wähler geschickt werden könnten u. dgl. Um etwaigen Gewissensskrupeln zu begegnen, gab er ihm zu verstehen, dass es vielleicht nicht unmöglich wäre, für alle diese Schritte die päpstliche Genehmigung zu erhalten. Gleichzeitig bittet er um recht baldige Zusendung von drei oder vier gelehrten, besonders in der Mathematik und den Humaniora bewanderten,

117) Theiner a. a. O. II, 494.

Vätern, weil man ihrer in Schlesien bedürfe, und fügt hinzu, dass sich der König darüber sehr freuen würde.

Der Rektor von Braunsberg berieth sich dieserhalb mit seinem Bischofe Ignaz Krasicki. Obwohl dieser sonst die Intentionen Friedrichs rücksichtlich der Jesuiten begünstigte, mochte er doch seine Hand nicht zu einem solchen Unternehmen bieten, und sein Generalvicar, Carl Friedrich Freiherr v. Zehmen, ein inniger Freund des Rektors, rieth diesem entschieden ab, sich auf die Vorschläge des Schlesiers irgendwie einzulassen. Darauf hin zeigte derselbe unterm 13. Nov. 1773 dem apostolischen Nuntius von Polen an, wie er und seine Mitbrüder in Braunsberg sich unbedingt dem Aufhebungsbreve unterwerfen wollten, selbst auf die Gefahr hin, dadurch in des Königs Ungnade zu fallen[216]). Der Nuntius, Monsignor Garampi, verfehlte nicht, diese Bereitwilligkeit der braunsberger Väter an die Congregation für die Jesuitenangelegenheiten zu berichten (6. und 28. Juli), und bat sich zugleich weitere Instruktionen aus. Der hl. Vater liess ihm unterm 17. Sept. 1774 seine Freude über die bereitwillige Unterwerfung der Jesuiten von Braunsberg ausdrücken und den Bischof von Ermland beauftragen, er möge die Einzelnen vor sich kommen lassen, ihnen das Aufhebungsbreve publiciren und sie veranlassen, die Kleidung der Weltpriester anzulegen und eine Formel zu unterschreiben, wonach sie sich unbedingt dem Breve unterwerfen, sich von aller Verbindung mit dem ehemaligen Ordensinstitute und den frühern Obern lossagen, unbeschadet ihrer Gelübde in den Weltpriesterstand treten und sich ganz und gar der Jurisdiktion des Diöcesan-Bischofs unterwerfen wollten. Unter dieser Bedingung sollte der Bischof bevollmächtigt sein, ihnen zum Lohne für die in den Schulen geleisteten Dienste Curatbeneficien zu verleihen. Einstweilen, bis Andere an ihre Stelle treten könnten, sollten sie auch in dem Collegium zusammenbleiben und die Leitung der Schulen beibehalten, auch mit Erlaubniss des Ordinarius predigen, Beichte hören und die übrigen priesterlichen Funktionen vornehmen dürfen. Dem Bischofe aber liess er wegen seines Verhaltens in dieser Angelegenheit seine besondere Zufriedenheit und seinen Dank aussprechen, und die übrigen preussischen Bischöfe ermahnen, sie möchten seinem Beispiele folgen[217]). Es war dies der letzte Act des Papstes in der Jesuitenfrage; schon fünf Tage darauf, am 22. Sept. 1774, erfolgte sein Tod.

---

216) Theiner a. a. O. II, 492. 494.

217) Das Schreiben ist abgedruckt bei Theiner, Clementis XIV. Pont. Max. epistolae et brevia (eine Beilage zu dem citirten Werke) p. 367. 368. Ein Schreiben Clemens' XIV. an den Bischof von Ermland vom 7. Juni 1774, worin der Papst seine Einwilligung zur Fortdauer der Jesuiten in Preussen und Russland gegeben haben soll, und welches nach Crétineau-Joly (a. a. O. V, 550 Note) auch in dem domkapitel. Archiv von Frauenburg vorhanden sein soll, haben wir dort nicht auffinden können. Theiner behauptet, dass es unächt sei, wie es sich auch in der That mit dem an Monsignor Garampi nicht gut vereinen lässt.

Nach alledem musste die Verfügung der westpreussischen Regierung zu Marienwerder vom 19. Jan. 1774 an die Jesuiten in Braunsberg, „dass sie von aller Connexion mit der Geistlichkeit in Polen abstrahiren, dahingegen mit den Jesuiten in Schlesien überall gemeinschaftliche Sache machen und sich lediglich an selbige halten sollten“ [114]), wenigstens in ihrem zweiten Theile als unausführbar erscheinen.

Indessen hielt Friedrich II. für gut, den Vorstellungen der geistlichen Behörde von Breslau nachzugeben und sich mit dem neuen Papste, Pius VI., wegen der schlesischen Jesuiten in Unterhandlungen einzulassen, deren Resultat das Schreiben des Cardinals Rezzonico an den Weihbischof v. Strachwitz vom 12. Dez. 1775 war, worin, ganz im Sinne des schon erwähnten Clementinischen Breve's an Monsignor Garampi, zugegeben wurde, dass die Jesuiten als Weltgeistliche unter der Jurisdiktion des Bischofs auch fernerhin die Universität Breslau leiten, auch mit Genehmigung des Ordinarius seelsorgerliche Funktionen ausüben dürften. Damit war der König vollkommen zufrieden und erklärte selbst, dass er mehr von dem Papste nicht erwarten konnte [115]). Er hätte auch von Pius VI., der in der Jesuitenfrage den Standpunkt seines Vorgängers durchaus festhielt [116]), nichts weiter erlangen können.

Schon bevor das erwähnte Schreiben des Cardinals einging, hatte Friedrich auf die Benachrichtigung (20. Aug. 1775) seines Geschäftsträgers in Rom, des Abbé Ciofani, dass die Verhandlungen einen günstigen Ausgang versprächen, unterm 27. Sept. 1775 dem Bischofe von Ermland aufgegeben, die Jesuiten zu Braunsberg in statu quo zu belassen. Jetzt ging sein Streben dahin, ähnliche Vergünstigungen, wie sie den schlesischen Jesuiten bereits zu Theil geworden waren, auch für die westpreussischen (und somit auch ermländischen) in Rom auszuwirken. Dass der König solche Schritte gethan, eröffnete die königliche Regierung von Marienwerder den westpreussischen Bischöfen unterm 16. Jan. 1776. Für die Jesuiten in Ermland bedurfte es nach dem Breve Clemens' XIV. an den Nuntius in Polen vom 17. Sept. 1774 solcher Vergünstigungen nicht mehr. Es scheint in der That, als habe Friedrich von dem genannten Breve keine Kenntniss gehabt; vielleicht machte man, solange der König sich noch nicht geneigt zeigte, in der besprochenen Weise einzulenken, davon nicht viel Aufhebens. Aus derartigen Rücksichten mag auch die Publikation des Aufhebungsbreve's, die in jenem Schreiben geradezu gefordert wird, wenigstens die feierliche und öffentliche, unterblieben sein; thatsächlich erfolgte sie erst am 29. Juni 1780 durch den General-Official Carl v. Zehmen, wohl auf Geheiss des Königs und nachdem die für die west-

114) S. Gerlach, braunsb. Gymn. Programm 1837 S. 4.
115) Vgl. sein Schreiben an den Weihbischof v. Strachwitz vom 3. Jan. 1776.
116) Vgl. Theiner a. a. O. II, 503.

preussischen Jesuiten erbetenen Vergünstigungen von Rom aus gewährt worden waren [117].

So schien denn alles aufs Beste geordnet; die Jesuiten fuhren in ihrer gewohnten Wirksamkeit fort, nur nicht mehr als Mitglieder eines Ordens, sondern als Weltpriester unter der Jurisdiktion des Bischofs von Ermland. Sieht man jedoch näher zu, so war mit der Aufhebung der Societät auch die Existenz der Exjesuiten in Braunsberg und ihre Wirksamkeit untergraben; es konnte nur mehr eine Frage der Zeit sein, wann die ganze Anstalt ihr Ende erreichen würde. Sie war losgetrennt von Wilna, von wo sie bisher ihre Lehrkräfte bezogen hatte. Wer sollte ihre Lehrthätigkeit fortsetzen, wenn die noch in der alten Schule gebildeten Jesuiten mit Tod abgingen? Sich einen wissenschaftlich tüchtigen Nachwuchs heranzubilden, dazu war die Anstalt in ihrer damaligen Verfassung nicht mehr auf die Dauer im Stande. Sie war ein schwacher Zweig, abgelöst von dem kräftigen Baume in Wilna; so konnte sie wohl noch kurze Zeit eine kümmerliche Existenz fristen, musste aber allmälig absterben. Dazu kam noch ein anderer nicht unwichtiger Umstand. Seitdem der Orden als Corporation zu existiren aufgehört hatte, und es nur mehr alleinstehende Exjesuiten gab, hielt sich der Staat für berechtigt, die Verwaltung ihrer Güter zu übernehmen, ohne dieselbe jedoch ihrer stiftungsmässigen Bestimmung entziehen zu wollen. In den Augen Friedrichs hatten sie aber keine andere Bestimmung, als zur Unterhaltung der Jesuitenschulen zu dienen. Was in Schlesien schon seit 1776 geschehen war, das geschah nun auch in Ost- und Westpreussen: sämmtliche Jesuitencollegien wurden in Gymnasien umgestaltet und zu einem sog. königl. Schulen-Institut vereinigt. Die beiden Gymnasien von Alt-Schottland und Braunsberg erhielten den Namen „academische Gymnasien“, weil sie nicht blos wie die zu Rössel, Conitz, Bromberg für die Universität vorbereiten, sondern auch die academischen Fächer der Philosophie und Theologie im Interesse der Aspiranten für den geistlichen Stand lehren sollten. So war denn diese neue Anstalt zu Braunsberg in jedem Betracht eine Fortsetzung der niedern und höhern Studien an dem Jesuitencollegium. Das gesammte Schulen-Institut stand unter einem Direktor, welcher an einem der academischen Gymnasien wohnen sollte, und unter Oberaufsicht des Coadjutors von Culm, des Grafen Carl v. Hohenzollern. Auch die sämmtlichen Güter wurden in einen gemeinschaftlichen Schulfonds zusammengeworfen und von der westpreussischen Regierung zu Marienwerder verwaltet. Zu diesem Zwecke wurden die einzelnen Collegien um den Reinertrag ihrer Besitzungen befragt, damit darnach die zu zahlende Competenz bestimmt werden könne. Wahrscheinlich gaben auch die Jesuiten in Braunsberg gleich denen in Schlesien, in der Meinung, dass es sich um gänzliche Einziehung handele, den Ertrag sehr geringe an, und erhielten nun auch eine sehr geringe

[117]) Da die Braunsberger Archive gerade für diese Zeit sehr lückenhaft sind, so haben wir hierüber nichts Bestimmteres zu ermitteln vermocht.

Competenz vom Staate, die wenigstens mit dem Werthe und Ertrage ihrer Güter nicht in dem richtigen Verhältnisse steht. Die Summe von 1109 Thlr. 49 Gr. 10 Pf. konnte für die Unterhaltung von fünf Lehrern und dem Direktor offenbar nicht ausreichen, und so war denn auch die materielle Existenz der Anstalt thatsächlich mehr als gefährdet.

Bis zum Jahre 1780 hatten die Lehrer der Philosophie und Theologie nach dem alten Studienplane und in der alten Weise weiter gelehrt. Allein bald überzeugte man sich, dass eine Reform in dieser Beziehung dringend geboten sei. Um eine solche herbeizuführen, trat die westpreussische Regierung in Berathung mit dem Coadjutor von Culm. Dieser entwarf ein Schul-Reglement, welches auch durch Kabinets-Ordre vom 5. März 1781 die königliche Bestätigung erhielt. Es war ihm das Schul-Reglement für die Universität Breslau und die Gymnasien in Schlesien sowie in der Grafschaft Glatz, das der Exjesuit Zephlichal im Auftrage des Königs entworfen hatte (datirt vom 11. Dec. 1774), zu Grunde gelegt. Weil aber die Mittel hier nicht so bedeutend waren wie dort, musste es in vielen Punkten vereinfacht werden. Darnach sollte in der philosophischen Klasse in drei Jahren gelehrt werden: 1) Dialektik oder Logik, 2) Metaphysik mit allen ihren Theilen, 3) Natur- und Völkerrecht, 4) Moral, 5) Mathematik, dazu neben deutschem und lateinischem Style noch Aesthetik und Statistik; in der theologischen Klasse bei einem vierjährigen Cursus alle Theile der eigentlichen Theologie, das canonische Recht und Homiletik. In beiden Klassen wurde nur zwei Stunden täglich unterrichtet, Dienstag und Donnerstag blieben gänzlich frei für Disputationen. Bezüglich der Methode sollte das schlesische Reglement maassgebend sein.

Man sieht, die Aufgabe, welche den Lehrern der Philosophie und Theologie gestellt wurde, war keine leichte; wie sie bei den geringen Kräften (zwei Lehrer für Theologie und zwei für Philosophie) auch bei dem besten Wissen und Können gelöst werden konnte, lässt sich leicht ermessen. Bald forderte die westpreussische Regierung (1783), wie über die ermländischen Schulen überhaupt, so auch über den Stand des academischen Gymnasiums einen Bericht ein. Er lautete bezüglich der obern Klassen dahin, dass in zwei Stunden täglich, mit Ausnahme von Dienstag und Donnerstag, welche für Disputationen bestimmt waren, die Theologie nach Mondtschein's, die Philosophie nach Horwarth's Lehrbuch vorgetragen wurde, jene von zwei, diese von einem Professor, welcher letztere für seine Herkulesarbeit ein Gehalt von 130 Thlr. bezog. Es schien in der That, als sei mit der Aufhebung des Ordens auch der alte strebsame und strenge Geist aus der Anstalt gewichen. Sie war nicht mehr lebensfähig und im Stande, die nun noch gesteigerten Ansprüche auch nur annähernd zu befriedigen. Die Disciplin war unter den Studirenden keineswegs lobenswerth. Schon im J. 1784, also kurze Zeit nach Auflösung des Ordens, sieht sich der Protektor des Schulen-Instituts genöthigt, über die Aufsässigkeit (cervicositas et seditio) der Theologen gegen ihre Professoren bittere Klage zu führen. Auch im päpstlichen Alumnate herrschte unter der Leitung des alten, schwachen Laski nicht die beste Disciplin. Darum nahm Carl v. Hohenzollern wiederholentlich Veranlassung, bei dem päpstlichen Stuhle die Stellung des Alumnats unter die Direktion des Schulen-Instituts durchzusetzen. Er habe, schreibt er unterm 8. April 1789 im Hinblicke auf jene Zeit, schon seit Jahren dem hl. Stuhle die Schwäche der Obern vorgestellt, welche so grosse Unordnung in einer Anstalt verursacht habe, die einst ein Vorbild für alle kirchlichen Seminare gewesen. Man willfahrte ihm nicht, gab aber Laski in der Person des Domherrn Maximus Lowicki einen Assistenten und gleichsam Vicerektor bei. Am 29. Juli 1789 berichtete allerdings der Nuntius von Warschau an die Propaganda, er hoffe von der Wirksamkeit Lowicki's recht viel Gutes; auch arbeitete er unter Zugrundelegung der alten Statuten einen neuen Erziehungsplan aus. Allein er täuschte sich. Dem alten Laski missfiel es sehr, dass man ihm in Lowicki eine Art von inspicirendem Coadjutor beigegeben, und weigerte sich nunmehr, unter solchen Umständen fernerhin seine pastoraltheologischen Vorlesungen (Moral, Liturgik) fortzusetzen. Schon am 30. Jan. 1790 musste der päpstl. Nuntius in seinem Schreiben an die Congregation das Geständniss ablegen, man sehe trotz aller Bemühungen Lowicki's noch keine Ordnung; die Disciplin sei sehr gesunken, überhaupt sei keine Hoffnung, so lange Laski lebe, das Seminar in bessere Verfassung zu bringen"[118]). Wie bei so mangelhafter Disciplin im Seminare und unter den Studirenden überhaupt, ferner bei der Höhe der Anforderungen und der Unzulänglichkeit der Lehrkräfte die theologischen und philosophischen Disciplinen gelernt und gelehrt werden konnten[119]), das lässt sich leicht abnehmen. Ermland ging einer traurigen Zukunft entgegen. Was sollte aus seinem religiösen Glauben und Leben werden, wenn die immer mehr um sich greifenden freigeisterischen Bestrebungen der Zeit, die in dem hohen Klerus Polens und selbst unter vielen Ordensleuten schon manche Anhänger zählten, auch in Ermland Eingang und Verbreitung fanden? Als in der Zeit des ersten Schwedenkrieges die Jesuiten Braunsberg auf ein Jahrzehnt verlassen mussten, da war, wie die Jubelschrift von 1665 sagt, die Stadt ihrer Lehrer beraubt (Brunsberga destituta suis doctoribus), hatte aber gleichwohl damals bei der Abwesenheit der Väter in religiöser Hinsicht keinen Schaden genommen; jetzt, da die Jesuiten ohne Hoffnung auf Wiederkehr abgetreten waren, oder doch wie Zweige, die man von ihrem Stamme ablöst, allmälig abstarben, konnte man mit noch mehr Recht klagen, Ermland sei ohne Lehrer. Es theilte hierin übrigens das Schicksal anderer Länder, in denen es ebenfalls nach Ausweisung der Jesuiten unter dem Weltklerus soviel wie gar keine gelehrte Männer und Theologen gab, welche das Werk der Väter fortzusetzen im Stande gewesen wären.

---

118) Hierüber handelt ein als Manuscript vorhandener Bericht, welcher betitelt ist: Percorsa dell' Eminentissimo Signore Cardinale Garampi intorno al Collegio Braunsbergense.

119) In den Jahren 1787 u. 88 begegnet uns Sachki als Professor der Theologie. Direktor des Schulen-Instituts war seit 1786, da Laski abtrat, Raffalski, der in Alt-Schottland wohnte.

Das 18. Jahrh. ging zu Ende, das 19. begann seinen Lauf, und noch immer stand es traurig um die höhern wie niedern Studien in Braunsberg. Viele jungen Männer Ermlands, die sich dem geistlichen Stande widmen wollten und ein Bedürfniss nach höherer philosophisch-theologischen Ausbildung empfanden, als wie sie in Braunsberg geboten wurde, wallfahrteten wie einst in den Zeiten vor Hosius zu den Schulen des Auslandes, namentlich Polen's, unter ihnen auch der jüngst verstorbene Bischof Ermlands, Jos. Ambros. Geritz. Doch er fand nicht, was er gehofft hatte, und kehrte schon nach Jahresfrist (1803) unbefriedigt wieder heim.

Seit 1799 (—1808) ist Kampfshach Rektor des academischen Gymnasiums und zugleich Professor der Theologie und des canonischen Rechts, ein Mann, der, wie ihm später Nicolovius bezeugte, zwar weder ausgezeichnete Talente, noch grosse Energie des Charakters besass, aber gleichwohl nach Maassgabe seiner Talente und Einsichten das Seinige leistete. Neben ihm wirkte am Anfange des Jahrhunderts der aus seiner Heimaths-Diöcese Arras vertriebene Abbé Joseph Lefebvre de Palme, ausgezeichnet durch feine Bildung, tiefe Frömmigkeit und gründliches Wissen. Die Anstalt erfreute sich nur wenige Jahre seiner Thätigkeit, da er sehr bald (1804) ein Canonicat an der Kathedrale zu Frauenburg erhielt. Die Philosophie lehrte um diese Zeit Wölki; er war schon im Jahre 1799, da der selige Geritz sein Schüler war, als Lehrer thätig.

Augenscheinlich entsprach das academische Gymnasium in Braunsberg nicht den Anforderungen, die man in jener Zeit, vielleicht etwas unbillig, an ähnliche Anstalten stellte. Namentlich zeigte sich auch sehr bald, wie sein Verhältniss zu dem westpreussischen Schulen-Institute und dessen Direktor und Protektor nicht förderlich, sondern eher lähmend einwirkte.

Bei der Revision, welche der Staatsminister v. Massow in Begleitung des Consistorialrathes Zöllner im Jahre 1802 vornahm, überzeugte man sich, dass eine Reform überaus nothwendig sei, glaubte aber eine solche mit der Trennung der ermländischen Schulen von ihrem bisherigen Verbande beginnen zu müssen. Deshalb beantragte Zöllner unterm 21. August 1802, es sollten die ermländischen Gymnasien unter die ostpreussische Regierung gestellt werden, was denn auch durch königliche Verordnung vom 17. Septbr. 1803 wirklich geschah. Nur die Fonds wurden mit den westpreussischen wie bisher in Marienwerder verwaltet. „Seitdem", schreibt Nicolovius in einem bald zu erwähnenden Berichte von 1808, „hat das geistliche Departement mancherlei Ideen zu einer Reform zuerst dem Etatsministerium, dann dem im Jahre 1804 an dessen Stelle getretenen Consistorio zur Prüfung und gutachtlichen Berichterstattung vorgelegt: ob nicht das braunsbergische Gymnasium zu einer Schulanstalt für alle Confessionen eingerichtet, das rösselsche Gymnasium aufgehoben werden könnte u. s. w. Theils hat Mangel an genauer Bekanntschaft mit diesen Lehranstalten, theils der Krieg, theils auch wohl das Vorgefühl, dass auf diesem Wege keine radicale Hülfe zu erwarten sei, den Fortgang der Sache verhindert, die noch jetzt ganz und gar in der alten Lage sich befindet". Zur

Ergänzung dieser Nachrichten erwähnen wir ferner, dass in jener Zeit Generalmajor v. Diericke bei der ostpreussischen Domainenkammer beantragt hatte, es solle in Braunsberg eine combinirte katholische und protestantische Militairschule gegründet werden. Dem widersetzte sich aber der Fürstbischof ganz entschieden. Die bischöfliche Behörde zu Frauenburg sah mit Bangen auf die Entwicklung oder vielmehr den sich immer mehr vorbereitenden Verfall jener Anstalt, die einst die Pflanzschule eines ausreichend gebildeten Klerus gewesen war. Man empfand auch hier, dass die Abhängigkeit derselben von dem Direktor des Schulen-Instituts ihrem Aufblühen nur hinderlich sei. Matthy, nach dem Tode Carls v. Hohenzollern Administrator der Diöcese, verlangte deshalb (1804), nachdem er sich des Weitern über den traurigen Zustand der Schule verbreitet und namentlich auch den Mangel geeigneter Lehrer hervorgehoben, es solle die Leitung und Beaufsichtigung der ermländischen Gymnasien dem Bischofe und dem Domkapitel übergeben werden. Vielleicht hoffte man so durch kräftiges Einschreiten und strenge Beaufsichtigung in der Nähe helfen zu können. Matthy sorgte auch dafür, dass die durch den Abgang Lefebvre's (1804) erledigte Stelle durch einen andern Lehrer der Theologie wieder besetzt wurde. Er berief von Warschau den Augustiner Orgass und verlangte, weil Kampfsnach, der ohnehin neben dem Rektorat eine theologische Lehrstelle inne habe, allein nicht genügen könne, dessen Anstellung, die denn auch unterm 26. Sept. 1804 ad interim erfolgte.

Mit dem Jahre 1804 übernahm Malewski, früher Propst in Graudenz, die Oberleitung des Schulen-Instituts, wozu er sich als designirter Direktor durch Studien in Berlin vorbereitet hatte. Auf den schon erwähnten Matthy'schen Bericht hin wurde er sofort mit einer Revision der braunsberger Schulen beauftragt. Ueberzeugt, dass hier wie auch an den übrigen Anstalten eine Reform dringendes Bedürfniss sei, versuchte es Malewski durch Entwerfung eines neuen Studienplanes. Dieser wurde im Februar 1804 eingereicht und noch in demselben Jahre (1. Decbr.) bestätigt. Darnach sollten die academischen Gymnasien Braunsberg und Alt-Schottland je fünf Klassen enthalten, eine Elementarklasse, eine grammatische, eine philologische, eine philosophische und eine theologische. In der philosophischen sollte gelehrt werden: die ganze Philosophie, Natur- und Völkerrecht, Moralphilosophie, Encyklopädie aller Wissenschaften, Experimentalphysik, höhere Mathematik, Staatengeschichte und Statistik, Oekonomie und Technologie, griechische Sprache, griechische und römische Geschichte und Literatur, und das alles in vier Stunden täglich (8—11 und 2—4), wobei Dienstag und Donnerstag noch ganz ausfielen, um für Disputationen verwendet zu werden. In der theologischen Klasse sollte der Unterricht in der griechischen Sprache noch fortgesetzt, ferner neben sämmtlichen theologischen Disciplinen auch noch das Hebräische ebenfalls in vier Stunden täglich mit Ausschluss von Dienstag und Donnerstag gelehrt werden.

Malewski's Lehrplan unterscheidet sich, wie man sieht, nicht wesentlich von dem aus dem Jahre 1781, nur dass er noch mehr den damals herrschenden Anschauungen Rechnung trug [illegible]). Im Anschlusse hieran entwarf von Kampfsbach (1805) einen Lectionsplan für Braunsberg, nach welchem in zwei Stunden täglich mit Ausnahme des Dienstags und Donnerstags in der philosophischen Klasse ausser der eigentlichen Philosophie Mathematik, Natur- und Völkerrecht; in der theologischen Klasse bei vier Stunden täglich ebenfalls mit Ausschluss von Dienstag und Donnerstag Dogmatik, Kirchengeschichte, canonisches Recht, Moraltheologie und Casuistik vorgetragen werden sollte. Eine Stunde des Nachmittags (3—4 Uhr) war für liturgische Uebungen im Seminare bestimmt. Die Philosophen haben in jedem Quartal drei, die Theologen sechs Examina zu bestehen.

Die Zahl der Studirenden betrug damals 34, darunter 18 Philosophen und 16 Theologen. Im folgenden Jahre stieg die Zahl der Theologen auf 20, die der Philosophen auf 19. Immer wirkten nur noch drei Lehrer in den höhern Klassen, Kampfsbach als erster, Organ (seit dem 20. Nov. 1805 definitiv angestellt) als zweiter Professor der Theologie, Woelky als Lehrer der philosophischen Disciplinen.

Unter den Unfällen des Krieges von 1806 und 1807 litt mit der Stadt auch die Lehranstalt sehr schwer. Die Schulgebäude waren durch die Franzosen so verwüstet und unbrauchbar geworden, dass noch im Jahre 1808 die Vorlesungen in den Privatwohnungen der Lehrer gehalten werden mussten. Der Friede zu Tilsit brachte dem Lande allerdings einstweilen Ruhe, aber Preussen verlor darin die Hälfte seines Gebietes mit 5 Millionen Menschen. Es war gewiss ein überaus glücklicher Gedanke, dass es nun, was es an materieller Macht verloren hatte, auf dem Gebiete des Geistes wieder einzuholen beschloss. Damals machte sich in den massgebenden Kreisen die Ueberzeugung geltend, dass der Anfang zur Wiedergeburt Preussens mit grossartigen geistigen Schöpfungen gemacht werden müsse. Die Stiftung der Universität Berlin und die neue Organisation der breslauer Hochschule legten Zeugniss ab von den Intentionen der preussischen Regierung. In diesem Bemühen um geistige Hebung des Volkes richtete man auch wieder das Augenmerk auf Braunsberg, dessen Schule nach dem Kriege vollends darniederzuliegen schien. Noch im Jahre 1808 betrug die Schülerzahl des ganzen academischen Gymnasiums nicht mehr als 55.

Die ermländischen Schulen standen damals schon, wie oben gesagt, unter der Oberaufsicht der ostpreussischen Regierung und speciell unter der des Consistorialraths Nicolovius, eines Mannes, der mit scharfem Blicke die Bedürfnisse der Zeit und die Mängel des bestehenden Unterrichtswesens durchschaute. Dieser erhielt den Auftrag, sich mit dem Zustande der ermländischen Lehranstalten näher vertraut zu machen, damit man so die Grundlage für eine Reform derselben gewinnen könne. Zu diesem Zwecke hielt er vor allem an dem braunsberger academischen Gymnasium eine

---

[illegible]) Vgl. Lilienthal, im Programm des rösseler Gymnasiums 1847 S. 31.

strenge Revision ab. Als Resultat seiner Commission reichte er unterm 6. Mai 1808 dem Regierungs-Collegium ein die Lage und Verfassung der beiden Gymnasien in Ermland betreffendes Promemoria ein, in welchem er die Mängel der Anstalten, die Ursachen ihres Verfalles und einige Mittel, durch welche zu allererst geholfen werden müsste, klar vorlegte. Neben dem Mangel ausreichender Fonds sieht er namentlich in der noch immer bestehenden ursprünglichen Verfassung, zufolge deren die Lehrer eine vielfach sehr missliche Doppelstellung, zu der bischöflichen Behörde nämlich und zu dem ausserhalb der Diöcese in Alt-Schottland wohnenden Schulen-Instituts-Direktor, einnahmen, ein Haupthinderniss des Aufblühens der Gymnasien. Was die Verfassung anbetrifft, so wünscht er, dass die Gymnasien Ermlands den ostpreussischen Behörden unbedingt unterworfen würden, und wenigstens auf das Gymnasium in Braunsberg, das doch immer zum Theil eine Bildungsanstalt für künftige Geistliche bleiben müsste, dem Bischofe oder einem dazu qualificirten Domherrn einiger Einfluss eingeräumt werden sollte. Am Schlusse seiner Ausführung erklärt der Consistorialrath, dass seines Erachtens vor Erledigung der beiden beregten Punkte, Verbesserung der Fonds und Aenderung der Verfassung, jeder Plan zu einer Reform zu frühe kommen würde, weshalb er auch seine Ideen hierüber vorläufig zurückhalte.

Während so die königliche Regierung bemüht war, an Stelle der allmälig hinsterbenden alten Anstalt eine neue, den gesteigerten Forderungen der Zeit mehr entsprechende, ins Leben zu rufen, führte jene ihr Dasein kümmerlich fort, und in und mit ihr auch die beiden höhern Klassen. Hier lehrten noch immer die oben genannten drei Professoren. Im Jahre 1808 bewarb sich Kampfsbach, seit 23 Jahren im Lehrfache thätig, um die Pfarrstelle in Elbing, erhielt dieselbe aber nicht, sondern dafür unterm 22. April die Pfarrei Gr. Köllen. Er scheint aber erst gegen Ende des Jahres 1809 davon dauernden Besitz genommen zu haben; denn erst im August 1809 folgt ihm Orgass als Rektor, und noch im Sept. d. J. finden wir ihn in Braunsberg. Kampfsbach schlug für die durch seinen Abgang vacant gewordene Professur den Regens Wobbe vor (12. Oct. 1809), weil Orgass allein der ganzen Arbeit nicht gewachsen sei. Man scheint indessen darauf nicht eingegangen zu sein; 1811 berichtet Orgass an das Departement des öffentlichen Unterrichts, dass er den 1810 aus Münster berufenen Dr. Joh. Bernh. Farwick auch in den obern Klassen Unterricht ertheilen lasse.

Im Jahre 1811 erfolgte die Umgestaltung des academischen Gymnasiums; es ging daraus unser heutiges Gymnasium hervor, wobei auf den philosophischen und theologischen Unterricht gar keine Rücksicht genommen war. Und doch musste die Frage nahe liegen, wo denn nun der heranwachsende Klerus Ermlands studiren sollte. Allerdings waren schon in der letzten Zeit viele, denen der mangelhafte theologische Unterricht in Braunsberg nicht genügte, Studien halber nach Polen, besonders nach Warschau, einige auch nach Culm gegangen [illegible]). Allein das konnte bei dem damaligen Stande der Dinge in Polen weder dem Bischofe, noch der Staatsregierung, welche noch immer seit Friedrich II. den Besuch auswärtiger Hochschulen ungern sah, erwünscht sein. Man nahm deshalb schon damals Breslau für die Candidaten der Theologie in Aussicht, was unter Andern aus einem Schreiben der königlichen Regierung an den Präfekten Dost in Rössel (12. Oct. 1810) hervorgeht, worin dieser aufgefordert wird, ein Verzeichniss derjenigen katholischen Gymnasiasten einzureichen, welche reif wären, die Universität Breslau zu besuchen. Dost gab zur Antwort, dass alle diese bereits im August d. J. theils nach Warschau, theils nach Braunsberg zum Studium der Philosophie und Theologie abgegangen seien [illegible]). Der Fürstbischof Joseph v. Hohenzollern suchte die Professoren der Theologie und Philosophie so lange wie möglich in Braunsberg zu halten, jedenfalls in der Hoffnung, dass sich aus diesen Trümmern der einst blühenden höhern Studien seiner Zeit eine neue und lebensfähigere Anstalt erheben werde.

Noch im Jahre 1811 versuchte er es bei der königlichen Regierung durchzusetzen, dass Orgass und Woelky an dem Gymnasium verbleiben dürften, damit so wenigstens einigermassen für die Ausbildung des jungen Klerus gesorgt sei. Es wurde ihm nicht gewillfahrt; im Gegentheil erfolgte bald darauf die Pensionirung der beiden noch übrigen Professoren,

---

[illegible]) Unter denen, die in der Zeit des tiefen Verfalles des höhern ermländischen Unterrichtswesens auswärts studirt haben, nennen wir folgende: Stanislaus v. Hatten, geb. 1763, studirte, nachdem er die Schule der Jesuiten in Braunsberg besucht, zwei Jahre Philosophie und Theologie im Seminare der Congregation der Missionäre in Warschau (etwa 1779 u. 1780), trat dann in das Diöcesan-Seminar zu Braunsberg ein, und empfing am 1. Jan. 1781 die niedern Weihen, worauf er 1783 zur weitern Ausbildung nach Rom ging. Dort blieb er bis 1786 im Collegium Germanicum und erwarb sich auch die theolog. Doktorwürde. Vgl. Eichhorn, erml. Zeitschr. III, 161. — Ignaz v. Matthy, geb. den 5. April 1765 zu [illegible] im [illegible] Districte, besuchte seit 1778 die Jesuitenschule zu Braunsberg, ging dann 1783 als Alumnus des deutschen Collegiums nach Rom, studirte drei Jahre Philosophie und Theologie und wurde nach vorausgegangener Vertheidigung einiger Thesen de lege naturae, worüber er auch 1787 eine Dissertation drucken liess, mit dem Doktorat beider Facultäten gekrönt. Vgl. Eichhorn, a. a. O. 340. — Später studirten in Warschau: Roman Bordiba, † in Heilsberg 1856; Fr. Kowalt, † 1841 als Pfarrer von Tolksdorf; die drei Brüder Langhanki, von denen Valentin in Kochendorf 1853, Joseph 1832 in Braunswalde, Casimir 1847 als Propst in Bischofstein starb; Kellmann, † 1836 als Pfarrer in [illegible]; Borkowski, † 1855 als Propst von Bischofsburg; Herholz, Domherr in Frauenburg; Jacob Beckmann, † 1853 als emeritirter Pfarrer in Allenstein; Fr. Thiedig, geb. 1793, erhielt seine erste wissenschaftliche Ausbildung in Rössel und setzte sie fort in Warschau, wo er nach gründlicher Erlernung der polnischen Sprache die Universität bezog; den praktisch theologischen Cursus machte er im Seminar zu Pelplin durch und erhielt 1818 die Priesterweihe. Er starb 1861 als Domherr in Frauenburg. (S. ermländ. Kreisbl. Jahrg. 1861, 29. Juni.) In Culm, wo laut einem Directorium von 1808 damals noch vier Professoren der Theologie aus dem Hause der Missionäre (Cajetan Leszczyński, Director Sem. Prof. theol. special. et rubr.; Andr. Pastlos, Prof. hist. eccles. et cantus; Jac. Faczyszewski, Prof. theol. dogm. script. et eloquent. sacr.; Greg. Bieńkowski, Prof. theol. moral., administr. sacram., rituum et catechism.) lehrten, studirte Ant. Thiel, welcher 1861 als Domherr in Frauenburg starb.

[illegible]) Rösseler Programm 1847 S. 14.

und es wurde ihnen aufgegeben, die bisher innegehabten Dienstwohnungen zu räumen. Orgass sollte den Gymnasial-Gottesdienst unterstützen und, wenn möglich, eine Wohnung im Seminare erhalten, Wölky aber nach der hl. Linde gehen, wo er nebst einer kleinen Geldunterstützung freie Wohnung und Kost haben sollte. Gleichwohl versuchten sie noch einmal, ihre Vorlesungen zu eröffnen; allein die Regierung trat dazwischen und veranlasste den Fürstbischof, für ihre Entfernung Sorge zu tragen. Woelky starb am 30. April 1814 in der hl. Linde, Orgass in Braunsberg 1822.

So sah Ermland das philosophisch-theologische Studium zu Grabe gehen, und es stand nun mit seiner Bildungsanstalt für den Klerus ungefähr da, wo es vor etwa 260 Jahren mit Hosius begonnen hatte. Was der Staat seit 1773 gethan hatte, um Ermland die alte Jesuitenanstalt zu ersetzen, bewährte sich nicht; etwas Besseres und Lebensfähigeres zu schaffen, dazu war es bei dem Widerstreite der Ansichten über das Wo und Wie unter den maassgebenden Persönlichkeiten noch nicht gekommen. Da sah sich denn die Kirche wiederum ganz auf die eignen Kräfte und Mittel angewiesen, und sie that, was sie unter jenen Verhältnissen thun konnte. Mehre Jahre hindurch war es nun der Regens Wobbe allein, dem die schwierige Aufgabe anfiel, die Aspiranten des geistlichen Standes theoretisch und praktisch für ihren künftigen Beruf auszubilden.

IV.

Geschichte des königlichen Lycei Hosiani.

1.

Die Zeit der Anfänge.

Die elegischen Worte, die einst Clagius vernehmen liess, als in Folge des ersten schwedischen Krieges die Wissenschaften vollständig darnieder lagen und kein Ringplatz für die Jugend war, worin sie sich ausbilden konnte für Kirche und Staat (s. o. S. 61. N. 69), lassen sich anwenden auf den Zustand des geistigen Lebens Ermlands im Anfange dieses Jahrhunderts. Wie mit der Kirchentrennung die frühere Geisteskultur Preussens zum Stillstande kam, bis sie sich neue Bahnen brach, die getrennt hierhin und dorthin auseinander gingen, so schloss die mit der grossen politischen Revolution Frankreichs beginnende und in ihren Folgen sich überall fühlbar machende neue Zeit die vorhergehende Periode in scharfen Gegensätzen ab. Wie Preussen und speciell auch Ermland schon vor der Kirchentrennung gerungen, um in einer einheimischen Hochschule auch für die preussischen Lande einen Mittelpunkt für das höhere geistige Leben zu gewinnen, aber dies schöne Streben an der Ungunst der Verhältnisse gescheitert war; wie dann dieser Plan, auf ein näheres Ziel beschränkt, durch speciellere Interessen umgrenzt wurde, und endlich durch unsern grossen Hosius verwirklicht dastand, so war auch, nachdem das von Hosius Gegründete vergangen, der

Anfang des jetzigen Jahrhunderts eine Zeit des mühsamen Ringens edler Männer, um für das katholische Ermland das zu erkämpfen, was es Jahrhunderte besessen hatte, eine höhere Lehranstalt, zunächst, wie bei den Anfängen der Hosianischen Stiftung, um einen tüchtigen Klerus heranzubilden. Diese Männer, welche unter den schwierigsten Umständen durch kein Hinderniss und Widerstreben von Seiten der Verhältnisse und einzelner Persönlichkeiten zurückgeschreckt, in ihren Bemühungen und Opfern nicht ruhten, bis sie endlich das erreicht hatten, was Noth that, verdienen unsere Anerkennung und Verehrung. Was Hosius vor drei Jahrhunderten in dieser Hinsicht für Ermland geleistet, das war im Anfange dieses Jahrhunderts die Aufgabe des Fürstbischofs Joseph, Prinz von Hohenzollern (1808 bis 1836), in dessen für alles Gute und Edle erglühten Seele unter andern hervorragenden trefflichen Eigenschaften eine Begeisterung und Opferwilligkeit für Hebung des Schulwesens lebte, die sein ganzes Leben erfüllte und schliesslich zu dem ersehnten Ziele führte. In Joseph von Hohenzollern verehrt unser Lyceum gewissermaassen seinen Stifter. Seine hohe Geburt und Stellung, sein grosses Ansehen bei der Regierung mussten seiner Begeisterung für das Unterrichtswesen zu Hülfe kommen, um ihn in seinem mühsamen Ringen nicht ermüden zu lassen. Dann kam das Glück, dass Männer in seiner nächsten Nähe, wenn auch in minder einflussreicher Stellung, ihm mit gleicher Liebe für die gute Sache zur Seite standen; dass andere aus den Kreisen der Regierung in gleicher Weise von der Nothwendigkeit einer höhern Unterrichtsanstalt für Ermland überzeugt waren; dass der hochherzige König Friedrich Wilhelm III. sich dieser Ueberzeugung nicht verschloss. So trat denn vor 50 Jahren unsere Anstalt ins Leben, die bei ihrer Jubelfeier mit dankbarer Erinnerung den Namen des königlichen Stifters preist; die neben ihm den geistlichen Sprossen des Hohenzoller'schen Stammes, den Prinzen Joseph, als die Seele jener unablässigen Bemühungen und Anstrengungen mit Achtung nennt, ohne welche niemals das Ziel erreicht wäre; die die Verdienste jener Männer, die von dem edelsten Eifer beseelt, durch den Bischof gehoben, getröstet und unterstützt, selbst unter Opfern und Entbehrungen nicht entmuthigt wurden, Männer, wie Oestreich, Nicolovius, Schmedding und Schmülling, mit tiefstem Dankgefühle verehrt. Diese Männer, wie viele andere gleichgesinnte von der Nothwendigkeit der Hebung der überall darnieder liegenden Volksbildung und des Schulwesens durchdrungen, und bereit, diesem Zwecke ganz sich zuzuwenden, verknüpfte schon vorher mehr oder weniger noch ein engeres geistiges Band, dessen letzte Fäden in den Kreis jener geistreichen Menschen reichten, welcher unter dem Minister von Fürstenberg und um ihn in Münster seinen Mittelpunkt hatte. Dieser Kreis repräsentirt eine neue Zeit, die mit altverrotteten Zuständen brach, und in echtem von positivem christlichen Glauben durchdrungenen Humanismus wahrer Aufklärung huldigte.

Von den vielfachen grossen Verdiensten des ausgezeichneten fürstbischöflichen münsterschen Ministers Friedrich Wilhelm Franz Freiherr von Fürstenberg (geb. 7. Aug. 1729, von 1763 bis 1780 unter Max

Friedrich Kurfürsten von Cöln und Fürstbischof von Münster als Minister an der Spitze aller Angelegenheiten des Landes) berühren wir nur diejenigen, die sich auf die oben angedeuteten Bestrebungen für das geistige Wohl des Volkes beziehen. Unter allen katholischen Staaten Deutschlands gab er im Hochstifte Münster das erste Beispiel verbesserter Schulen. Seit 1780, da der Erzbischof von Cöln Max Franz die Coadjutorie antrat, nicht mehr Minister (die Stelle eines dirigirenden Ministers wurde nach Fürstenberg's Abgange überhaupt nicht wieder besetzt), sondern nur noch General-Vikar, wandte er seine ganze Aufmerksamkeit dem Schulwesen, dem Volksunterrichte, dem Gymnasium, der Universität, dem Priesterseminare zu. Er starb am 16. Sept. 1810. Mit den Bestrebungen in Münster während jener Periode verdient die Thätigkeit unseres Hohenzollern in seinem Kreise zusammengestellt zu werden.

Zu den Erfolgen aus Fürstenberg's Verwaltung gehört die Gründung der **Universität Münster** 1773, gleich nach Aufhebung des dortigen Jesuitenkollegs, dessen Stelle dieselbe im reichlichsten Maasse ersetzte. Aus der Zahl der namhaften Gelehrten dieser Universität, welche bis 1818 als solche bestand, nennen wir aus dem Ende des vorigen und dem Anfange dieses Jahrhunderts den Prof. Joh. Hyac. **Kistemaker** (geb. 1754, † 1834), seit 1786 auf dem Lehrstuhle der Philosophie und seit 1795 Exeget; den Prof. Theod. **Katerkamp** (geb. 1764, † 1834), seit 1809 im Lehramte der Kirchengeschichte und Moraltheologie; Georg **Hermes**, Prof. der Theologie in Münster von 1807 bis 1820. **Unmittelbare Schüler** dieser Männer waren die **ersten Professoren der Theologie in Braunsberg, Achterfeldt, Busse und Neuhaus**, Angehörige der Diöcese Münster und nach Vollendung ihrer Studien ebendaselbst zu Priestern geweiht.

Schmedding und **Schmülling**, um zunächst bei den Männern stehen zu bleiben, die um die Gründung des Lyceums selbst das grösste Verdienst haben, fussten in Fürstenberg's Schule; **Nicolovius** stand dem münsterschen Kreise nahe. Sie verdienen, wie auch **Oestreich**, schon in der Entstehungsgeschichte des Lyceums einen Platz neben Joseph von Hohenzollern.

Joseph Wilhelm von Hohenzollern-Hechingen [illegible]) wurde geboren den 20. März 1776 zu Troppau, wo sein Vater mit seinem Cavallerie-Regimente stand. Der Knabe erhielt seinen ersten Unterricht in Wien, dann in Stuttgart. Beide Städte, damals Sitze der Aufklärung unter Kaiser Joseph II. und unter Carl Eugen von Würtemberg, mögen auf die Ent-

[illegible]) Von den Söhnen Hermann Friedrichs (geb. 1665, † 1733, kaiserl. Generalfeldmarschall), des Bruders des regierenden Fürsten von Hohenzollern-Hechingen, wurde Joseph Wilhelm (geb. 1717) regierender Fürst, Franz Xaver (geb. 1719) Stammvater der folgenden Regenten, **Friedrich Anton** (geb. 1726), Generalfeldmarschall-Lieutenant, Inhaber eines Kürassierregiments, vermählt mit Ernest. Jos. von Rubeck (gest. 26. Febr. 1812) der Vater unseres Fürstbischofs, endlich **Joh. Carl** (geb. 25. Juli 1732, † 1803) Bischof von Ermland, der Vorgänger seines Neffen.

wickelung des begabten Knaben nicht ohne Einfluss geblieben sein, an welchem als Mann sich der wahre, vom Geiste des Christenthums durchdrungene Humanismus so schön darstellt. Die religiöse Seite wurde von der gottesfürchtigen Mutter gepflegt. Seine fernere Ausbildung aber genoss er in Preussen unter der Leitung seines geistlichen Oheims. Unter diesen Umständen konnte die religiös-kirchliche Seite in ihm nur gewinnen. Carl Graf von Hohenzollern, der Onkel Josephs, hatte sich Anfangs der Militärcarriere gewidmet und war in französische Dienste getreten. Später aber 1763 hatte er sich dem geistlichen Stande zugewendet. Unter der Protektion seines hohen Stammverwandten, König Friedrich's II. von Preussen, stieg er bald zu hohen geistlichen Würden. Schon Domherr von Breslau, wurde er 1778 Coadjutor des Bischofs von Culm, Andreas IV. Ignaz Baier, mit dem Rechte der Nachfolge [231]). Zudem wurde er Commendator-Abt von Pelplin [232]) und von Oliva (1782), welches letztere sein gewöhnlicher Aufenthalt war.

Mittlerweile war Carl 1785, nach Baier's Tode, Bischof von Culm geworden. Da nahm er 1790 seinen jungen Neffen Joseph zu sich. Der Bischof übergab ihn dem blühenden academischen Gymnasium in Altschottland in der Nähe seines Lieblingsaufenthalts Oliva. Nach Absolvirung der Gymnasialklassen studirte Joseph daselbst Theologie [233]). Nach Beförderung des ermländischen Fürstbischofs Krasicki zum Erzbischof von Gnesen 1795 wurde Carl zum Bischof von Ermland erwählt. Als solcher weihte er seinen Neffen 1800 zum Priester und machte ihn zum Domherrn von Ermland. Bischof Carl starb den 12. August 1803 in Oliva. Sein Bisthum hatte der Weihbischof Carl Friedrich v. Zehmen als Generalvikar (1795—1798) verwaltet. Joseph wurde zunächst seines Oheims Nachfolger als Abt von Oliva und als Domherr von Breslau. Am 15. August wurde der Dompropst Ignaz von Matthy zum Generaladministrator der Diöcese erwählt, welches Amt er am 30. Octbr. 1809 niederlegte. Seine Verwaltung fiel in eine schwere Zeit, während welcher er, angesehen bei der Staatsregierung und namentlich auch mit Nicolovius im Verkehr, selbst ein höchst freisinniger Mann, sich des Wohles und der Rechte der Diöcese aufrichtig annahm. Seit Frühjahr 1811 bekleidete er nun die Stelle eines katholischen Consistorial- und Schulraths an der Regierung zu Marienwerder, zu deren Ressort

---

[231]) Er wurde den 4. Oct. 1778 auf den Titel Episcop. Diboensis consecrirt.

[232]) Er ist in Pelplin der 40. Abt, der Nachfolger von Florian Golaszewski, unter dem 1772 die Klostergüter eingezogen und der Convent auf eine Competenz angewiesen wurde. Karl resignirte 1795 die Abtei Pelplin an den culm. Bischof Franz Xaver Graf von Wolna Rydzinski (1795—1814). Der letzte Abt (1814—1823) Math. v. Przdzynski (Pfarrer in Neukirch bei Mewe) starb 1826.

[233]) Unter den Professoren der Theologie war auch Johann Steffen, der seinen als Hofkaplan des Bischofs Carl Josephs und seines Bruders Hermann (Hermann, geb. 5. Juli 1777, vermählt 29. Juli 1805 mit Caroline Freiin von Weiher, † 6. Nov. 1817, von der er zwei Töchter hatte, von denen noch eine, Prinzessin Maria Caroline, in Danzig lebt) Lehrer gewesen war. Steffen war ein Ermländer, der 1832 als bischöfl. Auditor und Dompropst in Frauenburg starb.

damals auch die ermländischen Gymnasien gehörten, weshalb er von der Residenz in Frauenburg entbunden wurde. Nach dem Tode des ermländischen Bischofs Carl verzögerte sich die Neuwahl wegen der Ungunst der Zeiten, nach dem unglücklichen Kriege von 1806 und 1807, bis bis zum 6. Juli 1808, da sein Neffe Joseph vom Kapitel zum Bischof erwählt wurde. Wegen der damaligen bekannten Schicksale des römischen Stuhles dauerte es lange, bis die päpstliche Bestätigung erfolgte. Nach Matthys Rücktritt 1809 übernahm Joseph, der Erwählte Ermlands, die Generaladministration.[287]). Erst 10 Jahre nach Josephs Wahl erfolgte die päpstliche Bestätigung. Er wurde am 12. Juli 1818 im Dome zu Frauenburg vom ermländischen Weihbischofe, Bischof von Diana i. p. i., Stanislaus v. Hatten, geweiht.[288]).

Die segensreiche Regierung des Fürstbischofs Joseph im Einzelnen zu schildern, würde uns hier zu weit führen. Er war sich seiner Mission wohl bewusst, die reorganisirenden Grundsätze einer auch geistig gehobenen neuen Zeit, auf deren Höhe er stand, vor Allem auf dem Gebiete der Volksbildung und des Unterrichtswesens, dessen wärmster Freund er sein ganzes Leben hindurch geblieben, zur Ausführung zu bringen. Selbst ein Mann von feiner und hoher Bildung, persönlicher Würde und gewinnender Liebenswürdigkeit, dabei einfach und anspruchslos, empfänglich für alles Gute und Edle, beseelt von dem lebendigsten Eifer für das Beste der Kirche und Schule, unterstützt von der treuen Anhänglichkeit ihm an Gesinnung,

[287]) Während dieser Generaladministration und später während des Episcopats Josephs von Hohenzollern waren Generalofficiale: Michael Woelky (1808—1810; er war geb. 1753, starb 12. Aug. 1810; sein Bruder Valentin Woelky, geb. 1770, gest. 30. April 1814 als Aggregat bei der h. Linde, war Professor der Philosophie in Braunsberg); Thomas v. Orlikowski (1815—1820; geb. 1755, gest. 21. Dec. 1824 als Domherr und examinator synodal.); Martin [illegible] (1820—1835; geb. 10. Nov. 1772 in Guttstadt, gest. 21. Sept. 1835, ein durch seine Geschäftskunde um Ermland hochverdienter Mann.) Ihm folgte als Generalvikar Anton Frenzel (1821—1831 Professor unseres Lyceums), von 1835—1838, bis zum Tode Josephs von Hohenzollern, da er zum ernannten Generaladministrator wurde. Weihbischof war nach Carl Friedrich v. Zehmen (1765—1798) während dieses ganzen Zeitraumes (1801—1838) der am 11. Oct. 1801 von Carl von Hohenzollern in Oliva consecrirte Andreas Stanislaus v. Hatten, so dass wenigstens die bischöflich-weihbischöflichen Funktionen keine Unterbrechung erlitten. Alle diese Männer waren mehr oder weniger bei der neuen Organisation des ermländischen Schulwesens, namentlich auch des königlichen Lyceums, thätig und dafür interessirt. Unter ihnen stand namentlich [illegible] dem Fürstbischofe Joseph nahe und förderte dessen wohlwollende und wohlthätige Intentionen; er war ein besonderer Gönner unserer Unterrichtsanstalten.

[288]) Auch das Bisthum Culm hatte eine mehrjährige Sedisvacanz seit 1814 erfahren. Am 17. Nov. 1823 wurde Ignaz v. Matthy, ermländischer Dompropst, zum Bischof von Culm erwählt und im folgenden Jahre in der Pfarrkirche zu Frauenburg, an welcher er von 1793—1810 Pfarrer gewesen, von seinem Jugendfreunde v. Hatten consecrirt. Er starb als Bischof von Culm am 20. Mai 1832. Matthy, der sich um die Gründung und Hebung der Unterrichts- und geistlichen Anstalten seiner Diöcese die grössten Verdienste erworben hat, bewahrte auch fortwährend ein warmes Interesse für Ermland. Er verlegte den bischöflichen Sitz 1824 in die 1823 aufgehobene Abtei Pelplin, und ebendorthin 1829 das [illegible] Diöcesanseminar.

Bildung und Eifer nahestehender Männer, getragen von der Hochachtung und Liebe Aller, ein Vater der Armen, konnte er seiner Diöcese nur zum Segen gereichen. Bis ins Einzelne wandte sich seine Sorgfalt und Thätigkeit dem Unterrichtswesen zu. Die Wichtigkeit der Schulen von der niedrigsten bis zur höchsten erkennend, lagen ihm die Volksschulen, die katholische Bildungsanstalt der Lehrer, die Gymnasien in Braunsberg und Rössel, das Priesterseminar, das Lyceum gleichmässig am Herzen. Seine Verordnungen, seine Hirtenbriefe, die lebendige dankbare Erinnerung, die Blüthe aller dieser Anstalten sind dess Zeugen. Seine Bemühungen, im Lyceum zu Braunsberg eine höhere academische Lehranstalt wieder ins Leben zu rufen, sind ein unermüdliches Ringen durch alle Schwierigkeiten hindurch, ein zehnjähriger Kampf gegen widerstrebende Ansichten, der endlich zu seiner grossen Freude mit Erfolg gekrönt wurde. Seit der Zeit hat das Lyceum keinen grössern Gönner, keinen wärmern Freund gehabt als ihn. Die Schwierigkeiten, die zu überwinden waren, kann nur der beurtheilen, der seine langjährigen Correspondenzen nach allen Seiten hin, mit den königlichen Behörden und mit Männern, die er für die Anstalt gewinnen wollte, durchzulesen Gelegenheit hat. Sein Tod setzte ganz Ermland in Trauer. Im Sommer 1836 hatte er zu kränkeln begonnen, aber seine Thätigkeit hörte erst mit seinem letzten Athemzuge auf. Er starb am 20. Septbr. 1836 zu Oliva und wurde am 1. Octbr. begraben.

Georg Heinrich **Ludwig Nicolovius** wurde zu Königsberg in Preussen am 13. Januar 1767 geboren, woselbst sein Vater Matthias Balthasar Hofrath und Ober-Secretär bei der Regierung war. (Ueber den Vater s. Baczko's Denkschrift in: Beiträge zur Kunde Preussens, II. 1819). Ludwig Nicolovius studirte seit 1782, mit Vorkenntnissen reich ausgestattet, auf der Universität Königsberg Philosophie bei Kant und Theologie. Von dem nachhaltigsten Einflusse auf ihn war die ersehnte Bekanntschaft mit Johann Georg Hamann (geb. 1730, † 1788), den er ausserordentlich verehrte. Nach Beendigung seiner Studien 1789 ging er auf Reisen. In dieser Epoche seines Lebens und auch noch später machte er Bekanntschaft mit den berühmtesten Zeitgenossen, unter ihnen Goethe, Lavater, Pestalozzi, Klinger, W. v. Humboldt, Niebuhr, v. Altenstein u. a., von denen manche in das allerinnigste Verhältniss zu ihm traten. Mit keinem aber war der geistige Verkehr inniger, als mit Friedrich Heinrich Jacobi (seit 1789). Durch Jacobi's Empfehlung wurde er in den Kreis jener ausgezeichneten Männer versetzt, die damals um den grossen Wiederhersteller des Unterrichts- und Erziehungswesens in Westfalen, Friedrich Wilhelm Franz v. Fürstenberg, und die geistreiche Fürstin Amalia v. Gallitzin sich geschaart hatten. Ihr Haus wurde der Mittelpunkt für alle bessern Geister, die in jener Zeit des Unglaubens und Umsturzes aller Ordnung Glauben, Sitte und Gesetz zu erhalten, wieder zu erwecken und zu kräftigen sich gedrungen fühlten. Die Bekanntschaft mit der Fürstin, mit dem grossen Minister, mit Hemsterhuys (der schon 1790 starb) und Overberg konnte nicht ohne Einfluss auf Nicolovius bleiben. Bald darauf (Decbr. 1789) machte er in Berlin ebenfalls auf Jacobi's Empfehlung die Bekanntschaft mit Friedrich Leopold v. Stolberg. Es wurde ein Band der edelsten Freundschaft geknüpft, die zu den schönsten Errungenschaften seines Lebens gehörte. Mit Stolberg machte er 1791 und 92 eine grosse Reise durch die Schweiz, Italien und Sicilien; ihm folgte er 1794 nach Eutin, wo er Secretär der fürstbischöflichen lübeck'schen Kammer wurde. 1795 vermählte er sich mit Louise, der Tochter Joh. Georg Schlossers, dessen Familie er schon früher kennen gelernt, und der Schwester Goethe's († 1777). 1804 wurde er fürstl. lüb. Kammerassessor, trat aber bald darauf in preuss. Dienste. 1805 wurde er Assessor und noch in demselben Jahre weltlicher Consistorialrath und Mitglied des ostpreussischen Consistorii in Königsberg. Ihm wurde das Generale des gesammten Schulwesens aller gelehrten Schulen überwiesen, sowie des Ermlands als eines besondern Departements, und aller sonstigen katholischen Angelegenheiten jener Provinz. In Königsberg wurde er mit den bedeutendsten Männern befreundet, welche dieser Stadt angehörten oder sich in den Kriegsjahren dort aufhielten. Auch Oestreich gehörte zu seinen Freunden. So stand er Ermland nahe, dem der geistreiche Joseph v. Hohenzollern schon seit 1803 als Domherr angehörte und dessen segensreiche Thätigkeit 1808, da er als gewählter Bischof Administrator geworden, beginnt. Diese Männer begegneten sich in dem echt humanistischen Bestreben, das niederliegende Schulwesen und die Volksbildung zu heben. Nicolovius hatte schon lange einer Reihe von ausgezeichneten Katholiken aus dem münsterschen Kreise nahegestanden. Tiefe Religiösität, frommer Sinn und Rechtsgefühl war ein Hauptzug in seinem Charakter. Im Decbr. 1809 wurde er als Staatsrath in das Ministerium des Innern, und zwar bei der Section des Kultus und öffentlichen Unterrichts, berufen. Am 22. Decbr. 1809 traf er in Berlin ein; seine Thätigkeit begann mit dem Anfange des Jahres 1810. Er und seine Mitarbeiter sollten dem Könige mit Rath und That in Erweckung des Volkes zu religiösem Glauben und Leben unterstützen; „Die Geistlichkeit des Landes erwartete von ihnen Hülfe aus einem langen und durch die Behandlung weltlicher Behörden während des Krieges unerträglich gewordenen Zustande drückender und erniedrigender Versäumniss und Verachtung." In Berlin finden wir ihn bald im wohlthuendsten Umgange unter andern auch mit Schmedding, der, aus der Fürstenbergischen Schule hervorgegangen, ebenfalls seit 1809 als Staatsrath in der Section des Kultus für die katholisch-geistlichen und Schul-Angelegenheiten thätig war. Nicolovius besuchte daselbst Schmedding's Vorlesungen über Kirchenrecht an der Universität Berlin. 1810 wurde Nicolovius Direktor der Section unter v. Schuckmann. Er zog sich durch grosse Freimüthigkeit und rücksichtslose Behauptung dessen, was ihm Recht schien, bei seinen Glaubensgenossen den Verdacht zu, dass er sich der katholischen Religion zuneige. Sein Sohn aber versichert (Denkschrift auf Nicolovius p. 260): „Niemand kann protestantischer gesinnt sein als er; der katholische Standpunkt war seinem ganzen Wesen fremd." Nicolovius Grundsatz war: „Der König muss seine katholischen Unterthanen in ihrem kirchlichen Besitz, in ihrem Glauben, in allen ihren Gewissensansprüchen beschützen, gleich einem katholischen Fürsten, und ihnen Fürsorge für ihre Ausbildung und geistigen Bedürfnisse angedeihen lassen". 1824 wurde Herr v. Kamptz zum Direktor der Unterrichtsabtheilung ernannt und Nicolovius auf die geistliche Abtheilung beschränkt. Noch in seinem höhern Alter (1827) suchte man seine lautere und redliche Gesinnung anzutasten. Auch wurde er beschuldigt, heimlich zur katholischen Kirche übergetreten zu sein. Durch seinen Chef von Altenstein wurde er aber vollständig auch beim Könige gerechtfertigt. Seit 1832 führte er die Direktion der Unterrichtsabtheilung und die Leitung der geistlichen Angelegenheiten zugleich. Die Maassregeln des Jahres 1837 gegen den Erzbischof von Cöln, der ihm von den Jünglingsjahren her näher bekannt war, konnte Nicolovius nur missbilligen, obgleich er einst von dessen Wahl abgerathen hatte. Seine angegriffene Gesundheit veranlasste ihn, 1839 als Wirkl. Geh. Ober-Regierungsrath, Mitglied des Staatsraths, Direktor der beiden Abtheilungen für geistliche und Unterrichtssachen, in den Ruhestand zu treten. Noch in demselben Jahre am 2. Novbr. starb er. Sein Freund v. Altenstein folgte ihm am 14. Mai 1840. Alfred Nicolovius, der in seiner Denkschrift auf G. H. L. Nicolovius seinem Vater ein liebevolles Denkmal gesetzt hat, sagt von demselben p. 344 u. a.: „Nicolovius selbst stand über jeder Partei, war keiner Schule Sclave, und es sprach aus ihm mit jedem Worte eine klare, lebensfrohe, von allem leeren Wortkram gänzlich entfernte, echt christliche, thätige Frömmigkeit. Und wie sein eignes Herz ein Ocean von Liebe war, so bezeugte er auch stets gegen Andersglaubende eine liebevolle Duldsamkeit, wenn ihre Ansicht nur Gott allein die Ehre gab."

Heinrich Schmedding, geb. zu Münster 1774, 2. Juli, studirte zuerst in Münster, dann in Göttingen, bis 1796 Theologie und Jura, in welchem Jahre er als Advokat in den Staatsdienst trat und vom Minister von Fürstenberg zum Docenten des canonischen Rechts an die Universität Münster berufen wurde; seit 1800 war er ordentlicher Professor der Rechte und seit 1806 zugleich Kriegs- und Domänenrath. 1809 kam er als Staatsrath in die damals mit dem Ministerium des Innern verbundene Section des Kultus zur Bearbeitung der katholisch-geistlichen und Schul-Angelegenheiten. 1809 war das merkwürdige Jahr, da der König in dem Bewusstsein thätig war, dass Intelligenz, Kultur und Wissenschaftlichkeit die mächtigsten Grundprincipien einer Wiedererhebung des durch die verhängnissvollen Jahre erschütterten Staatslebens seien. Gerade in diesem Jahre wurde die Universität Berlin gestiftet. Neben seinen Staatsgeschäften hielt Schmedding von 1811—1820 an der berliner Universität Vorlesungen über Kirchenrecht. Im Jahre 1841 wurde für die katholisch-kirchlichen Angelegenheiten eine besondere Abtheilung im Kultusministerium errichtet. Schmedding wurde als Wirkl. Ober-Regierungsrath erstes Mitglied derselben. Er starb am 18. April 1846. Von seinen nahen Beziehungen zu Oestreich zeugt seine Correspondenz; im Oestreichischen Hause logirte der im

August 1809 von Marienwerder nach Braunsberg kommende Staatsrath Schmedding [illegible]).

Johann Oestreich, geb. 6. Sept. 1750 zu Braunsberg, Sohn des Bürgermeisters Franz Oestreich, welcher, 1748 vom König August III. zur Patrizierwürde erhoben und mit einem Wappen begnadigt, den Grund zu dem später so berühmten Handelshause Oestreich legte. Johann Oestreich, sorgfältig im elterlichen Hause erzogen, verdankte seine wissenschaftliche Ausbildung dem Jesuitencollegium seiner Vaterstadt, in welchem er sich seinen Lehrern durch Schärfe und Feinheit des Verstandes, sowie durch seine Fortschritte in den klassischen Studien so werth machte, dass sie es ungern sahen, als er im Jahre 1766 die königsberger Universität bezog, um Rechtswissenschaft zu studiren. Am 11. April 1767 wurde er immatrikulirt; wegen seines künftigen Berufs nahmen seine Studien bald eine mehr allgemeine Richtung; er suchte und fand in einem hohen Grade allgemeine Ausbildung des Geistes und die höhere Kenntniss des Lebens. Er war ein Verehrer und fleissiger Zuhörer Kant's. Mit Kenntnissen reich ausgestattet, kehrte er, ein kaum 20jähriger Jüngling, 1769 in das Vaterhaus zurück, um bald darauf durch Reisen im Auslande seine kaufmännische Bildung zu vollenden. Bis zum Jahre 1773 hatte er durch die angeknüpften Verbindungen die Grösse des Oestreichschen Handelshauses grundgelegt. Mit seinem Eintritt in dasselbe begann für Braunsberg und einen grossen Theil der Provinz eine neue Periode der Gewerbsamkeit. Seine Firma erfreute sich in allen Handelsstädten des nördlichen Europas eines grossen Rufes und Kredites. Durch den Seehandel, den er zuerst nach Braunsberg verpflanzte, trat diese Stadt in die Reihe der namhaften Handelsplätze. Seinen edlen Patriotismus bewährte er in der bedrängnissvollen Zeit seit 1806 auf das Glänzendste; als Bürger liess er sich nichts mehr angelegen sein, als die Förderung der Interessen seiner Vaterstadt. Ueber seine allseitige segensreiche Wirksamkeit giebt ein glänzendes Zeugniss der ehrenvolle offizielle Nachruf, den die königliche Regierung in Königsberg im Amtsblatte von 1834 № 5 erliess, worin sie den Tod des Mannes betrauert, „auf den nicht blos seine Vaterstadt stolz sein durfte, sondern den auch die Provinz zu ihren Zierden rechnete“, dessen Andenken stets unvergesslich sein werde, „weil alles, was er that und leistete, bei ihm nur aus Gemeinsinn und aus keiner andern Verpflichtung, als aus der des treuen Unterthans und Bürgers hervorging.“ Als er die städtischen Angelegenheiten wohl geordnet sah, wandte er seine ganze Thätigkeit einer höhern Sache zu. „Ergriffen von dem Gedanken, der damals ganz Preussen begeisterte, dass das, was der Staat im Aeussern an Macht verloren hatte, ihm im Innern ersetzt werden müsse, und dass Wissen Macht sei, widmete er seine Vorsorge den besonders für Ermland und für die Ausbildung der

[illegible]) Einige biographische Nachrichten über Schmedding bei Rassmann; er gab Kirchenlieder für die katholische Gemeinde in Berlin anonym heraus und arbeitete 1783 mit an einem Gebetbuche für die Junggesellen-Sodalität.

katholischen Geistlichen wichtigen Unterrichts- und Lehranstalten in Braunsberg und übernahm bereitwillig nach einander die Curatel des Normal-Instituts, nachherigen Schullehrerseminars, des Gymnasiums, des Hosianischen Lyceums und der Seeligerschen Erziehungsstiftung. Bei diesem Geschäfte liess er es nicht blos bei der sehr mühevollen Vermögensverwaltung bewenden, welche er ohne irgend einen Entgelt mit der peinlichsten Genauigkeit und musterhaftesten Ordnung führte; sondern er konnte auch, da er bis ins hohe Alter mit der Zeit mitgegangen und selbst im Wissen nicht zurückgeblieben war, durch seine freundlichen Verhältnisse zu den Lehrern und durch seine rege Theilnahme für die wissenschaftlichen Fortschritte der Anstalten auf den Geist derselben und der Lehrlinge wohlthätig einwirken." Begeistert für den in obigen Worten bezeichneten hohen Zweck wandte er sich unmittelbar an König Friedrich Wilhelm III., den Landesvater, der ihm 1810 seinen Beistand zusagte. 1811 wurde das Normal-Institut in Braunsberg gegründet. In demselben Jahre kam unter seiner Mitwirkung die Reorganisation des königl. Gymnasiums zu Stande, dessen Curator localis er bis 1828 gewesen ist, ein Freund der Lehrer, eine Hülfe der Schüler. Mit unermüdlichem Eifer wirkte er für Wiederherstellung einer höhern academischen Lehranstalt in Braunsberg, das Lyceum Hosianum. Im innigsten Verhältnisse stand er mit den Männern, die gleiches Interesse für die Anstalt beseelte, und mit den Professoren derselben. Sein Freund Gerlach setzte ihm ein würdiges Monument in der nach seinem Tode geschriebenen Denkschrift, die in den Pr. Prov. Bl. von 1834 abgedruckt ist. Als Curator localis und als Verwalter seiner Geldmittel war er auch später unmittelbar für das Lyceum thätig. Das nahe Verhältniss zu Schmülling und Gerlach, die seit 1811 Braunsberg angehörten, die hohe Gunst, in der er bei den nächsten Behörden und dem Ministerium, beim Fürstbischofe und selbst beim Könige stand, waren segensreiche Umstände für das Gedeihen seines Strebens und des seiner Freunde. Seine Befreundung mit dem Staatsrathe Nicolovius und dessen Bruder, dem Buchhändler Friedrich Nicolovius in Königsberg (geb. 1768), erhellt auch aus der durch den Letztern zum Drucke besorgten Rede, welche Oestreich bei Introduction des braunsberger Magistrats am 23. März 1809 als Stadtverordneten-Vorsteher gehalten hat. In der Zuschrift an Friedrich Nicolovius, einem Zeugnisse seiner Bescheidenheit, nennt er beide Nicolovius seine Freunde. Die Rede empfiehlt Gemeinsinn, „der die Quelle aller bürgerlichen Tugenden ist und Einigkeit". Als Mitglied der städtischen Schuldeputation erstreckte sich seine Thätigkeit auch auf das Beste der Elementarschulen. Wie in der schweren Prüfungszeit des Vaterlandes, so bewährte er seinen Patriotismus auch in der Zeit der Erhebung. Sowie ihm seine Verdienste überall Anerkennung erwarben, (seine 1783 erfolgte Ernennung zum Commerzienrathe verheimlichte er aus Pietät gegen seinen Vater; sie wurde erst lange nach dessen Tode 1785 bekannt), so seine liebenswürdige Persönlichkeit Liebe und Verehrung. Sittenreinheit, höchste Bescheidenheit und Anspruchslosigkeit gehörten zu den Hauptzügen seines Charakters. Festes Gottvertrauen bewährte er in allen Lagen seines Lebens; strenge Rechtlichkeit in allen Verhältnissen. Unermüdlich und vielseitig thätig, war er rasch und pünktlich bis ins Kleinste. Für seine Freunde hatte er unwandelbare Treue. Er war heiter, mittheilsam und gastfrei. Bis in sein Greisenalter beschäftigte ihn in freien Stunden die Lectüre staatswissenschaftlicher, historischer und dergl. Werke, sowie lateinischer, deutscher, englischer und französischer Bücher. „Der schönste Vorzug", sagt Gerlach von ihm in seiner Denkschrift p. 242, „echte Religiosität, welche im Geiste christlicher Duldung und Liebe handelt, war ihm eigen, und in seinem Wesen fand sich eine Vereinigung der schönen Eigenschaften, welche der Begriff Humanität in sich schliesst." Oestreich starb am 21. Oct. 1839 nach frommer Vorbereitung. Der Domherr Geritz, nachmaliger Bischof, „der dem Verewigten durch Gemeinsinn und Wohlthun verwandte Freund, segnete seine Ruhestätte ein" am 25. Oct. Am 31. Oct. hielt sein Freund Gerlach im Rathhaussaale, den sein Bildniss unter den verdienten Männern Braunsbergs schmückt, eine Rede zu Ehren des Verstorbenen. Die königl. Regierung sagt in ihrem Nekrolog S. 31: „Johann Oestreich's Leben und Wirken zeigt, was Bürgersinn verbunden mit Aufklärung vermag; möge es stets als erhebendes Beispiel vorleuchten und zur Nacheiferung ermuntern."

Johann Heinrich Schmülling, geb. zu Warendorf 1774 am 23. Nov., von 1780 bis 1794 auf den Gymnasien zu Warendorf und Münster, studirte zu Münster Philosophie und Theologie, erhielt, wie sein Altersgenosse und Freund Schmedding, seine erste Berufung von Fürstenberg, und zwar 1800 als Gymnasiallehrer zu Münster. Im Jahre 1801 wurde er Priester. In seiner Stellung als Gymnasiallehrer wirkte er mit Beifall und gutem Erfolge und gewann in hohem Grade die Liebe und Anhänglichkeit seiner Schüler. Schmülling stand mit dem Grafen Stolberg in einer für ihn angenehmen nahen Verbindung, dessen Sohn er zu seinen Schülern zählte. Als er im Herbste 1811 vom Ministerium, worin Nicolovius und Schmedding thätig waren, zum ersten Direktor des neuorganisirten Gymnasiums in Braunsberg ernannt wurde, war die münstersche, von Fürstenberg begründete christlich-humanistische Schule unmittelbar an Ermland angeknüpft, woselbst er einen hochgebildeten Bischof antraf, dem die Hebung des Schulwesens in seiner Diöcese vor Allem am Herzen lag, wo er an seinem Collegen Gerlach einen für echte Humanität gleich erwärmten Gehülfen und an dem einflussreichen Oestreich eine mächtige Stütze fand. Die ihm anvertraute neue Anstalt erhielt an Schmülling den wärmsten und tüchtigsten Pädagogen. Die Grundprincipien seiner Auffassung des Schulwesens traten bei ihm überall in Praxis hervor. Die Schulbildung soll nicht ein Nützlichkeitsprincip verfolgen; sie soll zur eigentlichen Wissenschaft hinführen, wodurch die edelsten und wichtigsten Angelegenheiten des Menschen gefördert werden. Ihr Ziel ist die Hebung der wahren Menschheit. Die Schule hat die Gesammtbildung der Jugend nach Verstand und Geschmack im Auge. Der Verstandesrichtung geschieht besonders Genüge durch

Mathematik und Grammatik, die andre Seite wird gebildet durch das Studium des antiken Geistes. Der Unterricht in der Religion muss auf Erweckung derselben und echter Gesinnungstüchtigkeit gehen. Die Schule soll unterrichten und erziehen. Von grösstem Einflusse ist die häusliche Erziehung. Zu den wesentlichen Bedingungen des Studirens gehört der echt wissenschaftliche Sinn. Schmülling hat seine pädagogisch-humanistischen Grundsätze in einer Reihe von braunsberger Gymnasialprogrammen von 1812 bis 1824 näher entwickelt. Dieselben hier ausführlicher darlegen zu dürfen, ist uns leider durch die dem Umfange unserer Schrift gesetzten Grenzen versagt.

Schmülling's Grundsätze waren auch die seines Freundes und Collegen, am Gymnasium sowohl als am Lyceum, Gerlach. In seiner am 14. März 1813 bei der Entlassung der zum Militär abgehenden Schüler gehaltenen Rede fasst Gerlach das Gesammtbild der Gymnasialbildung in den Worten zusammen: „Ihr wurdet durch Kenntniss der Sprachen eingeführt in die herrliche alte Vorzeit; das Leben ausgezeichneter Menschen, Bestrebungen und Einrichtungen zur Förderung des gemeinen Besten wurden Euch dargestellt in der Geschichte; Ihr lerntet den schönen Zusammenhang und das Leben der Natur kennen und ihren allweisen Schöpfer bewundern; und was Strenge und Beweiskraft sei und vermöge, sahet Ihr in Form und Zahl“. In seiner Programmabhandlung von 1823 „über die Kunstseite der Gymnasialbildung“ lenkt sein Blick herüber von Gymnasien zur Academie. Er spricht von dem allgemeinen Zwecke der Menschenbildung. Die Bildung zu dem Berufskreise soll mit der Bildung zum Menschen auf das Innigste verbunden sein. In Fichte's Sinne spricht er über den Begriff von Gelehrtenschulen. Die Erzeugnisse der drei Grundideen, Wahrheit, Schönheit und Güte sind Wissenschaft, Kunst und Sittlichkeit, und da letztere durch die Religion ihre Weihe empfängt, so müssen wir Wissenschaft, Kunst und Religion als die Angeln ansehen, um welche sich Alles im geistigen Leben bewegt. In das Wesen der Kunst und des Schönen einzudringen, ist Sache eines gereifteren Alters, welches fähig ist, die Philosophie der Kunst zu verstehen. Diese gehört in den academischen Unterricht. Als Gerlach am 20. Octbr. 1827 als Direktor des Gymnasiums an Schmülling's Stelle feierlich eingeführt wurde, hielt er eine Rede über das Thema: „Gymnasien sind Vorschulen der Weisheit“. Hier spricht Gerlach in seiner beredten Art von der genauen Beziehung der Gymnasien zu den höhern academischen Lehranstalten, von der harmonischen Ausbildung der Vorzüge und Anlagen der Menschen zu einem Ganzen. „Menschenbildung, sagt er, ist die erhabenste und einflussreichste aller Bildungen; ihr Zweck ist, so einzuwirken, dass das Ebenbild Gottes dem Urbilde immer ähnlicher werde“. — Derartige Grundsätze wahrer Humanität wurden von diesen Männern, denkenden und von Liebe zur Jugend erfüllten Pädagogen, am Gymnasium gepflegt; sie lieferten die ersten so vorbereiteten Zöglinge unsers Lyceums, sie leiteten zugleich von den angedeuteten Humanitätsideen erfüllt als Professoren der verschiedenen philosophischen Disciplinen und namentlich der Pädagogik und Hodegetik von der einen Anstalt unmittelbar in die andere hinüber. So wie Schmülling bis 1824 allein alle Programmabhandlungen des Gymnasiums schrieb, so schrieb er auch Anfangs, als erster Dirigens (1821—1826), die Procemia der sieben Indices lectionum des Hosianums vom Wintersemester 18$^{21}/_{22}$ bis dahin 18$^{26}/_{27}$ incl. Sie sind berechnet, den rechten Geist ihres Studiums bei den Commilitonen zu erwecken. — Im Herbste des Jahres 1821 wurde Schmülling mit Gerlach Professor in der philosophischen Facultät des Hosianischen Lyceums. Dass man einen Mann wie Schmülling auch in seiner münsterländischen Heimath nicht aus dem Auge gelassen, zeigte sich darin, dass Bischof Caspar Max ihn für einen würdigen Nachfolger des gottseligen Overberg († 9. Nov. 1826) als Regens am Priesterseminare in Münster hielt. Die Bande an Westfalen suchten wieder fester geknüpft sein durch die dreimonatliche Urlaubsreise, die Schmülling seit August 1826 nach seiner Heimath gemacht. Zu Ostern des Jahres 1827 verliess er Braunsberg für immer. Seine segensreiche Wirksamkeit in Braunsberg schildert Gerlach im Programme von 1827. Er nennt als seine vorzüglichsten Eigenschaften gründliche Kenntnisse, ruhige Würde, Eifer für alles Edle, Liebe zur Jugend, milden Sinn und wahre Frömmigkeit. In Münster wurde er nacheinander Dechant an der Liebfrauenkirche, Ehrendomherr, geistlicher und Schulrath (1828), Exam. Synod., wirklicher Domherr (1833), Professor der Exegese (1837—1850). Was man in Ermland von ihm hielt, zeigt sich darin, dass man ihn nach seines hohen Freundes, des Fürstbischofs von Hohenzollern, Tode unter den Kandidaten bei der neuen Wahl am 26. April 1837 secundo loco stellte. Seine ehemaligen Schüler aus Ermland gründeten ihm unter dem 22. Oct. 1845 ein dauerndes Denkmal der Liebe und Dankbarkeit durch die Stiftung des Stipendii Schmüllingiani, welches jährlich mit Rücksicht auf die Lieblingsstudien Schmülling's (Religion, Latein, Mathematik, Naturkunde) an würdige und bedürftige Schüler vertheilt wird. Das Ehrendiplom als Dr. philosophiae hatte er schon 1811 von der Universität Breslau erhalten. Münster machte ihn 1835 zum Dr. theologiae honoris causa; 1842 erhielt er den rothen Adlerorden III. Klasse. Er starb den 17. Januar 1851. Das Gymnasial-Programm von 1851 gedenkt seiner Vortrefflichkeit als Mensch, als Priester, als Lehrer und Erzieher in dankbarster Weise. — Schmülling's schriftstellerische Thätigkeit zeigt immer wieder sein pädagogisch-praktisches Streben. Seines Lehrers und Direktors während seiner Zeit als Gymnasiallehrer in Münster, des verdienstvollen, eifrigen und gründlichen Philologen Kistemaker's, deutsche und lateinische Sprachlehre liess er in umgearbeiteten Ausgaben erscheinen (1809 und 10). Vorübungen im Lesen und das Lesebuch für die Schulen Ermlands (1818 und 1825) gab er mit Gerlach heraus. Dann kommen: Die erste hl. Kommunion der Kinder in Ermland (1822 und 1824); Programme und Indices lectionum; Sermones synodales in Eccles. Cathedr. Monast. habiti 1829, 1831, 1833. (Vgl. Rassmann, a. a. O.)

Was diese Männer für die Errichtung des königl. Lyceums gethan, wie sie gerungen und gekämpft, das erhellt aus den vorliegenden actenmässigen Verhandlungen. Zwar in dem letzten Ziele, zunächst Ermlands Bedürfniss nach einer höheren academischen Lehranstalt zu befriedigen, einig, gingen sie Anfangs auseinander in Betreff des einzuschlagenden Weges. Hohenzollern, Oestreich und Schmülling wollten in Braunsberg selbst die philosophischen und theologischen Studien wieder herstellen, Nicolovius und Schmedding sahen darin nur eine halbe Maassregel; sie wollten an der königsberger Universität eine Art von katholisch-theologischer Facultät gegründet sehen oder die ermländische Jugend nach Breslau geschickt wissen, woselbst für dieselbe besonders gesorgt werden sollte. Wir müssen in dem langen Ringen nach dem ersehnten Ziele zwei Zeiträume unterscheiden, die durch die kriegerischen Ereignisse seit 1812 bis zur Wiederherstellung des Friedens getrennt sind.

Kaum ein halbes Jahr nach der Erwählung Josephs von Hohenzollern für den altehrwürdigen Bischofsstuhl Ermlands, der vor ihm (seit 1803) während unglücklicher Kriegsjahre verwaist gestanden, als noch nicht lange (1808) nach dem auch für Ermland so verhängnissvollen Jahre 1807 die Franzosen Preussen verlassen hatten, finden wir ihn schon wegen Errichtung einer ermländischen academischen Unterrichtsanstalt in Unterhandlung mit der Regierung, an deren Spitze König Friedrich Wilhelm III. trotz des Elendes der Zeit gerade damals für materielle und geistige Hebung seines Volkes so hochherzig bedacht war. — In einem Schreiben vom 22. Januar 1809 aus Königsberg (Sektion im Ministerium des Innern für den öffentlichen Unterricht) an den Fürstbischof entwickelt *Nicolovius* die Grundsätze, nach denen die Verbesserung des *Bildungszustandes* beim *Volke* sowohl, wie bei seinen Lehrern und Erziehern, den *Geistlichen*, in Ermland zweckmässig unternommen werden kann. „Der Hauptpunkt, von welchem aus im Ermlande bessere Geistesbildung verbreitet werden kann, ist unstreitig *Braunsberg*, sowohl des Ortes selbst als der in ihm befindlichen *Lehranstalten* wegen. Letztere aber sind gegenwärtig so beschaffen, dass sie den gleichartigen Unterrichtsanstalten anderer Provinzen und Länder um Vieles nachstehen." Um den künftigen katholischen Geistlichen und Lehrern das zu ersetzen, was ihnen die Anstalten in Braunsberg nicht zu gewähren vermögen, hält es die Sektion fürs Beste, die *Universität Königsberg* dazu mit zu benutzen, und hat die Absicht: 1) Das Gymnasium in Braunsberg zu einer grössern Lehranstalt, welche die ganze Stufenfolge des Unterrichts von der ersten Elementarbildung bis zur nächsten Vorbereitung zur Universität umfasst, umzuschaffen u. s. w. 2) Auf der Universität zu Königsberg einen gelehrten katholischen Theologen als Professor anzustellen, damit die künftigen Geistlichen und Lehrer, nachdem sie sich hier in philosophischen, mathematischen, naturwissenschaftlichen, philologischen und historischen Wissenschaften die nöthigen Kenntnisse erworben, zugleich Gelegenheit zu einem gründlichen Studium der theologischen Wissenschaften ihrer Confession finden. Nicolovius verschliesst sich den Schwierigkeiten nicht. Der *Mittellosigkeit* des grössten Theils der Studiosen der Theologie und der Pädagogik lässt sich begegnen durch Theilnahme an Stipendien, Freitischen und andere Beneficien, insofern nicht stiftungsmässig Protestanten ausschliesslich Ansprüche daran haben, durch Privatunterricht und Privatunterstützung. Dem Bedürfnisse einer strengeren Aufsicht lässt sich abhelfen durch eine genauere Verbindung mit dem künftigen katholischen Mitgliede des ostpreussischen Consistorii und dem anzustellenden katholischen Professor der Theologie. 3) Das Seminar in Braunsberg zu einem theologisch-pädagogischen zu erweitern, so dass es nur von jungen Leuten, die auf der Universität hinlänglich vorbereitet worden, benutzt werden kann. Männer, die durch diese ineinandergreifende Folge der Anstalten hindurchgegangen, würden die niederliegende Geisteskultur des Bisthums Ermland emporheben u. s. w. Das sei auch für den Staat so ersprieslich, dass er ohne Zweifel auch einen Theil der Kosten gern abnehmen werde.

Der Fürstbischof antwortet unter dem 15. März 1809 von Oliva: Er wünscht eine gründliche Verbesserung der ermländischen Lehr-, Schul- und Volksbildungsanstalten und will muthig und unverdrossen zur Begründung dieses heiligen Werkes das Seinige redlich beitragen. Es frägt sich indessen, ob dieser Zweck sich vielleicht nicht gerade in Braunsberg eher und leichter von Innen heraus als durch vermehrte äussere Hülfe und Ausdehnung erreichen lasse. Ein wohl durchdachter, dem Zeitgeiste angemessener Plan würde die beiden ermländischen Gymnasien, wenn sie mit tüchtigen Lehrern besetzt würden, trefflich gedeihen und herrliche Wirkungen hervorbringen lassen. Für das Studium der katholischen Theologie, „die zugleich mannigfaltiger und ausgebreiteter ist als bei den Protestanten", müssten in Königsberg mindestens zwei Professoren angestellt werden, mit einem höhern Gehalte, da das Honorar von einem unbemittelten Auditorio nur ein geringes wäre. Freitische u. s. w. würden nur wenige katholische Studenten erhalten, für Privatunterricht würde es an Zeit und Gelegenheit fehlen. Die Erweiterung des Seminars wird gern acceptirt. „Religion, Kunst und Wissenschaft kann nur dann weiter gefördert werden, wenn die erstere aus den Tiefen des Gemüths, die andern aber aus den engen Wänden der Werkstätte oder der Studirstube frei und lebensfrisch ins öffentliche Leben übertreten." Doch auch diese Absicht kann in Braunsberg erreicht werden. Neben den Professoren des Gymnasiums müssten noch zwei geschickte Männer am Seminare angestellt werden; vom Gymnasium müsste der theoretische, vom Seminare der praktische Theil der theologischen Wissenschaften bearbeitet und gegenseitig begründet werden.

Es erfolgten zunächst 1809 und 10 Verhandlungen wegen Reorganisation des durch den Krieg aufgelösten Seminars, wegen Beschaffung von Fonds, wegen anderweitiger Versorgung der noch am academischen Gymnasium vorhandenen Professoren Orgass, Woelky und Oranst.

Mittlerweile war Nicolovius nach Berlin versetzt. Durch ihn schreibt unter dem 12. Sept. 1810 die Sektion für Unterricht, sie müsse wünschen, dass die dem geistlichen Stande sich widmenden Jünglinge dieses Studium entweder auf der Universität Breslau oder auf einer andern katholischen hohen Schule vollenden mögen, um demnächst in den Priesterhäusern ihrer Diöcesen praktisch vorbereitet zu werden. Der Fürstbischof (5. Oct. 1810) erkennt die heilsamen Maassregeln wegen des Studiums in Breslau zwar an, hält es aber (26. Nov. 1810) doch für erspriesslicher, wenn an dem Gymnasium zu Braunsberg zwei geschickte Lehrer der Philosophie und Theologie angestellt würden. So wären alle Hindernisse rücksichtlich der Aufsicht über die Sitten und des Unterhalts der Jünglinge beseitigt; die Anstalt erhalte eine grössere und wünschenswerthere Vollständigkeit. Der Fürstbischof fürchtet bei der Versetzung der erwähnten Lehrstühle keine Candidaten für den weltgeistlichen Stand hinfüro mehr gewinnen zu können, da, wie der Erfolg jetzt schon beweist, nur sehr wenige ermländische Jünglinge auf fernen entlegenen Schulen ihre Studien werden vollenden wollen. Der Mangel an Geistlichen in allen Diöcesen wird immer fühlbarer. Er beantragt die Beibehaltung der philosophischen und theologischen Lehrfächer am Gymnasium zu Braunsberg. In der Erwiederung hierauf vom 7. Dec. 1810 (gez. v. Schuckmann) heisst es, dass die Maassregel der allgemeinen Säcularisation den Plan wegen Breslau's alterirt habe, da die jungen Männer nicht mehr in den Klöstern untergebracht werden könnten u. s. w. Des Bischofs Bedenken sollen bei der Abfassung eines allgemeinen Bildungsplanes für die katholische Geistlichkeit erwogen werden. Die 27 Jünglinge, die sich zum Abgange nach Breslau gemeldet haben, mögen sich erst fleissig auf das academische Studium am Gymnasium vorbereiten. — Am 21. März 1811 fügt der Fürstbischof zu seinen Gründen noch hinzu, dass, da das Seminar mit dem Gymnasium stets in einer gewissen wechselseitigen Verbindung bleiben müsse, es für beide Anstalten gleich erspriesslich wäre, wenn man sie, wie bisher, an einem Orte zusammen liesse. Wir sehen, wie der Fürstbischof, der seine ideelle Auffassung des Unterrichtswesens oft so schön darlegt, sich mit so geringen Forderungen begnügt und mit einem klaren Plane einer neben Gymnasium und Seminar gestellten Anstalt nicht hervortritt. Er mochte wohl einsehen, dass er unter den damaligen Umständen das nicht erreichen konnte, und dass die beiden Professuren am Gymnasium immerhin einen Keim zur weitern Entwickelung enthalten würden. Vor Allem lag ihm das dringende Bedürfniss der Diöcese nach Geistlichen am Herzen, wie einstens unserm Hosius im Kampfe gegen die Ungunst seiner Zeit.

Es folgten lange Correspondenzen über die Grundfrage, ob die philosophische-theologische Anstalt in Braunsberg errichtet oder mit einer bestehenden Universität (Königsberg oder Breslau) vereinigt werden sollte. Für letztern Plan suchte die Regierung den Fürstbischof zu gewinnen und ihn wegen seiner motivirten grossen Bedenken zu beruhigen. „Wenn der Besuch der Universitäten“, heisst es in einem Schreiben des Bischofs vom 9. Juli 1811, worin er über den Abgang der theologischen und philosophischen Lehrfächer am braunsberger Gymnasium klagt, „für ausgezeichnete Jünglinge unter den studirenden Theologen von entschiedenem Nutzen bleibt, so ist doch nicht zu läugnen, dass für die Mehrheit die Gefahr sittlicher Verbildung sehr gross erscheint, und doch ist Frömmigkeit des Priesters höchste Zierde, sie vermag wohl den Mangel an Wissenschaftlichkeit zu ersetzen, kann indessen nie selbst dadurch ersetzt werden". Und weiter: „Das Amt des Seelsorgers fordert bei der Heiligkeit seiner Pflichten und als Stand der Resignation an sich schon einen ernsten Beruf und innern Drang; wie nachtheilig der herrschende Zeitgeist diesem Streben nach dem Höchsten entgegentritt, beweist die immer sichtbarere Abnahme der Candidaten zum Klerikate augenscheinlich; wie wenig Jünglinge werden aber Muth und Neigung in sich finden, einen Stand zu wählen, den ausser der Strenge seiner Berufspflichten noch so viele äussere Hindernisse umgeben". Das Departement (v. Schuckmann), anscheinend gereizt durch das Widerstreben des Fürstbischofs, erklärt unter dem 24. Juli 1811, zur Berufung der Professoren der Theologie und Philosophie an das Gymnasium die Hand nicht bieten zu können. „Es hat keine Fonds, um eine vollständige theologische und dann eine philosophische Facultät in Braunsberg zu errichten, und beides müsste doch zusammen sein, wenn der wissenschaftliche Unterricht in den Glaubenslehren, der auf Philosophie, Sprachkunde und Geschichte beruht, einigermaassen gedeihen, und wenn die Ausbildung der Geistlichen zu vollständigen Seelsorgern, geschickten Predigern und Katecheten, welche vielseitige Uebung des Kopfes und allerlei Arbeit des Denkens und Bekanntschaft mit dem Bessern der alten und neuen Literatur voraussetzt, nur einige Vollkommenheit erreichen soll". Die Frömmigkeit allein thue es nicht. Wer in Gewissensangelegenheiten andere Menschen führen, den Gebildeten und Ungebildeten das Wort vom Heile predigen und der Jugend die Lehren der Religion mit Erfolg für das ganze Leben ans Herz legen soll, müsse auch ein verständiger und gebildeter Kopf sein. Die Vorstellungen von den Gefahren des academischen Lebens seien übertrieben. Ein gesundes Herz und eine fromme und vernünftige Erziehung des Hauses und der Schule schütze davor. „Es ist nicht der Erfahrung gemäss, dass die auf Universität gebildeten katholischen Geistlichen an Frömmigkeit und edler Sinnesart gegen ihre übrigen Amtsbrüder zurückständen". Wenn in Bezug auf Breslau nicht alle Schwierigkeiten entfernt werden können, so will das Departement beantragen, dass auf der Universität zu Königsberg zwei Lehrstühle für die katholische Theologie gestiftet werden. So blieben die Studirenden in der Nähe unter der Aufsicht des Bischofs; der katholische Propst und die Professoren können ihn darin unterstützen. Es wird erklärt, dass es bei der Entlassung von Woelky und Orgass sein Bewenden behalte. „Die Fortsetzung des philosophischen und theologischen Unterrichts auf dem Gymnasium zu Braunsberg hört vom 1. Septbr. c. ab, wie die neue Organisation eintritt, auf".

Der Fürstbischof (20. August 1811, Oliva) fühlt sich gekränkt in seinem Patriotismus, in der Verkennung seiner edeln Absichten und Bestrebungen. Er beruft sich auf die bekannte Erfahrung, dass man fast in allen grössern Bildungsinstituten die Wissenschaft von der Gottseligkeit getrennt sieht, und folgert hieraus, dass die Zöglinge höherer Lehranstalten nur selten den

Sinn für ein heiliges Leben in das Klerikalseminar mitbringen. „Uebrigens verkenne ich keineswegs den grossen Nutzen der Universitäten; auch bin ich jedem undenkenden Obscurantismus feind. Deshalb auch geht mein Bestreben dahin, den Kandidaten des Seelsorgeramtes im Seminare eine allseitige, der Wichtigkeit ihres hohen Berufs angemessene Bildung zu geben“. Da nun mal der Antrag gestellt sei, zwei Lehrstühle der katholischen Theologie (zu Königsberg) zu stiften, so sei dieser Plan für Ermland der erspriesslichste. Schmedding schreibt in einem Briefe vom 14. Decbr. 1811, worin er den Bischof für die Ansicht der Regierung immer mehr zu gewinnen sucht, u. A: Wenn es auf ihn ankäme, so würde er dem Wunsche derer folgen, die bei der wichtigen Sache zunächst betheiligt sind, wie er wisse, vom reinsten Interesse geleitet seien. „Geistiges und geistliches Leben zu wecken, halte ich für meinen Beruf und darauf allein ist mein Streben gerichtet. Jeder Ort ist mir bequem, wo Sinn für Gelehrsamkeit und Achtung für göttliche Dinge ist. Wenn mir der König giebt, was ich brauche, um zu Braunsberg eine gut eingerichtete theologische und philosophische Facultät zu bilden, so soll der schwierige, ich möchte sagen, verzweifelte Versuch, eine tüchtige Auswahl gelehrter Männer zu treffen und diese zur Auswanderung nach Preussen zu bewegen, gewagt werden“. — „Wer Höheres kennt, kann die Fortsetzung eines so unvollkommenen Unterrichts, als bisher in Braunsberg gegeben wurde, nicht wünschen. In der Ordnung der Dinge, worin die Kirche bei uns steht, führt dieser gerade zum Untergange. Davon zeigte sich in Braunsberg schon die Spur: von der höhern Welt waren mehrere und darunter nicht gemeine Naturen der katholischen Kirche praktisch fremd geworden. — — — — — Das hat sich nun schon zum Theil geändert, und wird mit Gottes Beistand sich ferner zum Bessern ändern, wenn meinem Schmülling sein Tagewerk gelingt“. „Wir brauchen eine Wiedergeburt. Das religiöse Leben in uns muss herrlicher, kräftiger aufgehen, es muss Früchte bringen, es muss äusserlich sich auf würdige Weise gestalten. Dazu bedarf es höherer Bildung des geistlichen Standes. Von den Geistlichen muss das Licht ausgehen und sich erweckend und stärkend durch die Gemeine verbreiten. Dazu thut allerdings ein frommes Herz und Sittenreinheit das Beste, aber es bedarf auch eines geübten Verstandes und einer tief geschöpften reinen Erkenntniss der christlichen Lehre“. Die philosophischen und theologischen Fächer würden an die acht Lehrer und bedeutenden Aufwand an Büchern, Gebäuden u. s. w. erfordern. Da die Regierung die nöthigen Ausgaben nicht bestreiten werde, und das Domkapitel dabei gefährdet sein könnte, so bleibe ihm keine andere Wahl, als sich auch für eine theologische Facultät an der Universität Königsberg zu entscheiden. Mit Unbefangenheit erörtert er die Bedenklichkeiten des Studiums auf einer protestantischen Universität. Eine tüchtige Auswahl von Professoren, sagt er u. A., mildert das Bedenken direkt, der Zeitgeist indirekt. Er will nicht den Indifferentismus in Schutz nehmen; er führt ihn nur als Zeichen der Zeit an, woraus sich schliessen lässt, dass unsere drei Landesuniversitäten mit der Zeit in allen nichtkatholischen Fächern auch zum Theil katholische Lehrer haben werden, wie Breslau deren wirklich mehrere hat, Königsberg schon einen an dem Professor der Astronomie. Die grössere Liberalität wird dahin führen, dass die wissenschaftlichen Ansichten sich ausgleichen. Was es katholischen Ohren und Gemüthern zu arg macht, dessen Stunden bleiben unbesucht. Dem Sittenverderbniss wirkt Fleiss entgegen und weise Aufsicht der Lehrer u. s. w. Die Gefahr innerer Spaltung, örtlicher Trennung der Facultät vom Seminare (worauf Schmülling hingewiesen habe), beruhe auf einer Ansicht von dem Wesen des Seminars, der er nicht beipflichten könne. Das Einzige, was er fürchtet, ist, dass die Sache einschläft und weder in Braunsberg noch in Königsberg eine theologische Lehranstalt zu Stande komme. Der Fürstbischof möge hiergegen ein bischöfliches Wort reden, „das Bedürfniss ist gross und Niemand kann es befugter, herzlicher und wahrer dem Könige vortragen, als Ew. Hochfürstliche Durchlaucht".

Unter dem 27. Dec. 1811 schreibt das Departement für Cultus und Unterricht (gez. v. Schuckmann) an den Fürstbischof, dass die Einleitung zur Stiftung einer höhern Lehranstalt für katholische Theologie-Studirende von Westpreussen und Ermland getroffen seien. (Hier lesen wir zuerst von der Ausdehnung des Planes auf Westpreussen; ein fruchtbarer Gedanke, dessen Verwirklichung der Anstalt sicher eine folgenreiche Zukunft in Aussicht gestellt hätte.) Das Departement hätte am 29. Oct. an des Königs Majestät berichtet. Die Antwort wäre am 19. Dec. aus dem Kabinete erfolgt und es solle des Bischofs Einwilligung zu bewirken gesucht werden, ehe die Hauptentscheidung erfolge. Die Anknüpfung der neuen Lehranstalt an Königsberg beruhe auf der Unentbehrlichkeit der philosophischen Disciplinen für die Bildung zur Theologie und auf der Schwierigkeit, in Braunsberg eine wohleingerichtete philosophische Facultät zu gründen. Was die Dotation betrifft, so sei das Departement nur auf säcularisable Gegenstände angewiesen. Die theologische Facultät solle mit dem Bisthum in canonischer Verbindung bleiben. Damit sei gemeint die im Conc. Trident. vorgeschriebene Verpflichtung der Lehrer zur Treue gegen die kirchlichen Lehrbegriffe und eine Mitaufsicht über dieselben in Betreff dieses Punktes.

Dass der Fürstbischof wenn auch mit Widerstreben auf einen derartigen Plan schliesslich einzugehen bereit war, zeigt sein Schreiben vom 6. Jan. 1812 von Heilsberg, worin er zunächst sein freudiges Dankgefühl ausspricht, dass das Gymnasium aus dem Zustande des Verfalles neu und schöner erstanden sei. Aber der Wegfall der philosophischen und theologischen Studien an demselben zeige seine traurigen Folgen an dem zunehmenden Priestermangel. Dem sei nicht anders abzuhelfen, als durch baldige Anstellung zweier Lehrstühle der Theologie in Braunsberg oder Königsberg; dadurch dass es gestattet bleibe, einstweilen Seminar-Aspiranten aufzunehmen, die keine Universität frequentirt haben, endlich durch baldige definitive Organisation des Seminars. Der Fürstbischof fühlt es schmerzlich, sich in dem pflichtgemässen Streben nach nützlicher Wirksamkeit durch den Abgang der hiezu erforderlichen wesentlichen Mittel und Bedingnisse behindert zu sehen. „Der Geistliche des 19. Jahrhunderts muss vielseitige Kenntnisse besitzen, nicht etwa, um sich und seinen Stand vor Verachtung zu sichern, sondern vorzüglich um das Leben der Religion in die von der Afteraufklärung ertödteten Gemüther einführen zu können. Das braunsberger Seminar dieser Aufgabe nahe zu bringen, erscheint mir als heiligste Pflicht."

So nahe demnach das ersehnte Ziel, die so nöthige Lehranstalt, sei es in Königsberg oder nach dem Wunsche des Bischofs in Braunsberg, zu errichten, im Anfange des Jahres 1812 zu sein schien, so wurde es plötzlich wieder auf mehre Jahre in die Ferne gerückt. Im Juni 1812 begann der französische russische Krieg. Preussen wurde in Mitleidenschaft gezogen. Nach der Kriegserklärung Preussens an Frankreich, den 27. März 1813, erfolgten die Freiheitskriege. Am 30. Mai 1814 wurde der pariser Frieden diktirt. Der König Friedrich Wilhelm III. erschien persönlich auf dem am 1. Nov. eröffneten wiener Congresse.

Der Fürstbischof Joseph v. Hohenzollern glaubte, es sei an der Zeit, die abgebrochenen Verhandlungen wegen der zu errichtenden Lehranstalt mit der Regierung wieder zu beginnen, welche er für die erste Bedingung des innern Gedeihens seiner Diöcese hielt. Unter dem 10. Febr. 1815 bittet er um Ergänzung des Gymnasiums zu Braunsberg durch Hinzufügung der schon ehemals dort bestandenen philosophischen und theologischen Lehrstühle. „Während der Unruhen des Krieges mussten Wünsche dieses Inhalts in der Brust verschlossen bleiben; der eingetretene Friedenszustand berechtigt zu den schönsten Hoffnungen". Der Mangel an Priestern, besonders an wohl unterrichteten jungen Hülfsgeistlichen, zeigte sich immer mehr. Das Ministerium versichert (10. Febr. 1815), dass nach des Königs Rückkehr und sobald die östliche Grenze des Staates durch die wiener Verhandlungen bestimmt sei, das Bedürfniss einer theologischen Lehranstalt für alle katholischen Diöcesen des Königreichs Preussen in Erinnerung gebracht werden sollte.

Inzwischen hatte man wieder in Erfahrung gebracht, dass im Ministerium die Meinung obwalte, nicht in Braunsberg, sondern in Königsberg eine katholisch-theologische Facultät zu gründen. Schmälling legte nun eine von Oestreich (welcher schon unter dem 30. Juli 1812 als Curator des Gymnasiums wegen Herstellung der philosophischen und theologischen Klassen eine Vorstellung eingereicht hatte) entworfene Eingabe an den Staatskanzler v. Hardenberg dem Fürstbischofe zur Begutachtung vor (9. April). Es wird darin hervorgehoben, dass seit fast vier Jahren in Ermland, in Westpreussen schon länger, kein dergleichen Institut mehr bestehe. Es wird hingewiesen auf die Nachtheile des Priestermangels. Die Erfahrung der jüngstvergangenen und gegenwärtigen Zeit habe es klar gemacht, dass, sowie einerseits Gesetze nicht hinreichen, den Menschen gegen die nachtheiligen Folgen ungezähmter Leidenschaften oder einer gänzlichen Erschlaffung des Geistes zu sichern, andererseits hingegen ein echt religiöser Sinn alle Opfer leicht mache, die das Wohl des Vaterlandes in Zeiten der Gefahr erheischt. Oestreich erörtert die Frage, ob die Anstalt bei der Universität in Königsberg oder in Braunsberg zu errichten sei. Nach ausführlicher Betrachtung derselben von Seiten der Kosten und von Seiten der Bildung der künftigen katholischen Geistlichen kommt er zu der Nothwendigkeit einer baldigen Errichtung der betreffenden Lehrstühle in Braunsberg. „Die jungen Leute, sagt er u. A., müssen vor einem freien Leben in der Welt, wie es mehr oder weniger auf Universitäten herrscht, bewahrt werden, sonst raubt man ihnen den höchsten Vorzug ihres Standes, nämlich ihrer Gemeine durch einen erbaulichen Wandel und Reinheit der Sitten vorzuleuchten. In Braunsberg, als einer Mittelstadt, giebt es der Gelegenheiten zu einem ungebundenen Leben und zur Verführung weit weniger". Er fürchtet auch in Königsberg Störung der Einheit der Ausbildung durch protestantische und katholische Professoren; der Unterricht könnte mehr auf Polemik als auf ein gründliches Studium hinauslaufen, woraus Misstrauen und Zwietracht entständen u. s. w.

Der Fürstbischof, über den Plan der Verlegung nach Königsberg beunruhigt, will, wie er in seiner Antwort an Schmülling (d. d. 10. April 1815) sagt, die durch unerwartete Ereignisse (Napoleon war am 1. März nach Frankreich zurückgekehrt und am 20. in Paris wieder eingezogen) herbeigeführte Stockung der Geschäfte benutzend Alles anwenden, um der Ausführung derselben vorzubeugen. Er vertraut auf den trefflichen, gutgesinnten und geneigten v. Schuckmann. Der Fürstbischof brachte auch in Erfahrung, dass dem „verehrungswürdigen Minister v. Schuckmann" zwar die Gründe für die Versetzung der Lehrstühle der Philosophie und Theologie überwiegend schienen; dass derselbe jedoch ohne Rücksprache mit dem Bischofe nichts beschliessen werde. — Unter dem 18. Mai übersandte Schmülling auf Veranlassung des Bischofs (27. April) eine *Denkschrift* über die höhere philosophisch-theologische Lehranstalt. Vielleicht wäre es rathsam, die Anstalt in Braunsberg so zu stellen, dass sie für *ganz Ost- und Westpreussen* genügte. Die Denkschrift selbst constatirt den nach Aufhören aller höhern Ausbildung zum geistlichen Stande in ganz Ost- und Westpreussen entstandenen Priestermangel; es sei ein jährlicher Ersatz von 30 Geistlichen nöthig. Es wird auf den sittlichen Zustand eines Standes in diesen Provinzen hingewiesen, wodurch der religiöse, sittliche und mithin auch der bürgerliche und patriotische Sinn zunächst seine Stütze und Nachahmung finden soll. Nun wird die *Ortsfrage* in Bezug auf 1) die Ausbildung, 2) die Kosten ausführlich erörtert. Es ist die Rede von dem nachtheiligen Einflusse der Vorlesungen protestantischer Professoren in der Philosophie und Geschichte. „Innige wahre Religiosität geht nur aus einem mit sich selbst einigen Gemüthe hervor, und der Weg dazu ist eine solide und übereinstimmende Bildung des Geistes und Herzens, welche an den Klippen vorüberführt, wo beide der Gefahr des Unterganges ausgesetzt sind." Jene Bildung wird auch nicht gefördert durch den Geist der Polemik, welcher nur zu leicht durch gemischte Universitäten hervorgebracht wird. — Entgegengesetzte Elemente können nichts Gedeihliches wirken, und der Jüngling, der in solchem Conflikt gebildet werden soll, wird entweder zu Zank und Hader geneigt, oder wird indifferent, d. h. er erstirbt allem Hohen und Heiligen, was die christliche Religion nähren würde, wenn er ihr mit Geist und Herz ergeben wäre. Mit Breslau sei es anders, als mit Königsberg, wo eine ganz neue katholische Lehranstalt an eine bestehende protestantische hinzugefügt werden sollte. Soll die katholische Lehranstalt in Königsberg ganz von den protestantischen Anstalten der Universität getrennt sein und für sich bestehen, so ist es ganz gleich, ob sie dort oder anderswo errichtet werde. Die Kirche erfordert ein Seminar, um die Bildung zum geistlichen Stande zu vollenden. Es ist zu wünschen, dass diese in Braunsberg schon bestehende Anstalt vollkommen wieder hergestellt werde. — In Braunsberg sei der Unterhalt für die Eltern leichter. Viele würden es wider ihr Gewissen halten, ihre Kinder an einem protestantischen Orte ihre Studien fortsetzen zu lassen. Die Aufsicht sei erschwert, die Schwierigkeiten, zum geistlichen Stande zu gelangen, sehr vermehrt. Der Aufenthalt an Einem Orte gewähre gemeinschaftliche Berathung und Mittheilung und mancherlei Vortheil für die Bildung der Studirenden. Es würden zwei Seminarien (in Königsberg und in Braunsberg) nöthig sein. Der Kostenaufwand würde für Königsberg in Ansehung des Lokales, der Besoldung und des Unterhalts der Studirenden unvergleichlich grösser sein. „Es ist nicht der Wille des Königs, dass den Katholiken die Mittel, die sie für obige Zwecke besessen haben, entnommen und dafür etwas hingestellt oder erst projectirt werde, was jenen Zwecken weniger förderlich sein wird; es ist auch gewiss die Meinung Sr. Majestät nicht, dass auf irgend eine Weise etwas dem Rechte und dem Gewissen Zuwiderlaufendes den Katholiken sollte angemuthet werden" etc.

Der Fürstbischof spricht unter dem 29. Mai an Schmälling den freudigsten Dank für den trefflichen Aufsatz aus. Wegen des neu ausgebrochenen Krieges will er einstweilen nur die Anstellung zweier Professoren am Gymnasium zu Braunsberg beantragen. — Schmedding berichtet den 23. Juni 1815 an Schmälling über die Sachlage. Der Minister stellte Anfangs die Wahl zwischen Königsberg und Posen; zuletzt war man so ziemlich für Braunsberg und schien von Königsberg absehen zu wollen. „Nur so etwas, als ehedem dort war, eine Abrichtungsanstalt, aus zwei theologischen Vorlesern bestehend, wollte man durchaus nicht, sondern eine gut ausgestattete theologische und philosophische Facultät, auf die Bedürfnisse der Provinz Westpreussen und des nordöstlichen Antheils von Posen mit berechnet, d. h. drei Professoren der Theologie und für die allgemeinen Grundwissenschaften (Philosophie, Psychologie, Logik, Moral, Grössenlehre, Naturkunde und Naturbeschreibung, Geschichte und alte Literatur) vier bis fünf Lehrer. Jedoch wurde beschlossen, ehe der Plan dem Könige zur Genehmigung vorgelegt würde, erst noch ein Gutachten des Fürstbischofs einzuholen, namentlich über die zu berufenden Lehrer u. s. w. In diesem Schreiben werden zum ersten Mal von Schmedding Männer zur Berufung in Vorschlag gebracht. Hievon macht Schmülling am 3. Juli Mittheilung an den Fürstbischof. Er vertraut, dass Gott der guten Sache, die schon verloren zu sein schien, den Ausschlag geben werde. Nun folgen schon specielle Vorschläge über die verschiedenen Fächer und deren Vertretung. Ausser Regens und Subregens für Moral und Pastoral seien zu besetzen: 1. Dogmatik, 2. Exegese, 3. Kirchengeschichte und Kirchenrecht. Die Exegese möchte Schmülling bedingungsweise übernehmen. Für die Dogmatik wünscht er, „dass dieses so wichtige Fach nicht nach der trockenen scholastischen Methode, die meist nur den Verstand mit ihren dialectischen Formen und Demonstrationen anspricht, vorgetragen würde, sondern in einem ideellen Geist, der mit Plato im Bilde Raphaels zum Himmel zeigt und dem Aristoteles neben sich zur Linken den Platz einräumt". Unter den namentlich vorgeschlagenen und empfohlenen Männern befinden sich Farwick, Busse, Gerlach. Die frohen Siegesnachrichten (18. Juni 1815 Waterloo!) würden hoffentlich den Frieden und alle Werke des Friedens zur Folge haben.

Am 4. Juli aber erhielt der Fürstbischof ein ministerielles Schreiben d. d. 22. Juni 1815. Der Minister erhebt neue Schwierigkeiten gegen eine Anstalt, die sich auf Ermland beschränkt; er verlangt einen ausführlichen Entwurf zur Vorlage an den König. Schmülling übernimmt die Ausarbeitung dieses Entwurfs (13. Juli), den er am 31. August dem Bischofe übersendet. Derselbe enthält eine Uebersicht der Lehrgegenstände 1. am Gymnasium, 2. bei der philosophischen Lehranstalt, 3. bei der theologischen, 4. beim Klerikal-Seminare. Zahl der Professoren: fünf oder wenigstens vier bei dem philosophischen; vier ausser Regens und Subregens bei dem theologischen Lehrkurse; zwei Jahre Philosophie, drei Jahre Theologie, wovon das letzte im Seminare u. s. w. In dem Begleitschreiben heisst es: Der Gehalt der Professoren solle auf 800 Thaler festgesetzt werden und zwar zu beziehen aus königl. Kassen und nicht mit Schmälerung des Domkapitels und sonstiger geistlicher Revenüen; auch müsse bemerkt werden, wie die Anstalt in Ansehung der übrigen höhern Lehranstalten des preussischen Staats stehen solle, ob Grade ertheilt, doctores philosophiae und theologiae creirt werden sollten oder nicht.

Nun scheinen die Verhandlungen einige Monate geruht zu haben. Unter dem 11. Decbr. 1815 schreibt der Fürstbischof an Schmülling über die Sachlage. Er hat ein Schreiben von dem „trefflichen" Staatsrathe Schmedding erhalten. Wegen der aus westpreussischem Klostergut zu nehmenden Mittel waren neue Verlegenheiten in Betreff des Ortes entstanden. Die Westpreussen wollten nicht nach Ermland. Nach der Zerstörung von Altschottland, „einst dem blühendsten und bedeutendsten aller derartigen Institute," wüsste Schmedding keinen Ort, wenn von Braunsberg abgesehen werde.

Unter dem 25. Decbr. 1815 sendet Schmülling auf des Bischofs Ersuchen einen Entwurf zu einer letzten Sr. Majestät zu unterbreitenden Eingabe ein, welchen dieser ganz vortrefflich und erschöpfend erklärte, dessen siegenden Gründen kein unbefangener Sinn zu widerstehen vermöge, um die letzten Bedenken gegen Braunsberg im Ministerium zu entkräftigen. — Der Fürstbischof und Schmülling geben sich, von Schmedding ermuthigt, froher Hoffnung hin (22. Jan.; 4. Febr. 1816).

Nach einem Schreiben Schmedding's (vom 15. Febr.) war der Bericht des Ministers an den Monarchen in der Art erstattet: die Errichtung einer philosophischen und theologischen Lehranstalt für Westpreussen und Ermland sei dringendes Bedürfniss; Braunsberg der passendste Ort; fünf Lehrstellen der Philosophie, drei der Theologie, abgesehen vom Seminare; Normalbesoldung 800 Thlr.; die Ueberreste des westpreussischen Klosterguts würden dieser Anstalt und den westpreussischen Gymnasien gewidmet, das Fehlende durch königliche Milde beigelegt werden müssen. An der gewährenden Antwort des Königs sei nicht zu zweifeln.

Die Sache war nunmehr so weit gediehen, dass, wie die nächsten Correspondenzen zeigen, man ernstlich an Besetzung der Lehrstellen denken musste. Schmedding schlägt u. A. Achterfeldt, Busse, Neuhaus, Farwick, Gerlach vor. Man war aber nicht nur wegen der Professoren in Sorge, sondern auch wegen der noch fehlenden Studirenden. Schmülling schreibt an Schmedding im Sommer 1817: „Kommt Zeit, kommt Rath. Die Zeit ist noch nicht da, wo wir eine ganze Parthie Primaner entlassen könnten. Mit dem Laufe des nächsten Schuljahres werden einige so weit sein, aber nur einige. Vielleicht finden sich schon bald Auditores aus Westpreussen. Im hiesigen Seminare sind jetzt nur zwei“ [illegible]).

Der Fürstbischof selbst hatte sich noch am 2. Nov. 1816 an v. Schuckmann um Unterstützung seines Gesuches beim Könige gewendet.

[illegible]) Im Jahre 1816 entliess das Gymnasium drei Abiturienten: Ambrosius Kampfbach (geb. 1797 zu Braunsberg, ordinirt 1820, zuletzt Pfarrer in Tolksdorf, † 8. Mai 1860), Jos. Neumann (geb. 1794 in Bischofstein, ordinirt 1821, † 3. März 1867 als Domdechant), Peter Witkowski (geb. 1793 zu Mehlsack, † 1849 als Propst an der hl. Linde). Alle drei studirten, mit ermländischen Stipendien unterstützt, von 1816 bis 1820 in Breslau. 1817 sind gar keine Abiturienten entlassen worden, 1818 aber vier, worunter drei katholische: Anton Diehl, Johann (Thom.) v. Donimierski und Valentin Wobbe. Mit diesen dreien beginnt die Matrikel des Lyceums. Diehl, geb. 15. Mai 1799 in Braunsberg, immatriculirt 1. Oct. 1818, exmatriculirt 15. Aug. 1823, ordinirt 27. Mai 1823, lebt als Geheim. Regierungsrath in Danzig. v. Donimierski, geb. 18. Dec. 1795 in Cygus bei Stuhm, immatriculirt 1. Oct. 1818, exmatriculirt 1. Aug. 1820, ordinirt 25. März 1823, starb 4. Mai 1868 als Domherr in Pelplin. Wobbe, geb. 14. Febr. 1797 zu Braunsberg, immatriculirt 1. Oct. 1818, exmatriculirt 15. Aug. 1822, ordinirt 1823, starb 15. Aug. 1840 als Kaplan in Braunsberg. Die auf Westpreussen gesetzte Hoffnung ging nicht in Erfüllung. Ausser Donimierski studirten überhaupt nur noch zwei Westpreussen in Braunsberg, Anton Buchalowicz und Stephan Owsdowicz. Ersterer, geb. 17. Dec. 1798 in Berent, wurde immatriculirt Oct. 1818, exmatriculirt 1. Aug. 1821, ordinirt 22. Febr. 1823, kommt 1827 bis 1830 als Commendarius des Bischofs Mathy in Thiergarth und 1853 als Propst in Berent vor, woselbst er auch gestorben ist. Owsdowicz, geb. 1797 zu Schottland bei Danzig, immatriculirt Febr. 1820, exmatriculirt 1. Aug. 1821, war zwar von 1821—1824 Alumnus des ermländischen Seminars, findet sich aber nicht unter dem ermländischen Klerus.

Am 30. Mai 1817 kann er schon dem Domkapitel die frohe Kunde mittheilen, dass unter dem 19. d. M. der königliche Beschluss zur Errichtung der katholischen Facultät zu Braunsberg wirklich erfolgt sei und dass 6000 Thlr. aus den Säcularisations-Fonds bewilligt worden. v. Schuckmann theilt ihm unter dem 3. Oct. 1817 mit, dass mit des Bischofs Einverständniss zu Professoren der Theologie zu Braunsberg berufen seien: Achterfeldt, Kapellan zu Wesel, Busse, Vicar zu Goldenstedt, Neuhaus, Kapellan zu Heckingen. Die Facultät würde feierlich eröffnet werden, wenn die übrigen Lehrer ernannt worden und eine angemessene Zahl von Studirenden sich eingefunden. Gehaltsanweisung erfolgte am 8. Oct. 1817 durch v. Schuckmann an den Curator Oestreich aus dem Neuzeller Fonds.

Der Fürstbischof, dessen Streben endlich mit Erfolg gekrönt worden, drückt seine innige Herzensfreude mit demüthigem Dankgefühle gegen Gott in vielen Briefen an das Domkapitel (11. Octbr.), an Schmülling und andere Personen aus; besonders dankbar äussert er (14. Octbr.) seine Freude gegen den Minister, dessen väterlichem Wohlwollen und Gnade das segenbringende Ereigniss zu danken sei. Die Professoren Achterfeldt, Busse und Neuhaus meldeten am 8. Decbr. von Braunsberg aus ihre am 1. Decbr. erfolgte Ankunft dem Fürstbischofe, und wurden von ihm in einem Briefe vom 10. Decbr. herzlichst bewillkommnet.

9.

Das königliche Lyceum Hosianum während seines fünfzigjährigen Bestehens.

Der 19. Mai 1818 ist das Datum der allerhöchsten Kabinets-Ordre zur Wiederherstellung der höhern Lehranstalt zu Braunsberg.

Mit dem Tage dieser Urkunde beginnt die Geschichte des königlichen Lyceums. Es liegt in der Natur der Sache, dass das Leben und Wirken innerhalb der stillen Räume einer Gelehrtenanstalt während jüngstvergangener Jahrzehnten kein sehr geeigneter Stoff zu einer geschichtlichen Darstellung ist, zumal wenn sie von ihr selbst ausgeht und noch die lebende Generation betrifft. „Unter den academischen Lehranstalten", sagt der selige v. Dittersdorf in einer Rede, die er als Rektor 1830 bei der Einführung Annegarn's gehalten, „welche als Zeugen wissenschaftlicher Regsamkeit in allen Provinzen des preussischen Staats sich erheben, den zu bürgerlicher und kirchlicher Thätigkeit sich vorbildenden Jünglingen zum Heile, dem Staate zu einer seiner schönsten Zierden, nimmt unsere Anstalt keineswegs einen der ersten Plätze ein, indem sie weder in der Zahl wissenschaftlicher Lehrstühle, noch in der Menge studirender Jünglinge mit den Schwesteranstalten ihres Ranges sich vergleichen kann. Doch darf uns, die wir am Lyceum Hosianum zu arbeiten berufen sind, diese Betrachtung nicht kleinmüthig machen. Von ihrem Stifter ins Leben gerufen, zunächst um dem engbegrenzten Ermlande tüchtige, ebenso erleuchtete als fromme Priester zu geben, hat unsere Anstalt nicht nur in längst vergangener Zeit ihre Aufgabe ehrenvoll zu lösen gewusst, wie dieses so manche in der Kirche hochgestellte oder als Lehrer ehrenhafte Männer beweisen, welche aus ihr hervorgegangen, sondern auch in neuester Zeit, da nach Jahren der Drangsal landesväterliche Huld und Fürsorge sie von neuem begründet, beweist der aus ihr hervorgegangene Klerus von Ermland, der grossen Mehrzahl nach wissenschaftlich gebildet, im Berufe eifrig und im Wandel ehrenhaft, dass die Hosianische Lehranstalt, wie wenig sie auch äusserlich prunken möge, der ihr von dem berühmten Stifter gegebenen Bestimmung sich treu und seines Namens würdig erhalten habe. Ueberhaupt kommt es ja weniger darauf an, weithin und mit Glanz, als gut und tüchtig, wenn auch im Stillen und im engen Kreise zu wirken, und das Lyceum Hosianum wird sich rühmen dürfen, seiner Bestimmung zu entsprechen, wenn es dem Ermlande einen wissenschaftlich gebildeten, berufstüchtigen und berufstreuen Klerus heranzieht." — Was die Lösung der zweiten Aufgabe höherer Lehranstalten, die Pflege der Gelehrsamkeit und der Wissenschaften, betrifft, so werden die literärischen Leistungen der braunsberger Docenten in den diesen Abschnitt beschliessenden biographischen Nachrichten ihre Würdigung finden.

Die folgende Darstellung wird demnach, abgesehen von den nothwendigen Notizen über die äussere Verfassung und weitere Entwickelung der Anstalt, wesentlich den Charakter einer Personal-Chronik annehmen.

Die fernere Correspondenz des Jahres 1818 zwischen den vielfach genannten bei der Erreichung des Zieles thätigen Männern, woran sich jetzt auch die drei Professoren betheiligten, bezieht sich auf Stoff und Stellung der Lehrgegenstände, auf Gutachten wegen des zu entwerfenden Statutes u. s. w. In Bezug auf die Dotation drückt Schmedding unter dem 20. Jan. 1818 an seinen „geehrten Freund" Oestreich sein Bedauern aus, dass dieselbe (aus der katholischen Hälfte des Neumann'schen Stiftsfonds), welche auf 8000 Thaler vorgeschlagen war, auf 6000 Thaler herabgesetzt worden. Den 6. Octbr. wollen die Professoren mit den drei am Gymnasium gebildeten Zuhörern (es waren Ditki, v. Donimierski und Wobbe) ihre Vorlesungen beginnen. Die Professoren erhielten am 5. Novbr. 1818 ihre Bestallungen (d. d. 1. und 2. August); sie wurden am 11. Decbr. vereidigt durch den vom Oberpräsidenten v. Auerswald beauftragten Landrath v. Schau.

Die nächste Aufgabe war nun die Herstellung einer philosophischen Facultät. v. Altenstein theilt unter dem 15. Februar 1819 dem Consistorium zu Königsberg mit, dass der erste Oberlehrer am Gymnasium zu Braunsberg, Dr. Farwick, zum Professor der Philosophie ernannt sei. Er soll seine Vorlesungen über Philosophie erst im Herbste 1819 eröffnen.

Sehr bald aber wurde das Gedeihen der jungen Anstalt, über welche der Minister v. Altenstein schon am 25. April 1819 seine volle Zufriedenheit aussprechen konnte, von einer bedenklichen Störung betroffen. Der Professor der Theologie Neuhaus und der der Philosophie Farwick hielten Kränklichkeits halber um ihre Entlassung an und erhielten sie vom Ministerium. Sie kehrten beide in ihre Heimath zurück. Die Docentur des Ersteren hat drei Semester, die des Letztern gar nur ein Semester gewährt.

Unter dem 5. Juli 1820, nachdem Farwick mit Neuhaus Braunsberg schon verlassen, schlägt der Fürstbischof an des Ersteren Stelle die Berufung des Schlosspropstes in Heilsberg v. Łęczynski vor, einen in wissenschaftlicher Hinsicht, namentlich im mathematischen Fache, sehr tüchtigen Mann. Die sich diesserhalb lange hinziehenden Verhandlungen führten aber schliesslich nicht zum Ziele. Mit glücklicherem Erfolge dagegen wurde Ersatz für Neuhaus gefunden in der Person des Kaplans Anton Frenzel in Zülz in Schlesien, welchen das Ministerium (v. Altenstein) unter dem 20. Juni 1820 dem Fürstbischofe vorgeschlagen und empfohlen. — Viel grössere Schwierigkeiten erhoben sich aber wegen Besetzung der noch offenen Lehrämter. Der Minister v. Altenstein schreibt unter dem 19. Oct. 1820 an den Fürstbischof, ohne diese Besetzung sei der Besuch einer andern Lehranstalt nicht entbehrlich. Tüchtige Männer seien nicht zu gewinnen; die ausgesetzte Summe von 600 Thlr. reiche für zwei Facultäten nicht aus. Auf Erhöhung könne nicht angetragen werden. Unter solchen Umständen trat der Minister unerwartet mit einem neuen Plane hervor, es solle auf der Universität zu Breslau ein Convictorium für ermländische Theologie-Studirende errichtet und die Facultät zu Braunsberg aufgegeben, jedoch das Seminar zur praktischen Ausbildung des Klerus beibehalten werden. — Der Fürstbischof protestirte d. d. Oliva 16. Nov. 1820 bei dem Ministerium unter Darlegung der von Schmülling suppeditirten Gründe gegen die Aufhebung der Facultät und die Gründung eines ermländischen Convicts zu Breslau. — Im Decbr. erfuhr der Fürstbischof durch Schmedding, dass von der Verlegung der Facultät vor der Hand abgestanden und dem Frenzel berufen sei; es solle auch noch ein Versuch gemacht werden, Lehrer für die philosophische Facultät zu gewinnen. Frenzel hatte mittlerweile den Ruf angenommen und wurde erwartet (14. Febr. 1821), kam aber erst Mitte August 1821 an.

Der Fürstbischof blieb unermüdlich im Suchen und Unterhandeln mit Schmülling wegen der fehlenden Lehrer. Am 9. April 1821 kann der Fürstbischof dem Ministerium schon bestimmte Vorschläge machen. Schmülling und Gerlach haben sich bereit zu philosophischen Vorträgen erklärt. Wenn Łęczynski für Mathematik ernannt würde, dann fehlte nur noch ein vierter Lehrer für Philologie und ein vierter für Theologie. An Schmülling drückt er die Hoffnung auf günstigen Erfolg aus. In der That war die Gefahr wegen der bedrohten Existenz der Anstalt abgewendet und für den Herbst 1821 war der Abschluss der Organisation zu erwarten.

Aus einem ministeriellen Schreiben an den Fürstbischof d. d. 1. Sept. 1821 ist ersichtlich, dass der Oberpräsident Landhofmeister v. Auerswald am 10. Nov. 1820 den Wunsch ausgesprochen hatte, dass die Facultät zu Braunsberg mit der Universität zu Königsberg vereinigt werden möchte. Das Ministerium hatte darauf, wie es durch dies Schreiben mittheilt, den 1. Sept. 1821 geantwortet, dass es von dieser Ansicht, die es früher selbst gehabt, abgegangen sei. „Auch scheint nach einigen schriftstellerischen Aeusserungen dasiger Lehrer und nach dem jüngsten Festprogramme es selbst in Königsberg an günstiger Stimmung in dieser Hinsicht zu fehlen". — „Die höhere Lehranstalt zu Braunsberg, Lyceum Hosianum von ihrem Stifter, dem Cardinal Hosius genannt, wird in Zukunft aus zwei Facultäten bestehen, der theologischen und philosophischen. In der philosophischen ist der Gymnasialdirektor Schmülling zum Professor der Philosophie unter Beibehaltung seiner Stelle am Gymnasium mit 250 Thlr. Gehalt ernannt; er wird in 5—6 Stunden wöchentlich Psychologie, Logik und Moral vortragen. Die Professur der Geschichte und Pädagogik erhält in gleicher Weise und mit gleicher Besoldung Gerlach. Für die höhere Mathematik und Physik ist Lączynski auszuersehen, wenn er sich mit 300 Thlr. Besoldung begnügt. Die Besetzung der Philologie bleibt vorbehalten u. s. w. Gegen den 15. Oct. könne die Eröffnung der Vorlesungen erfolgen. Dem Gymnasium wird ein Unterlehrer bewilligt u. s. w. Beide Facultäten sollen nach vollständiger Besetzung der Stellen ein Statut entwerfen und zur Genehmigung einreichen. Das Lyceum führt ein Album wie die Universitäten; die Studirenden empfangen eine Matrikel. Das Collegium Professorum bildet bis auf Weiteres den Senat, den Vorsitz führt für das bevorstehende Schuljahr der Direktor Schmülling als Dirigent[29]). Der Oberpräsident hat die Oberaufsicht über die Anstalt. Ueber die Concurrenz des Bischofs wird nähere Bestimmung erfolgen".

Diese wichtige Verfügung, eine Art von erstem organischen Statute des Lyceums, welche das Ministerium am 1. Sept. 1821 dem Fürstbischofe mitgetheilt, übermachte v. Auerswald am 18. Sept. 1821 an Schmülling mit dem Auftrage, die Professoren zu versammeln, über das Lokal der Lehrzimmer ein Gutachten einzureichen, sowie monatlich genauen Bericht über das Lyceum zu erstatten. Am 1. Oct. legten Schmülling, Frenzel und Gerlach die professio fidei ab. Somit stand denn am Anfange Octobers 1821 endlich die Anstalt unter dem Titel Lyceum Hosianum einigermassen organisirt und den Verhältnissen gemäss fertig mit zwei Facultäten da. Von diesem Zeitpunkte an können wir überhaupt erst den Anfang der philosophischen Facultät datiren. Die Vorlesungen begannen nach dem Index am 15. Oct. 1821.

Am 3. Oct. wurde die erste Senatssitzung gehalten und Beschlüsse über Matrikel und die Signa, Siegel u. s. w. gefasst; sowie, die Benennung

---

[29]) Als Dirigenten folgten sich: Schmülling 1821—1826; [illegible] 1826—1826; Gerlach 1826—1827; Busse 1827—1828; Frenzel 1828—1829. Erster Rector wurde dann Schmitt 1829—1830.

Rektor statt Dirigent und die jährliche Ernennung von Dekanen, endlich die Bewilligung von Bibliotheksgeldern zu beantragen. Unter dem 7. Oct. übersendet Schmülling an den Fürstbischof und v. Auerswald die Lectionsverzeichnisse, lateinisch (zum Druck) und deutsch für das Königsberger Intelligenzblatt oder Zeitung. In dem lateinischen steht schon vorläufig: Caj. de Łęczynski lectiones quas habebit, cum advenerit, indicabit. Die Verhandlungen mit ihm kamen aber nicht zum Abschluss. v. Auerswald antwortete (8. Oct.) u. a., dass bis zur Erlassung des Statuts der Name Dirigent beizubehalten sei.

Der erste gedruckte „Index Lectionum in Lyceo Hosiano Brunsbergensi per Semestre hibernum An. MDCCCXXI — MDCCCXXII. a die XV. Octobris habendarum, Brunsbergae Typis G. D. Feyerabend," unterscheidet I. Ord. theol.: Joh. Henr. Achterfeldt P. P. O. (vier dogmatische und ethische Lectionen), Joh. Bern. Jos. Busse P. P. O. (fünf Vorlesungen über Exegese, Kirchengeschichte, Patristik, Alterthümer, orientalische Sprachen), Ant. Franz Frenzel P. P. O. (drei Vorlesungen über Kirchenrecht und Pastoral). II. Ordo Philos.: Dr. Joh. Henr. Schmülling P. P. O. (zwei Vorlesungen: Psychologie und Logik); Dr. Mar. Gid. Gerlach P. P. O. (drei Vorlesungen: Geschichte, Geschichte der Philosophie und Pädagogik). (So blieb es auch im Sommer 1822; im Index von 1822/23 fehlt die Pastoral, bis sie erst im Index von 1824/25 durch Scheill vertreten wieder auftritt. Das jus can. docirt 1823/24 Busse neben der Kirchengeschichte; Frenzel ist seit 1823/24 Exeget.)

Die Externa wurden verwaltet durch den Curator localis Oestreich, als solcher schon durch Rescript (Berlin 3. Octbr. 1817) auch zur Einziehung der Gehälter an die Professoren beauftragt. Es heisst in einem späteren Berichte von ihm, dass er, „mit vielem Mühaufwand und mancher Aufopferung redlich für das Aufblühen der Anstalt thätig war".

Die Akten des Jahres 1822 und der folgenden enthalten Verhandlungen über die fernere allmälige innere und äussere Organisation, über die rechtliche Stellung der Anstalt, Personalien, Stellenbesetzungen (vielfache Bemühungen und Vorschläge wegen Berufung von Professoren und Empfehlung oder Ablehnung der namentlich vorgeschlagenen), langdauerndes Streben nach einem Statute; über Lokalitäten und deren Ausbau, Bibliothek, Lehrmethode, Dauer der Vorlesungen, Studienpläne, Vertheilung der Lehrfächer; über Handhabung der Disciplin, Geldbewilligungen, Art der Geldzahlungen; Einrichtung des Klerikal-Seminars u. s. w.

Die baldige zweckmässige Einrichtung des Seminars, dessen Dasein ein Hauptmotiv zur Errichtung des Lyceums gewesen, wurde für dringlich erklärt. Es wird mehrfach auf die westpreussischen Seminare als ein Hinderniss des Fortganges des Lyceums hingewiesen, da dieselben ungenügend vorbereitete junge Leute aufnähmen und nach kurzem oberflächlichen Unterrichte ordinirten, was auch in Polen geschehe. Nach ihrer Rückkehr würden sie angestellt. Es dürfe fortan kein junger Mann in den Seminarien aufgenommen werden, der nicht ein Zeugniss aufweisen könne.

dass er die theologischen Studien an einer Universität oder dem hiesigen Lyceum absolvirt habe.

Am 25. Mai 1822 überreichte das Lyceum den Entwurf eines Statutes zur Genehmigung, welchen der Fürstbischof sehr zeitgemäss findet. v. Auerswald stellt (26. Octbr.) die definitive Organisation der Anstalt in Aussicht. — Der unter dem 9. Januar 1823 eingereichte Etat wird noch nicht für erforderlich gehalten.

Das Jahr 1824 führte dem Lyceum ausser den vorhandenen Professoren (Achterfeldt, Busse, Frenzel, Schmülling, Gerlach) zwei neue Kräfte zu, für die Theologie den als Regens des Seminares aus Baiern berufenen Dr. Jos. Scheill, für die Philosophie A. L. Feldt. Mit Zustimmung des Bischofs (16. Februar) und des Ministeriums (22. März) soll der künftige Regens Scheill, der als solcher verpflichtet ist, die praktische Theologie vorzutragen, im Index in der Reihe der theologischen Professoren mit aufgeführt werden. Nach dem Abgange des Regens Jos. Wobbe (1823) hatten Achterfeldt und Frenzel das Seminar dirigirt, von Herbst 1823 bis zu Scheill's Eintritt zu Ostern 1824. Aug. Laur. Feldt, Lector der polnischen Sprache an der Universität zu Breslau, wird unter dem 24. Januar 1824 zum ausserordentlichen Professor der Mathematik, Naturwissenschaften und Astronomie an das Lyceum berufen, was unter dem 3. März mitgetheilt wird. Feldt begann seine Vorlesungen mit Mai 1824.

Im Jahre 1825 (30. Jan.) wandte sich das Lyceum an das Ministerium wegen Bestätigung des am 25. Mai 1822 bereits eingereichten Statutes. Ohne feste Gesetze sei die Handhabung der Disciplin nicht möglich. Dasselbe dringende Gesuch stellte unterm 25. Februar der Fürstbischof an v. Altenstein. Von Seiten des Oberpräsidenten v. Schön hatte sich die Anstalt damals einer besondern Gunst nicht zu erfreuen, was gelegentlich den Professoren Veranlassung gab, energisch gegen dessen Absichten zu protestiren.

Das Jahr 1826 brachte eine Personalveränderung mit sich. Nach dem Schlusse des Sommersemesters 1826 ging Achterfeldt als Professor nach Bonn ab. An seine Stelle wurde (20. Dec.) Jos. Neumann berufen, der erste geborne Ermländer unter den Professoren. Im Sommer-Semester 1827 finden wir ihn als P. P. O. in der Doction.

Während dieser Jahre und der folgenden liess der Fürstbischof auch die Vervollständigung der philosophischen Facultät nicht aus den Augen, wie die öftern wiederholten Anträge zeigen. Diese Facultät erlitt im folgenden Jahre 1827 (Ostern) durch Schmülling's Abgang nach Münster einen empfindlichen Verlust, so dass sie nur noch durch Gerlach und Feldt vertreten war. Unter dem 23. Juli 1828 ersucht der Fürstbischof den Minister v. Altenstein um baldigste Anstellung der fehlenden Professoren der Philosophie. Es gebe den Lyceisten eine gründliche philosophische Vorbildung zum Verständnisse der theologischen Wissenschaften ab. In der That war zwar für die mathematisch-physikalischen Fächer, sowie für Geschichte, Pädagogik und für Geschichte der Philosophie gut gesorgt, aber die eigentliche Philosophie (nach Schmülling's Abgange), sowie die philologischen Disciplinen sollten noch mehre Jahre vaciren.

Mit dem 29. Sept. 1828 schied Oestreich aus seinen Beziehungen zum Lyceum aus. „Er habe die Einziehung der Gelder als Curator des Gymnasiums bewirkt. Da er nun am Schlusse des Jahres aus der alten Verbindung mit dem Gymnasium trete, so sei er auch nicht mehr im Stande, die Einziehung der Gelder für das Lyceum zu besorgen". Letzteres votirte ihm (22. Oct.) ein Dank- und Anerkennungsschreiben „für die dem königl. Lyceum bis auf diesen Tag bewiesene Wohlgewogenheit und thätige Theilnahme". — Unter dem 14. Dec. verordnete das Ministerium auf Antrag des Lyceums, dass fortan alle Geldzahlungen direkt an das Lyceum gemacht werden sollten [illegible]).

Im Dec. 1828 wurde Feldt zum ordentlichen Professor befördert. Im Jahre 1830 wurden wieder die lebhaftesten Verhandlungen wegen Ergänzung der philosophischen Facultät gepflogen, woran sich die Professoren durch wiederholte Berathungen betheiligten. Bei den höhern Behörden war noch immer ein sichtliches Widerstreben dagegen. Gleichwohl wurden 600 Thaler für einen Professor der Philosophie bewilligt; auch wurden einzelne Vorschläge gemacht. — Im Sommer 1831 schied der zum ermländischen Domherrn ernannte Professor Frenzel von der Anstalt aus. An seine Stelle wurde auf des Fürstbischofs Vorschlag der Licent. Demme berufen. Er begann seine exegetischen Vorlesungen als P. P. O. im Herbste 1831.

Die während des Jahres 1832 wieder urgirte Anstellung eines Philosophen erfolgte endlich im Jahre 1833. Unter dem 30. April d. J. wurde Dr. Schwann zum P. P. O. der Philosophie ernannt, welche Wissenschaft er schon im Sommersemester 1833 vertrat.

Wenn das Lyceum es also auf sieben Professoren gebracht hatte, so sollte es bald wieder sehr hart und schmerzlich betroffen werden. Scheill wurde am 9. Juli 1834 in einem Alter von 50 Jahren durch einen plötzlichen Tod hinweggerafft. Seine Stelle vacirte noch, als ein neuer eben so harter Schlag die Anstalt heimsuchte. Am 5. Jan. 1835 folgte ihm Busse in die Ewigkeit, 47 Jahre alt. Das erfolgte Hinscheiden dieser beiden durch ihre segensreiche Wirksamkeit am Lyceum ausgezeichneten Männer erfüllte die ganze Diöcese mit tiefer Trauer. Die Studirenden wollten die Gräber ihrer nebeneinander ruhenden Lehrer durch ein gemeinschaftliches Denkmal ehren. Diese Idee erweiterte sich durch

---

[illegible]) Seitdem wurde die Verwaltung von dem jedesmaligen Rektor geführt, der die Rechnungsgeschäfte immer erst am Anfange des Kalenderjahres übernahm. Das Collegium Professorum aber trat, anstatt des Curator localis, als Curatorium der Kasse ein (1834). Seit dem Beginne der dreijährigen Amtsdauer der Rektoren (18[illegible]) wurde ein besonderer aus dem Collegium gewählter Rendant angestellt. Das Kassencuratorium sollte aus dem Rektor und zwei auf drei Jahre gewählten Mitgliedern bestehen. Die Gelder wurden vor Einführung eines gemeinsamen Etats von der Administration des Neuzeller Fonds, dann von der Hauptinstitutenkasse zu Frankfurt a. O. gezahlt.

dem Zutritt der zahlreichen Verehrer und Freunde der Verstorbenen dahin, dass ausserdem eine Stipendienfundation (Stipendium Scheillio-Busseanum) zu Stande kam, wodurch eine jährliche Prämie demjenigen Studirenden zuerkannt wird, welcher die beste Bearbeitung einer Preisfrage aus dem Gebiete der Pastoraltheologie und Kirchengeschichte liefert.

An Scheill's Stelle war noch vor Busse's Tode auf Vorschlag des Fürstbischofs unter dem 13. Nov. 1834 der Spiritual am fürstbischöflichen Alumnate zu Breslau v. Dittersdorf als ordentlicher Professor der Pastoraltheologie, zugleich als Regens des Seminars ernannt worden. Er kam im April 1835 in Braunsberg an, um alsbald seine homiletischen, katechetischen und liturgischen Lectionen zu beginnen. Nun fehlte Ersatz für Busse, „einen ausgezeichneten, gelehrten und biedern Mann." Durch Kabinetsordre vom 6. April 1836 wurde an dessen Stelle der Pfarrer von Selm bei Münster Annegarn berufen, als Professor des Kirchenrechts und der Kirchengeschichte. Im Herbste desselben Jahres begann er seine Thätigkeit am Lyceum. — Mittlerweile war aber die theologische Facultät wieder durch einen doppelten Verlust reducirt worden. Demme war Ostern 1836 einem Rufe nach Breslau gefolgt; Neumann wurde im Jan. 1837 als ermländischer Domherr installirt, so dass die Indices für Sommer 37 und für Winter 37/38 nur zwei theologische Professoren (v. Dittersdorf und Annegarn) aufführen. Es dauerte bis Ostern 1838, dass in dieselbe eine neue Kraft in der Person des bisherigen Religionslehrers am Gymnasium, Eichhorn, eintrat. Derselbe war durch Kabinetsordre vom 19. Febr. 1838 zum P. P. O. in der Theologie ernannt worden und trat im April an Demme's Stelle sein Lehramt an.

Wie sehr der Fürstbischof in den zuletzt besprochenen Jahren für das Gedeihen und die Hebung der Anstalt, die ihm so sehr ans Herz gewachsen war, bis an sein Lebensende bedacht blieb, zeigt u. a. sein Antrag an das Ministerium, dass der theologischen Facultät zu Braunsberg das Promotionsrecht verliehen werden möchte. Das Ministerium hatte unter dem 20. Jan. 1835 geantwortet, dass davon eigentlich nur dann würde die Rede sein können, wenn jene Facultät mit der Universität Königsberg örtlich und organisch verbunden würde. Das veranlasste den unermüdlichen Bischof (16. Febr.) die academische Bedeutung und die academischen Rechte der Anstalt überhaupt zur Sprache zu bringen. Wenn auch noch keine definitiven Bestimmungen erfolgt seien, so glaube er doch, dass wenigstens die theologische Facultät den an den Landesuniversitäten und an der Academie zu Münster bestehenden Facultäten für die Theologie vollkommen gleich stehe, wie dies selbst aus mehren Ministerialerlassen (z. B. vom 17. Juni und 12. Mai vorigen Jahres) geschlossen werden müsse. Die definitive Regelung der Verhältnisse dieser Anstalt würde gewiss viel dazu beitragen, das Gedeihen derselben zu fördern. Gegen die Vereinigung dieser Anstalt mit der Universität Königsberg sprächen so viele innere und äussere Gründe, dass er diese als ganz unausführbar betrachten müsse. — Der Minister erkennt zwar unter dem 2. März die Vollgültigkeit der Studienjahre zu Braunsberg zum academischen Triennium an, hält die Anstalt aber zur Verleihung academischer Würden nicht für geeignet.

Der unvergessliche Fürstbischof aber sollte die schliessliche gesetzliche Constituirung der Anstalt, die eine seiner Lebensaufgaben gewesen, nicht erleben. Er starb am 6. Sept. 1836. v. Dittersdorf hielt die Grabrede; Gerlach widmete seinem Gedächtnisse (Memoria Josephi ab Hohenzollern, Principis Episcopi Varmiensis) das Proömium zum Index von 1837/38. Sein Andenken kann am Lyceum nicht ersterben. — Auf seinen Nachfolger Andreas Stanislaus von Hatten ging das Interesse und die Gunst für Joseph's Lieblingsanstalt über. Am 26. April 1837 vom Kapitel gewählt, am 6. Oct. vom Papste bestätigt, hatte er am 25. März 1838 von dem bischöflichen Stuhle Besitz genommen. Seine Gesinnung gegen das Lyceum sprach er u. a. in einem Dankschreiben auf eine Gratulation der Professoren unter dem 18. Sept. 1840 dahin aus, dass er an allem, was das Wohl des königl. Lyceums betrifft, den innigsten und lebendigsten Antheil nehme, und dass es ihm eine wahre Herzensangelegenheit sein werde, seinerseits etwas für die der Diöcese so überaus wichtige Anstalt beitragen zu können. Diese Gesinnung der Hochachtung für die Anstalt und ihre Lehrer hat derselbe während seiner kurzen Regierungszeit stets bewährt. — Nicht lange nach Joseph's Tode that das Ministerium einen Schritt zur endlich abschliessenden Organisirung, indem es unter dem 15. Febr. 1837 Behufs Redaction der Statuten vom Lyceum Bericht erforderte.

Was die fernere Personalchronik betrifft, so war durch Rescript des königlichen Ministeriums vom 30. März 1839 Professor Schwann zum Professor der Dogmatik und Moral ernannt worden. Bis dahin waren seit Neumann's Abgange diese wichtigen Disciplinen nicht vertreten gewesen. Schwann begann alsbald über dieselben zu lesen. — Bei Gelegenheit von Schwann's Uebertritte aus der philosophischen in die theologische Facultät bestimmte das Ministerium unter dem 27. Mai 1839, dass, da die Facultäten Abtheilungen des Einen Collegii Professorum seien, ein Professor bei seinem Uebertritte in eine andere Facultät seinen Rang nach den Dienstjahren erhalte. — Kurz darauf, den 31. Mai, erfolgte ein Ministerialrescript über die Ernennung des Oberpräsidenten v. Schön zum Curator des Lycei; das Lyceum habe sich in allen die Ausübung des Lehramtes, der Disciplin, Einführung der Professoren betreffenden Angelegenheiten an den Curator Herrn v. Schön zu wenden. Als sich das Collegium dem Herrn Curator empfahl, antwortete er unter dem 19. Juni 1839, er trete gern mit dem Collegium Professorum in nähere Geschäftsverbindung und wolle jede Gelegenheit benutzen, der Anstalt nützlich zu werden und deren Zwecke zu fördern. — Durch Schwann's Uebergang zur Theologie vacirte die Stelle des Philosophen. Das Lehramt der Philosophie wurde durch das Ministerium dem Gymnasiallehrer Trütschel in Culm übertragen, welcher während des Winters 1840 nach Braunsberg übersiedelte und seine Vorlesungen zu

Ostern desselben Jahres begann. Die Personalverhältnisse blieben unverändert bis in den Sommer 1843.

Mittlerweile erlitt mit der ganzen Diöcese auch unser Lyceum einen herben Verlust. Sein zweiter grosser Gönner und Wohlthäter, Bischof Stanislaus von Hatten, wurde ihm am 3. Januar 1841 durch Mörderhand entrissen.

Im Jahre 1842 begannen die Verhandlungen wegen des Wechsels des Rektorats. Man wollte von Seiten des Ministeriums statt des bisherigen einjährigen Wechsels aus Disciplinargründen einen dreijährigen einführen.

Die Indices von 1843/44 und 44 geben wieder Zeugniss von neuen Verlusten. Die Theologie ist nur noch von Eichhorn und Schwann vertreten. Annegarn war am 8. Juli 1843 gestorben, Dittersdorf im August als Domherr nach Frauenburg abgegangen. Erst der Index 1844/45 führt eine neue Lehrkraft in der Person des Licent. Krüger auf, welcher sich zu Ostern 1844 als Privatdocent in der Theologie habilitirte und sodann seine exegetischen Vorlesungen begann. Bis dahin war Eichhorn Exeget gewesen, welcher jetzt (nach Annegarn's Tode) Kirchengeschichte und Kirchenrecht übernahm. Unter dem 11. April 1844 war die Mittheilung eines Auszuges aus dem zur Bestätigung vorgelegten Statute, die Habilitationen betreffend, erfolgt. Krüger war der Erste, welcher sich als Privatdocent am Lyceum habilitirt hat. — Im Herbste desselben Jahres kam der Licent. Schmolka an das Lyceum und übernahm nach seiner Habilitation als Privatdocent das Fach der Moraltheologie, welche bis dahin Schwann neben der Dogmatik docirt hatte, hielt aber auch exegetische Vorlesungen.

Es folgte das Jahr 1845, welches eins der wichtigsten für die Geschichte unseres Lyceums geworden ist. Leider begann es mit einem herben Verluste. Der um das Lyceum, um seine Begründung, seine Fortbildung, seine Hebung so hochverdiente Gerlach wurde ihm durch den Tod entrissen, den 21. Jan. 1845. Der Antrag auf Anstellung eines besondern Professors für Pädagogik, welches Fach Gerlach bis an sein Ende vertreten hatte, wurde vom Minister zurückgewiesen (18. März 1845); Trütschel (welcher in diesem Jahre als ausserordentlicher Professor angestellt wurde) sollte die Pädagogik in den Kreis seiner Vorlesungen ziehen.

Im Jahre 1845 konnte sich endlich das Lyceum beglückwünschen, dass es aus einem Zustande provisorischer Existenz zu einer definitiven Organisation gelangt war. Die Statuten für das Lyceum waren unter dem 24. Oct. 1843 von Sr. Majestät dem Könige Friedrich Wilhelm IIII. vollzogen worden. Aber erst viel später erhielt das Lyceum Kenntniss davon, erst mit dem 9. Juli 1845 wurden sie durch einen feierlichen Act überreicht und so für die Anstalt in Kraft gesetzt.

Die gesetzliche Bestimmung der Statuten über das dreijährige Rektorat trat mit October 1845 ins Leben. Schwann, der schon für das Jahr 1844—45 Rektor gewesen, wurde durch Wahl der erste dreijährige Rektor von 1845—1848, so dass er im Ganzen 4 Jahre das Amt continuirlich verwaltete. — Es wurde nun auch an die jetzt statutenmässige

Besetzung der Professur für Philologie gedacht. Durch Cabinetsordre vom 29. Novbr. 1845 wurde Professor Biester am Gymnasium zu Braunsberg zum ordentlichen Professor für das Fach der griechischen und römischen Literatur und Alterthumswissenschaft ernannt. Jedoch sollte er aus dem Verhältnisse zu dem Gymnasium nicht eher scheiden, als bis die erledigte Direktorstelle an demselben wieder besetzt wäre. Das geschah zu Ostern 1846. — Nun war noch das Lehramt für Geschichte und neuere Literatur zu besetzen. Carl Cornelius, Gymnasiallehrer in Coblenz, wurde dafür in Aussicht genommen und zwar vorläufig als Privatdocent. Er begann seine Vorlesungen im Herbste 1846.

So waren denn endlich zum erstenmal sämmtliche statutenmässige Lehrstühle besetzt. Es traten aber schon in den nächsten Jahren mehre Personalveränderungen rasch nach einander ein. Cornelius verliess am 14. Mai 1848 Braunsberg, um in das frankfurter Parlament einzutreten. Er kehrte nicht zurück. Sein amtliches Ausscheiden vom Lyceum datirt von Ostern 1850. — Im Januar 1849 wurde Krüger zum P. P. E. ernannt, als welcher er sich am 19. April 1849 habilitirte. Im Februar desselben Jahres ging der Licent. Schmolka vom Lyceum ab. In seine Stelle trat zu gleicher Zeit der bisherige Professor in Posen Dr. Bittner als P. P. O. für das Fach der Moral, indem Schmolka an seine Stelle Professor am Seminare in Posen wurde. Bittner habilitirte sich zu Braunsberg am 21. Febr. 1849 und begann zu Ostern seine Vorlesungen über Moral und Exegese. Er docirte am Lyceum nur vorübergehend. Schon 1850 übernahm er, inzwischen wegen Krankheit beurlaubt, eine Professur in Breslau. Etatsmässig gehörte er dem Lyceum bis Ostern 1850 an.

Bei der im Herbste 1849 vom Minister berufenen, vom 24. Septbr. bis 12. Octbr. gehaltenen, Conferenz zur Berathung von Reformen in der Verfassung und Verwaltung der preussischen Universitäten (deren Verhandlungen gedruckt vorliegen, Berlin, in Commission der Besserschen Buchhandlung, 1849), war neben den sechs Landesuniversitäten und der Academie in Münster auch das Lyceum Hosianum vertreten. Der Abgeordnete desselben, Professor Feldt, brachte in der zwölften Sitzung einen Antrag, die Verhältnisse des Lyceums betreffend, ein, dessen Prüfung und Begutachtung von Böckh empfohlen wurde. Er ist als Anlage dem Protokolle beigefügt (Beil. XV. S. 284.) Derselbe geht dahin, es mögen die Bestimmungen, welche das neue Unterrichtsgesetz den Universitäten und der Academie in Münster zugestehen wird, auch auf die höhere theologisch-philosophische Lehranstalt, das königliche Lyceum Hosianum, zu Braunsberg ausgedehnt werden. Unter Andern beantragt Alinea 2, dass die Anstalt das jus promovendi, wenigstens in der theologischen Facultät erhalte, wobei auch die philosophische Facultät eine Mitwirkung haben müsse. — Alinea 7, dass der Name der höhern theologisch-philosophischen Lehranstalt in Braunsberg, nämlich Lyceum Hosianum, in den dem Ganzen besser entsprechenden Academia Hosiana umgewandelt werde. — Da das Unterrichtsgesetz überhaupt bekanntlich nicht zu Stande kam, so fanden damals die Anträge für das Lyceum auch keine weitere Berücksichtigung.

Die seit 1849 entstandene Lücke im Personale der theologischen Facultät wurde zu Ostern 1850 ausgefüllt durch den Uebertritt des Subregens Lic. Menzel an das Lyceum als P. P. E. für die Fächer der Dogmatik und Moral. Dieser Ersatz war um so nothwendiger, als Schwann im Herbste desselben Jahres aus Gesundheitsrücksichten vom Lyceum ausschied, so dass Menzel (seit 1852 Ordinarius) nunmehr längere Zeit beide Fächer, Dogmatik und Moral, zu vertreten hatte, bis er seit 1857 mehr ausschliesslich der Dogmatik seine Thätigkeit widmen konnte. — In demselben Jahre 1850 wurde auch noch der durch Cornelius' Abgang erledigte Lehrstuhl für Geschichte und deutsche Literatur wieder besetzt durch Berufung des Dr. Beckmann, der sich den 3. Decbr. habilitirte und seine Vorlesungen begann. — So wie durch Beckmann die philosophische Facultät wieder vervollständigt war, so wurde die Theologie mit dem Beginne des folgenden Jahres wieder vollzählig durch den Eintritt des Lic. Paschke, welcher kurz nach Neujahr 1851 stattfand. Er docirte zunächst Exegese, hielt aber auch Vorlesungen über Kirchenrecht, Kirchengeschichte und Moral.

Zu Ostern 1852 verliess der zum Domherr ernannte Professor Eichhorn zwar schon sein Domicil in Braunsberg, las aber noch während des Sommersemesters 1852 über Kirchenrecht. Seine Fächer (Kirchenrecht und Kirchengeschichte) übernahm nach ihm seit Ostern 1853 der Lic. Thiel. — Einen empfindlichen Verlust erlitt das Lyceum durch den am 13. April 1853 erfolgten Tod des Professors Blester.

Das Fach der Philologie wurde nun dem Dr. Beckmann (seit 1852 P. P. E., 1855 P. P. O.) übertragen, und für die Geschichte dagegen Dr. Junkmann als P. P. E. ernannt. Beide begannen die betreffenden Vorlesungen zu Ostern 1854. Junkmann verliess aber schon mit dem Schlusse des Wintersemesters 1855 Braunsberg, um eine ordentliche Professur in Breslau zu übernehmen. An seine Stelle wurde Dr. Watterich als P. P. E. unter dem 9. Nov. 1855 berufen. Er begann zu Ostern 1856 seine Vorlesungen über Geschichte. Im Herbste desselben Jahres schied Lic. Paschke aus seinem Verhältnisse zum Lyceum. Dagegen habilitirte sich zu demselben Zeitpunkte der Lic. Pohlmann als Privatdocent für das Fach der Exegese und begann dann sofort seine Vorlesungen. — Im Juli 1858 wurde Thiel (seit 1855 Extraord.) P. P. O. Im Herbste 1860 schied der schon längere Zeit kränkelnde Professor (ord. seit 1849) Trütschel aus seinem Verhältnisse zum Lyceum aus. Sein Fach (Philosophie) wurde dem Dr. Gerkrath als P. P. E. übertragen, welcher seine Vorlesungen zu Ostern 1861 begann. Watterich, der ebenfalls seit 1862 Ordinarius geworden, verliess zu Ostern 1863 wieder das Lyceum, um die Pfarrstelle zu Andernach in seiner heimathlichen Diöcese zu übernehmen. In seine Stelle trat im Herbste desselben Jahres als P. P. O. der Geschichte der Oberlehrer Dr. Bender vom Gymnasium zu Braunsberg. Gleichzeitig (Herbst 1863) ging Krüger, seit 1850 Ordinarius, als

Domherr nach Frauenburg ab. Seit der Zeit übernahm Pohlmann, welcher am 28. Jan. 1863 ordentlicher Professor geworden, die Exegese; am 26. Oct. 1863 habilitirte sich der Convictspräfekt Dr. Hipler in der theologischen Facultät. — Der philosophischen Facultät wurde Prof. Gerkrath durch den Tod entrissen am 1. Januar 1864. — Für das Fach der Moraltheologie war unter dem 12. März 1864 als ordentlicher Professor der Subregens Dr. Laemmer ernannt, der mit Ostern seine Vorlesungen begann. Unter dem 11. April 1864 war an Gerkrath's Stelle für die Doction der Philosophie als Extraordinarius ernannt Dr. Michelis. — Laemmer gehörte dem Lyceum nur vorübergehend an. Schon nach 6 Monaten (Herbst 1864) ging er als Professor nach Breslau ab. Hipler, welcher drei Semester hindurch über Moraltheologie, Patrologie und christliche Archäologie gelesen hatte, schied zu Ostern 1865 vom Lyceum, um seinem Amte als Subregens und Spiritual im Klerikalseminare, das ihm bereits am 1. Juli 1864 übertragen war, ungetheilt sich widmen zu können. Ersatz erhielt die theologische Facultät erst im Frühjahre 1866 durch den Eintritt des Dr. Dittrich, der sich am 22. Febr. als Privatdocent für die Moraltheologie habilitirte, über welches Fach er, so wie über Patrologie und Kunstgeschichte, seitdem liest. — Wir beschliessen die Geschichte des königl. Lyceums mit

biographischen und literärischen Nachrichten

über die während seines fünfzigjährigen Bestehens an demselben thätig gewesenen Docenten.

1. Busse, Joh. Bernh. Jos., geb. 19. Aug. 1788 in dem oldenburgischen Dorfe Latten (im einstigen Niederstift Münster). Vorgebildet auf dem Gymnasium zu Vechta, bezog er 1808 die Universität Münster, um Philosophie und Theologie zu studiren. Während seines academischen Cursus bis 1813 versah er zugleich eine Hauslehrerstelle in der Familie von Zur Mühlen. Bis zum Herbste 1814, da er zum Priester geweiht wurde, hatte er eine ähnliche Stelle ausserhalb Münsters. Nun wurde er als Vikar in Goldenstedt, in der Nähe seines Geburtsortes, angestellt, woselbst ihn 1817 der Ruf zum ordentlichen Professor an die wiederherzustellende philosophische und theologische Lehranstalt in Braunsberg traf. Im December desselben Jahres kam er mit den zugleich berufenen Professoren Neuhaus und Achterfeldt in Braunsberg an. Busse's Wissen, das er durch ununterbrochenes Studium zu vermehren suchte, war ebenso tief als ausgebreitet. Unter Kistemaker, Katerkamp und Hermes hatte er Philosophie und Theologie studirt. Von früher Jugend an hatte er eine besondere Vorliebe für die Gegenstände der Natur; die Naturwissenschaften gehörten bis an seinen Tod zu seinen Lieblingsstudien. In der Geschichte und in den Sprachen besass er ausgezeichnete Kenntnisse. „Er lebte für die Wissenschaft und in derselben, und brachte ihr alle Lebensgenüsse zum Opfer". Er lehrte in Braunsberg Kirchengeschichte und Exegese und statt letzterer seit dem fünften Jahre seines Lehramtes Kirchenrecht. Doctor war er seit 1826. Dieser verdienstvolle, allgemein geliebte und geachtete Gelehrte und Lehrer,

dessen Gesundheit schon 1832 durch eine schwere Krankheit gelitten, wurde der Anstalt und der Wissenschaft durch den Tod entrissen am 5. Januar 1835.

Seine Schriften sind: Grundriss der christlichen Literatur von ihrem Ursprunge an bis zur Erfindung und Ausbreitung der Druckerei. 2 B. Münster, 1828 und 29. — Religionsgeschichte für Volksschulen und ihre Lehrer. 2 B. Landshut, 1830. Ausserdem hat er die Abhandlungen zu den Indices 1828, 28/29, 34 und 34/35 geschrieben. In der bonner Zeitschrift für Philosophie und katholische Theologie, 1835, 13. Heft, findet sich ein Nekrolog Busse's (von Achterfeldt).

2. Achterfeldt, Joh. Heinr., geb. 17. Juni 1788 zu Wesel, studirte, nach dem vorbereitenden Unterrichte, an der Universität Münster und wurde daselbst 12. Juni 1813 zum Priester geweiht, trat in Xanthen in die Seelsorge und fungirte von Jan. 1814 bis 1817 als Kaplan in Wesel. Von hier wurde er mit Busse und Neuhaus als ordentlicher Professor nach Braunsberg berufen. Nach dem Schlusse des Sommersemesters 1820 folgte er einem Rufe als Professor an die theologische Facultät zu Bonn, wozu ihm ein Jahr später die Leitung des katholischen theologischen Convictoriums übertragen wurde. Als Professor in Bonn erwarb er sich 1827 die Doktorwürde in der Theologie. („De erroribus in constituendo summo doctrinae moralis principio", Dissert. Bonnae). Das Vertrauen und die Zuneigung des Fürstbischofs Joseph v. Hohenzollern begleitete ihn auch in seine neue Stellung. (Vgl. den Brief in: Acta Romana von Braun und Elvenich, Hannov. 1838, S. 30.)

Ausser der von ihm mit Braun, Scholz und Vogelsang herausgegebenen Zeitschrift für Philosophie und katholische Theologie und ausser seinen andern bekannten Werken schrieb er in Braunsberg die Indexabhandlungen 1820 und 20/21.

3. Neuhaus, Franz, geb. 10. Aug. 1784 zu Recklinghausen, studirte, nach Vollendung des Gymnasialcursus und nachdem er einige Zeit Privatlehrer gewesen, in Münster Theologie, wurde im Herbst 1815 Priester und war bis zu seiner Berufung nach Braunsberg im Jahre 1817 Kaplan zu Hochlingen bei Duisburg. In Braunsberg las er seit 1818/19 philosophische und positive Einleitung in die Theologie und Methodologie. Die für Sommer 1820 angesetzten Vorlesungen konnte er krankheitshalber nicht mehr halten. Schon im April 1820 war seine Stelle erledigt. Er begab sich nach Münster, woselbst er im Herbste 1821 als Docent in der theologischen Facultät angestellt wurde. Von 1823—43 war er ordentlicher Professor der Dogmatik, auch Doktor der Theologie; 1843 pensionirt, starb er am 28. April 1853.

Schriften: De pertinaci Theologiae. Monast., 1823. — Vermächtniss an die katholische Kirche zu Kettwig. Dorsten, 33. — Sermo synodalis 16. Octbr. 1837 habitus. Monast., 38. — Dogmatische Abhandlungen über das Gebet. Münst., 31. — Leben und Wirken des verstorbenen J. Hyacinth Kistemaker. Münster, 34. (Vgl. Rassmann, Nachrichten von dem Leben und den Schriften münsterländischer Schriftsteller, Münster, 1866, u. d. A.)

4. Farwick, Joh. Bernh., geb. 13. April 1772 zu Nienberge bei Münster, studirte in Münster, besuchte noch die Universitäten Giessen und

Würzburg, hielt als Privatdocent Vorlesungen in der juristischen Facultät in Münster. Unzufrieden mit dem Umsturze der bestehenden Ordnung zwischen Elbe und Rhein nahm er 1810 einen Ruf an das neu zu organisirende Gymnasium zu Braunsberg an, und unterrichtete als erster Oberlehrer und Doktor der Philosophie in der Mathematik, im Lateinischen und Deutschen. Im Herbste 1819 wurde er, der erste Professor der Philosophie, am Lyceum Hosianum angestellt. Für das Wintersemester 1819/20 kündigte er Vorlesungen über Einleitung in die Philosophie und über empirische Psychologie an. Schon im Sommer 1820 musste er wegen Kränklichkeit, die sich als unheilbar erwies, die Dortion aufgeben. Er kehrte nach Münster zurück, woselbst er bis an seinen nicht lange darauf erfolgten Tod privatisirte. Farwick war nicht nur als Jurist, sondern auch philosophisch und theologisch vielseitig gebildet, zugleich ein tüchtiger Mathematiker.

5. Frenzel, Anton, geb. 7. Aug. 1790 zu Kostenthal in Schlesien; zum Priester geweiht am 7. März 1818, war er bis 1820 Kaplan in Zülz, dann bis 1821 interimistischer Direktor des Schullehrerseminars in Ober-Glogau. Hierauf wurde er als ordentlicher Professor nach Braunsberg berufen. Er begann seine Vorlesungen (Kirchenrecht und Pastoraltheologie) mit dem Wintersemester 1821/22. Da die Pastoraltheologie dem Regens des Seminars zugewiesen wurde, so übernahm er 1822/23 das Fach der Exegese. Doktor der Theologie war er seit 1825. Im Juli 1831 schloss er seine Vorlesungen; er hatte ein Canonicat in Frauenburg erhalten, auf welches er am 19. Septbr. 1831 installirt wurde. Seit Herbst 1835 bis jetzt hat er, mit einer kurzen Ausnahme in neuerer Zeit, als General-Vikar oder als General-Administrator an der Verwaltung der Diöcese den segensreichsten Antheil gehabt. Seit 1844 ist derselbe auch Dompropst, und seit 1852 Weihbischof (Bischof von Areopolis), Ritter hoher Orden.

Er hat geschrieben: De indissolubilitate matrimonii Commentarius. Paderborn, 1853, (eine völlige Umänderung der schon 1816 in Breslau von ihm bearbeiteten Preisschrift: Num dogma cathol. sit, matrimonii vinculum nullo in casu solvi posse). Von ihm sind die Abhandlungen zu den Indices von 1829 und 29/30.

6. Schmülling, Joh. Heinrich. S. oben S. 134.

7. Gerlach, Maria Gideon, geb. 19. Mai 1789 zu Breslau, wo er das katholische Gymnasium und die Leopoldinische Universität besuchte. Dann hörte er ein Jahr hindurch die berühmtesten Philologen und Philosophen in Berlin, worauf er 1811 nach Braunsberg an das neu organisirte Gymnasium als dritter Lehrer berufen wurde. 1815 wurde er Doktor der Philosophie von Königsberg; den Magistergrad hatte er schon früher erworben. Im Jahre 1827 wurde er vom ersten Oberlehrer zum Direktor des Gymnasiums befördert. Zugleich mit dieser Stelle bekleidete er seit 1821 eine Professur in der philosophischen Facultät des Lyceums. Er begann seine Vorlesungen im Winter 1821/22 mit historischer Propädeutik, Geschichte der Philosophie des Alterthums und Pädagogik. Seiner grossen Verdienste um das Lyceum, dessen Rektor er 1833, 37, 41 war, haben

wir schon gelegentlich gedacht. Er war mit dem rothen Adlerorden 4. Kl. decorirt. Sein Tod erfolgte am 21. Jan. 1845.

Ausser dem mit Schmülling verfassten ermländischen Lesebuche, 1818, hat er eine Anzahl kleiner Schriften hinterlassen: Gymnasialprogramme, historischen und pädagogischen Inhalts, 1823, 30, 32, 37, 39, 40 (Gedächtnissrede auf König Friedrich Wilhelm III), 41, 42; desgleichen Indiceprooemien 27, 27/28, 32, 33/34, 37/38, 38/39, 40, 42/43; eine Anzahl von Gelegenheitsreden, so 1813 bei der Entlassung der zum Militair abgehenden Schüler, Rede beim Eintritt in das Jahr 1814, bei seiner feierlichen Einführung als Director 27, bei der Grundsteinlegung der kathol. Pfarrschule 36; Nekrologe (Denkschrift auf Joh. Oestreich, in Pr. Prov.-Bl. 34, Nekrolog des königlichen Landraths und Landschaftsdirektors Ferd. v. Schau, Braunsberg, 1840); endlich einzelne Aufsätze für den erml. Anzeiger, braunsb. Wochenblatt und braunsb. Kreisblatt. (Sein Freund [illegible] widmete ihm einen Nachruf im Gymn.-Progr. von 1845.)

8. Schelli, Joseph, geb. 13. März 1784 in der Einöde Hiebel bei Reichenhall in Baiern, besuchte, vorbereitet auf dem Benediktinergymnasium zu Salzburg, zuerst die dortige Universität, dann studirte er in Landshut 1803 und 1804 Rechts- und Kameralwissenschaften, verbrachte die Zeit von 1805 bis 1816 im Civilgeschäftsleben bei Kammer- und Rentämtern. Einer frühern Neigung zum geistlichen Stande wieder nachgehend, bezog er 1815 die Hochschule in Landshut, trat noch in demselben Jahre in das Klerikalseminar und erhielt zu Ostern 1817 die Priesterweihe. Er wurde Kaplan an der Aukirche zu München und erhielt dann 1818 die Predigerstelle bei St. Martin in Landshut. Während seiner theologischen Studienzeit machte er eine Reise durch Italien, grösstentheils zu Fuss. Im Jahre 1821 wurde er zum Dr. theol. promovirt; hörte auch in Landshut noch Vorlesungen und kam Ostern 1824 als Regens des Klerikalseminars nach Braunsberg, wie es scheint empfohlen durch seinen Lehrer Sailer. Zugleich bekleidete er eine ordentliche Professur in der theologischen Facultät des Lyceums, an welchem er seit 1824 Pastoraltheologie vortrug. Ausserdem war er apostolischer Notar. Er starb den 9. Juli 1834 in einem Alter von 50 Jahren plötzlich beim Baden in der Passarge.

Das 1820 erschienene Gelehrten- und Schriftsteller-Lexikon von Waitzenegger giebt ausser biographischen Nachrichten folgende Schriften von ihm an: 1) Welches sind die wichtigsten Interessen von Europa und besonders von Deutschland? 1814. 2) Das baierische Konkordat vertheidiget u. s. w. München, 1818. 3) Kirche und Staat; ebend. 1818. 4) Die Patrimonialrechte der Kommenden im Königreiche Baiern; ebend. 1819. — Dazu kommen aber noch: Vermischte Predigten. Sulzbach, 1827. Ausserdem noch mehre einzeln gedruckte Predigten, von denen besonders eine über das baierische Konkordat Aufsehen erregte und ihm Unannehmlichkeiten bereitete. Auch bearbeitete er den 9. B. der deutschen Uebersetzung der Kirchengeschichte von Berault-Bercastel, 1823 und 25. Ferner besorgte er mehre Auflagen der Institutiones juris ecclesiastici von Maurus v. Schenkl (zuletzt 1833), schrieb die Fortsetzung von Frey's Commentar zum canonischen Recht in 3 B. (1833), und war fleissiger Mitarbeiter an den in Würzburg erscheinenden Zeitschriften Athanasia und Religionsfreund, herausgegeben von seinem Freunde Benkert (besonders 1823—1830). In der Athanasia sind auch mehre Predigten von ihm abgedruckt. Als Rektor des Lyceums (1829—30) schrieb er die Prooemien 1820 und 30/31. In den Prov. Bl. von 1833 befindet sich von ihm ein Nekrolog auf den Bischof v. [illegible].

9. Feldt, Laurentius, geb. 26. Juli 1796 zu Damblitsch bei Reisen im Grossherzogthum Posen; vorgebildet auf dem damaligen Piaristen-Collegium in Reisen, legte er die Maturitätsprüfung ab, bekleidete zwei Jahre eine Hauslehrerstelle bei dem Fürsten Sulkowski auf Reisen und bezog dann die Universität Breslau. Während seiner Studienzeit daselbst von 1819—1824 berief ihn der academische Senat zum Lektor der polnischen Sprache an der Universität. Unter dem 24. Januar 1824 wurde er nach abgelegtem Examen pro facultate docendi als ausserordentlicher Professor an das Lyceum Hosianum in Braunsberg berufen. 1828 wurde er zum ordentlichen Professor in der philosophischen Facultät befördert. Die philosophische Doktorwürde erwarb er sich 1831 in Königsberg. Er, der Senior der Anstalt, hat das Rektorat und Prorektorat im Ganzen 20 Jahre geführt. Seinen treuen Bemühungen hat dieselbe vieles zu danken. Er hat die Bibliothek geordnet, catalogisirt und 39 Jahre unentgeltlich verwaltet, die Scheill-Busse'sche Stiftung hauptsächlich ins Leben gerufen, und bewirkt, dass das Lyceum einen physikalischen Apparat und astronomische Instrumente besitzt. Er ist Ritter des rothen Adlerordens 4. Kl.

Was seine wissenschaftliche Wirksamkeit betrifft, so stand er mit dem Astronomen Bessel in innigem Verkehre, der ihn zu vielen Beobachtungen und Rechnungen auf der Sternwarte hinzuzog (Schumacher's astronom. Nachrichten XVI. 369, Altona, 1839), ebenso zu der grossen Gradmessung, die unter ihm und dem Major Baeyer ausgeführt wurde (Gradmessung in Ostpreussen u. s. w. Berlin, 1838). Auszüge aus seinen zahlreichen astronomischen und meteorologischen Beobachtungen finden sich in verschiedenen Bänden der astronomischen Nachrichten und in Poggendorff's Annalen.

Er gab ferner heraus: J. v. Sniadecki's sphärische Trigonometrie in analytischer Darstellung mit Anwendungen auf die Ausmessung der Erde und auf die sphärische Astronomie, deutsch, Leipz. 1828. Er schrieb eine Reihe von Abhandlungen zu den Indices von 1831 (Evolutio formularum Gaussianarum nova), 31/32, 35 (über eine elliptische Integrale), 35/36 (atmosphärische Observationen), 40 (betrifft Euler'sche Integralen), 40/41, 43/44 (Beobachtungen), 44 (Gauss. Formeln betreffend), 44/45 (Astronomisches), 48 (über Bessel'sche Formeln und Beobachtungen), 53 (de Gaussii formula parabolica), 59 (de parallaxi corporum coelestium), 63/64 (Beobachtungen), 67/68 de crepusculi minimi duratione). Ausserdem Mittheilungen in verschiedenen Zeitschriften.

10. Neumann, Joseph, geb. 13. März 1794 zu Bischofstein. Seine Vorbildung erhielt er auf den Gymnasien zu Rössel und Braunsberg. Die Freiheitskriege riefen auch ihn zu den Waffen; er machte die Belagerung von Danzig mit. In Braunsberg nahm er seine Studien wieder auf und machte 1816 das Abiturientenexamen. In Breslau studirte er 1816 bis 1820 Philologie und Theologie, arbeitete als wissenschaftlicher Hülfslehrer am Gymnasium zu Braunsberg, wurde 1821 Priester und war bis 1826 in der Seelsorge zu Braunsberg thätig. Unter dem 16. Decbr. dieses Jahres wurde er an Achterfeldt's Stelle zum ordentlichen Professor der Dogmatik und Moral berufen. Nach zehn Jahren erhielt er ein Canonicat in Frauenburg, worauf er den 25. Jan. 1837 installirt wurde. Im April 1860 wurde er

zum Domdechanten befördert. Die Doktorwürde erhielt er 1832 von Breslau, in welchem Jahre er auch das Rektorat bekleidete und in zwei Fortsetzungen eine „diss., in qua argumento ex testimonio Christi deducto religionis Christianae origo divina ostenditur" in den Indices von 32, 32/33 veröffentlichte. Er war Ritter des rothen Adlerordens 4. Kl. Neumann starb am 8. März 1867 plötzlich am Herzschlage. (Ein Nekrolog im braunsb. Kreisbl. von 1867, № 20.)

11. Demme, Johann Franz Ignaz, geb. 1803 zu Deuna, Kreis Worbis, auf dem Eichsfelde, ordinirt 1830 zu Breslau, kam als Licent. nach Braunsberg im Mai 1831, um die Professur der neutestam. Exegese am Lyceum zu übernehmen. Zu Ostern 1836 ging er, während er (seit 1835) Rektor war, als Prof. der Exegese an die kath. theol. Facultät in Breslau, woselbst er auch 1842 zum Doktor creirt wurde. Im Frühjahre 1850 vertauschte er das academ. Lehramt mit der Seelsorge. Er wurde Pfarrer in Steinau in Oberschlesien und starb als freiresignirter Pfarrer zu Neisse am 26. Juli 1866.

Es erschien von ihm, als er sich den 15. Juli 1839 in Breslau als P. P. O. habilitirte: Fueritne Jacobus frater Domini Apostolus quaeritur. Dissert. Vratisl. Ferner gab er heraus: Erklärung des Briefes an Philemon. Breslau, 1844.

12. Schwann, Peter Theodor, geb. den 29. März 1804 zu Neuss, studirte, auf dem Progymnasium zu Neuss und dem Gymnasium zu Cöln vorbereitet, von 1822—1826 zu Bonn Philosophie und Theologie, wurde den 22. Septbr. 1827 ordinirt und sofort an dem Jesuiten-Gymnasium (jetzt Marzellen genannt) zu Cöln als Religionslehrer angestellt. Zu Ostern 1833 wurde er als Professor der Philosophie, worin er Doktor war, an das Lyceum Hosianum berufen. Seit dem Jahre 1839, nachdem er sich in München die theol. Doktorwürde erworben, fungirte er als Prof. der Dogmatik und Moral an dieser Anstalt, deren Rektor er mehre Jahre war. Andauernde Kränklichkeit in den Jahren 1849 und 1850 bestimmten ihn, seine Entlassung aus dem Amte nachzusuchen, welche durch allerh. Ordre vom 28. Septbr. 1850 unter Verleihung des roth. Adl.-Ord. 4. Kl. bewilligt wurde. Er kehrte mit Pension in seine Heimath zurück, in Cöln sein Domicil nehmend, aber Mitglied des ermländ. Klerus verbleibend, bei welchem er als einflussreicher Docent noch in hoher Achtung steht. 1857 wurde ihm ein ermländ. Ehrencanonicat verliehen.

Er hat auch Prooemien, 1837, 41, 41/42, 45, 46, 48/49 (letztere beide über Prädestination), geschrieben. Ausserdem hat er eine lateinische Schrift über das unfehlbare Lehramt der Kirche (als Doktordissertation) veröffentlicht und eine im Lyceum zu Königsgeburtstag 15. Octbr. 1840 gehaltene Rede zu Braunsberg drucken lassen, über welche Prof. Dr. Köhler in den Pr. Prov. Bl. von 1841 S. 66 kritische Bemerkungen publicirte.

13. Dittersdorf, Carl Ditters von, Sohn des bekannten Operncomponisten Carl Ditters, geb. 24. Juni 1793 zu Johannesberg in östr. Schlesien. Früh verwaist, fand er Unterstützung beim Fürstbischofe Jos. Christian von Hohenlohe-Bartenstein. Er besuchte das Gymnasium zu St. Matthias in Breslau, woselbst er auch seit 1813 auf der Univers. Philos.

und Mathem. studirte. Nach zwei Jahren ging er zur Theol. über. Im Herbste 1818 trat er in das Alumnat, den 6. Juni 1819 empfing er die Priesterweihe. Zuerst Kaplan in Sprottau, wurde er 1823 provisorisch, 1824 definitiv Pfarrer zu Goldberg in Niederschlesien. Muthvoll trat er gegen das 1826 beginnende unselige Treiben vieler neuerungssüchtiger Geistlichen auf durch eine Broschüre („Beweis, dass die kath. Geistlichen heirathen müssen“, eine Persiflage, gegen Anton Theiner's berüchtigten Buch „die Kirche Schlesiens“ 1826,) besonders aber durch die Zeitschrift „Von der katholischen Kirche“, von welcher seit 1827 eine Reihe von Heften erschien, welche er in den ersten Jahrgängen grössten Theils selbst schrieb. Später stand ihm Knoblich zur Seite, bis 1831 die Redaktion an Ritter und Herber überging (als bresl. theol. Zeitschr., seit 1834 schles. Kirchenbl.). Der Mann, der sich so verdient gemacht, wurde 1826 zum zweiten Obern und Spiritual des Alumnats ernannt und drei Jahre später zum Rath beim Generalvikariate und zum Examinator prosynodalis. Nach Scheill's Tode übertrug ihm der Fürstbischof von Ermland die Regentur des Klerikalseminars in Braunsberg, zugleich verlieh ihm den 13. Novbr. 1834 das königl. Ministerium die Professur der Pastoral am Lyceum Hosianum. Zur grossen Betrübniss seiner schlesischen Freunde reiste er im April 1835 nach Ermland ab. In demselben Monate wurde er von der breslauer Universität zum Doktor der Theologie promovirt. Seine diss. inaug. ist „De Sanctissimi Salvatoris Nostri sermone Capharnaitico. Breslau, 1835“. Bis zum August 1843 verblieb er in seinen Stellungen zu Braunsberg. Seine Vorlesungen erstreckten sich über das ganze Gebiet der Pastoraltheologie. In den Jahren 1836, 39, 42 war er Rektor des Lyceums. Er schrieb die Prooemien zu den Indices von 1836/37 39, 39/40, 43. Die Trauerreden, welche er, der sich schon in Breslau als Redner ausgezeichnet, dem Fürstbischofe v. Hohenzollern 1836 und dem ermordeten Bischofe von Hatten 1841 hielt, sind in Braunsberg gedruckt, ebenso die, welche er bei der Todtenfeier Königs Friedrich Wilhelm III. 1840 und bei der Beerdigung seines Kollegen Annegarn 1843 gehalten. Schon 1837 zum Eherichter und 1840 zum Notar apost. ernannt, wurde er zu einem Canonicate in Frauenburg ausersehen, auf welches er am 21. Aug. 1843 installirt wurde. So schied er, der geistvolle und sinnige Lehrer und Redner, liebenswürdig als Mensch, aus seinen unmittelbaren Verhältnissen zu Braunsberg. Dittersdorf, von Natur aus schwächlich, kränkelte besonders in den letzten Lebensjahren viel. Erholung waren ihm seine musikalischen und mathematischen Studien. Er verschied am 31. März 1851. (Ueber ihn s. kath. Kirchenblatt für die Diöcesen Culm und Ermland 1867. № 23. 24.)

14. Annegarn, Joseph, geb. zu Ostbevern bei Warendorf den 12. Octbr. 1794, studirte, auf dem Gymnasium zu Münster 1808—1813 vorbereitet, auf der dortigen Universität 1813—1818 Philosophie und Theologie. Ende 1818 wurde er Priester, im folgenden Jahre Vikar an der Lambertikirche zu Münster und unterrichtete an der Normalschule daselbst. 1830 wurde er Pfarrer in Selm. Dann zum Professor der Kirchengeschichte und des

Kirchenrechts am Lyceum Hosianum ernannt, begann er seine Vorlesungen im Herbste 1838. Er starb am 8. Juli 1843.

Annegarn, der die Doktorwürde nicht erworben, war ein sehr fruchtbarer Schriftsteller. Seine Werke (grösstentheils Erbauungs- und Schulbücher, unter welchen seine Weltgeschichte für die Jugend seit 1827 in 7 Bänden, auch nach seinem Tode bis 1860 in 8 B., öfters aufgelegt, auch mehrmals in einem Auszuge herausgegeben ist, ebenso wie das Handbuch der Geographie und die Naturgeschichte aus dem religiösen Standpunkte) sind bei Rassmann, „münsterländische Schriftsteller", verzeichnet, woselbst auch Notizen über sein Leben. Während seines Aufenthaltes in Braunsberg erschienen u. a.: Handbuch der Patrologie, Münster, 1839, und Geschichte der christlichen Kirche, 3 B. ebend. 1842, 43, ferner ein Proömium im Index von 1839 (de calendar. eccles.)

15. **Eichhorn, Anton,** geb. zu Plausen bei Seeburg den 9. Mai 1809, besuchte von 1821—1828 das Progymnasium in Rössel und das Gymnasium zu Braunsberg, studirte dann seit Herbst 1828 am Lyceum Hosianum Philosophie und Theologie bis 1831, empfing am 3. Juni 1832 die Priesterweihe und trat sofort als Kaplan zu Elbing in die Seelsorge. Um sich für das höhere Lehrfach ferner vorzubereiten, widmete er sich dann, durch ein Ministerialstipendium unterstützt, vom Herbste 1834 bis Juni 1836 auf der Universität zu Berlin den philosophischen und philologischen Studien. Vom 1. Juli 1836 ab trat er, inzwischen zum Doktor der Philosophie promovirt, als Religionslehrer am Gymnasium zu Braunsberg ein und blieb in dieser Stellung bis zum April 1838, da er, zum ordentlichen Professor der Theologie am Lyc. ernannt, sein Lehramt bei dieser Anstalt antrat. Er war sechs Jahre Professor der biblischen Exegese und von Ostern 1844 Professor der Kirchengeschichte und des Kirchenrechts. Für die Periode von 1851—54 zum Rektor gewählt, wurde er seit seinem Abgange durch Feldt als Prorektor vertreten. Unter dem 6. Septbr. 1851 vom Papste zum ermländischen Domherr providirt, wurde er als solcher am 12. Novbr. installirt, blieb aber zugleich Professor bis zum Schlusse des Wintersemesters. Am 28. März 1852 siedelte er nach Frauenburg über. Im Jan. 1862 trat er als geistlicher Rath in das Generalvikariat ein und war vom 15. Mai 1865 bis zu dem am 16. Aug. 1867 erfolgten Tode des Bischofs Geritz dessen Generalvikar. Am 2. April 1867 wurde er Domdechant und als solcher den 15. April installirt.

Eichhorn gründete im October 1856 mit dem Domvikar Dr. Wölky, dem Sekretär und Archivar Saage, mit Beckmann, Thiel und Bender den historischen Verein für Ermland, dessen Zeitschrift er seitdem als Präsident herausgegeben. Im Jahre 1848 war er Abgeordneter des braunsberger Kreises nach Berlin zur Nationalversammlung. Er ist Ritter des rothen Adlerordens 4. Kl.

Ausser den Proömien zu den Indices von 1846/47 und 49 und mehreren Abhandlungen in der Zeitschrift für Geschichte und Alterthumskunde Ermlands (Geschichte der ermländischen Bischofswahlen; die Preuck'sche Stiftung in Rom; Simon Rudnicki's Kampf um die St. Nicolai-Pfarrkirche in Elbing; die Weihbischöfe Ermlands; die Prälaten des ermländischen Domkapitels u. a.) hat er geschrieben: Handb. der christkatholischen Religionslehre. 2 Thl. Braunsb., 1842, 44; zweite Aufl. 54; der erml.

Bischof und Cardinal Stanisl. Hosius, Mainz, 54, 55, 2 Bde.; der erml. Bischof Martin Kromer, Braunsb. 68.

16. Trütschel, Max, geb. zu Südkirchen im Münsterlande den 13. Febr. 1803, besuchte das Gymnasium zu Münster, studirte dann an der Academie daselbst und zu Berlin Philologie und Philosophie, war nach bestandenem Examen pro facult. doc. Hülfslehrer am Gymnasium zu Münster, dann seit 1827 Lehrer am Progymnasium zu Dorsten, beschäftigte sich dann in Berlin mit Privatstudien. 1838 trat er am Gymnasium zu Culm ein und wurde dann 1840 mit der Doction der Philosophie am Lyceum Hosianum zu Braunsberg betraut, welche er zu Ostern desselben Jahres begann. Im Jahre 1845 promovirte er zu Königsberg zum Dr. der Phil., worauf er in demselben Jahre zum P. P. E. für theoretische und praktische Philosophie in Braunsberg ernannt wurde. Unter dem 7. Novbr. 1849 wurde er zum Ordinarius befördert. Im Jahre 1860 schied er, nachdem er während der Semester 1859 und 59/60 nicht mehr gelesen, mit seinem vollen Gehalte pensionirt, wegen seines misslichen Gesundheitszustandes vom Lyceum aus. Seitdem privatisirte er zuerst in Münster bis 1865, dann in Berlin.

Er schrieb als Habilitationsschrift: De natura hominis contra Hermesium et vulgarem Dualismum anthropologicum disputatio, Brbg., 1846, und die Prooemien zu den Indices 47/48, 50/51, 53 und 56 (über Denkfragen); ausserdem: Grundzüge einer wissenschaftlichen Anthropologie nach Aristoteles. Braunsb. 49.; Widerlegung des ältern Dualismus durch einen Satz der Denklehre und einen Satz der Glaubenslehre. Königsberg, 66. (Nachrichten über ihn auch bei Rassmann, münsterl. Schriftsteller).

17. Krüger, Michael (Joseph), geb. zu Frauenburg den 6. Januar 1816, besuchte das Gymnasium zu Braunsberg, studirte ebendaselbst am Lyceum und im Klerikalseminare vom Herbste 1836 bis Ostern 1840 Philosophie und Theologie. Nach seiner Ordination im März 1840 setzte er seine Studien, vornehmlich in der Philologie, in Berlin fort bis Herbst 1842. In Münster, woselbst er 1841 von der theologischen Facultät zum Licentiaten promovirt war, erwarb er sich 1842 die facultas docendi, vertrat im Schuljahre 1842—43 den erkrankten Religionslehrer am Gymnasium zu Braunsberg und hielt zugleich das Probejahr als Kandidat des höhern Lehramtes ab. Im Herbste 1843 trat er als erster Präfekt in das neu errichtete bischöfliche Convikt, habilitirte sich nach Ostern 1844 als Privatdocent bei der theologischen Facultät in Braunsberg, wurde im Januar 1849 P. P. E. und im Sommer 1850 P. P. O. Seit 1852 Doktor der Theologie. Im Herbste 1863 schied er als ermländischer Domherr vom Lyceum, in welchem er das Rektorat von 1857 bis 60 bekleidete. Er ist geistlicher Rath im Generalvikariate.

Er veröffentlichte mehre Abhandlungen in der tübinger theologischen Quartalschrift von 1848, 50, 53, 54, 57, in der Zeitschrift der deutschen morgenländischen Gesellschaft (über die Chronologie im Buche der Jubiläen), in der Zeitschrift für Geschichte und Alterthumskunde Ermlands (Beitrag zur Geschichte der Familie von Preck, 1863; der kirchliche Ritus in Preussen, 66.). Habilitationsprogramme von ihm sind: De sanguine et aqua promanante ex aperto latere Jesu Christi, 49 und De sacrificiis pro delicto oblatis ... apud Hebraeos, 51. Er schrieb die Prooemien zu den Indices von 51, 53/54, 55/56 (de annis 400 et 430 Gen. 15, 13), 57 (de nomine Hebraeor.), 58/59 (de Henoch. Cap. 4), 60 (de sacerdotum apud Jud. sobrietate), 60/61, 64 (de Synedrio magno Israelis).

18. **Schmolka**, (Joh.) Georg, geb. zu Peiskretscham in Oberschlesien 1818, in Breslau 1842 zum Priester geweiht und ebendaselbst 1844 zum Licentiaten in der Theologie promovirt, kam er im Herbste desselben Jahres als Docent der Moraltheologie an das Lyceum Hosianum, welches er im Anfange des Jahres 1849 wieder verliess, um als Professor der Theologie am erzbischöfl. Priesterseminare zu Posen einzutreten. Im Jahre 1850 wurde er Direktor des Schullehrerseminars zu Peiskretscham, und 1855 Pfarrer zu Proskau in Oberschlesien.

19. **Biester**, Carl, geb. 1. Octbr. 1788 zu Berlin, besuchte das Gymnasium zum grauen Kloster, studirte von 1806—1809 zu Göttingen und Halle. Als er 1809 zu dem Schill'schen Freicorps stossen wollte, gerieth er mit andern Jünglingen in französische Gefangenschaft. Aus seiner Haft in Magdeburg ging er nach Halle, wo er seine Studien privatim unter Christ. Gottfr. Schütz fortsetzte, und begab sich darauf auf die junge Universität Berlin. Dann (gegen 1810) wandte er sich nach Wien, wo er mit Friedr. v. Schlegel, Jos. v. Hammer und Theod. Körner in vielfachen Verkehr trat. Er nahm eine Stelle als literarischer Hausgenosse und Privatsekretär bei einem polnischen Magnaten an. In Wien trat er zur katholischen Kirche über. In Folge des königlichen Aufrufs (17. März 1813) machte er, mit Theod. Körner, die wunderbaren Streifzüge des v. Lützow'schen Jägercorps mit bis zu dessen Auflösung. Er wurde mit der Kriegsdenkmünze decorirt. Dann trat er in das Ingenieurcorps ein und diente darin als Officier bis 1820. Eine Civilanstellung, welche er aus Familienrücksichten suchte, erhielt er durch Schmedding, auf dessen Veranlassung er 1820 als Oberlehrer an das braunsberger Gymnasium geschickt wurde, von welchem er zu Ostern 1846 anschied, um am Lyceum die ihm verliehene ordentliche Professur für alte Sprachen anzutreten. Das Programm dieses Jahres sagt von ihm: „Derselbe hatte fast 27 Jahre hindurch mit dem segensreichsten Erfolge an der Anstalt gewirkt, gleich ausgezeichnet durch allseitige und gediegene Gelehrsamkeit, wie durch einen seltenen Grad von echter Humanität und immer gleicher Liebe und Theilnahme für die Jugend." Das Doktordiplom erhielt er 1850 von der Universität Königsberg. Dem Lyceum wurde er am 13. April 1853 durch den Tod entrissen. (Das Kreisblatt vom 23. April 1853 brachte einen Nekrolog von ihm.)

Carl Biester war der Sohn des bekannten Gründers der berliner Monatsschrift, des Bibliothekars Joh. Erich Biester in Berlin (geb. 1749, † 1816). Der Vater, eine bedeutende literarische Auctorität, stand in Verbindung und Verkehr mit den ausgezeichnetsten Männern einer Zeit des geistigen Aufschwungs, in welcher man wahre Humanität und echte Geistesbildung erstrebte und sich für alles Edle und Hohe, namentlich auch zu aufopferndem Patriotismus begeisterte. Solche Jugendeindrücke mussten

43

von dem nachhaltigsten Einflusse auf den jungen Biester blieben. Der Besuch verschiedener Hochschulen trug zu seiner vielseitigen Bildung wesentlich bei. Ohne einem bestimmten Fachstudium sich hinzugeben, hatte er doch mit besonderer Vorliebe die philologischen Wissenschaften betrieben. So allseitig wissenschaftlich gebildet, innigst vertraut mit den vorzüglichsten Erzeugnissen der neuern Kulturvölker, eingeweiht zugleich in den Geist des klassischen Alterthums, hat er als Mann nicht nur dem geistigen Genusse jener Schätze ganz gelebt, sondern auch die Jugend, allseitig anregend, darin einzuweihen gesucht, während er zu eigenen literärischen Produktionen und Publikationen sich nicht gedrungen fühlte. Seine Bedeutung als Docent bestand vornehmlich in der geistreichen Anregung seiner Schüler und Zuhörer, wie überhaupt seine mündlichen Mittheilungen stets interessant und belehrend waren. Seine Richtung auf alles Edle gaben ihm auch die Waffen für die Befreiung des Vaterlandes in die Hand.

Biester schrieb die Programmabhandlungen 1836 (De Jani templo), 33 (de loco quodam Horatii S. 1, 1), 39 (de usu vocis [illegible] apud Hom.), und die Indices [illegible] von 47 und 49/50.

20. Cornelius, Carl (Adolf), geb. zu Würzburg 12. März 1819, aus der düsseldorfer Familie dieses Namens, woraus auch Peter v. Cornelius, der Meister der deutschen Malerei. Er lebte vom 13. Lebensjahre an zu Coblenz im Hause des spätern Geh. Raths Theod. Brüggemann, der eine Schwester des Malers zur Gattin hatte. Nachdem er das Gymnasium zu Coblenz absolvirt (1836), studirte er in Bonn und Berlin Philologie und Geschichte. 1840 trat er sein Probejahr zu Berlin an, war 1841—44 zu Emmerich am Gymnasium thätig und von 1844—46 ordentlicher Gymnasiallehrer in Coblenz. Hierauf mit der Docentur der Geschichte am Lyceum zu Braunsberg beauftragt, weilte er seit April 1846 Studien halber in Berlin und begann nach vorhergegangener Habilitation im Wintersemester 1846/47 seine Vorlesungen. Er setzte sie fort bis zum Mai 1848, da er, von den Kreisen Braunsberg und Heilsberg gewählt, als Abgeordneter zur deutschen Nationalversammlung nach Frankfurt abging. Er kehrte nicht nach Braunsberg zurück. Nachdem er 1849 die Entlassung aus seiner Stellung am Lyceum genommen, machte er Studien für den münster'schen Aufruhr in Münster, Bonn, Kassel u. s. w., promovirte zu Münster 1850, habilitirte sich zu Breslau als Privatdocent (1851—52), wo er Anfangs 1854 Extraordinarius wurde. Ende desselben Jahres wurde er zum ordentlichen Professor zu Bonn ernannt, lehrte dort drei Semester, und folgte 1856 einem Rufe nach München. Dort ist er seit 1860 ordentliches Mitglied der Academie der Wissenschaften.

Cornelius schrieb: De Fontibus historiae seditionis Monast. anabaptisticae. Monast. 1851. — Die münsterischen Humanisten. Münster, 1851. — Der Antheil Ostfrieslands an der Reformation bis 1535. Münster, 1852. — Berichte über das münsterische Wiedertäuferreich. M. 1853. (II. B. der Geschichtsquellen des Bisthums M.) — Geschichte des münsterischen Aufruhrs, I. und II., Leipzig, 1855, 1860. — Studien zur Geschichte des Bauernkrieges. München, 1861. — Die deutschen Einheitsbestrebungen im 16. Jahrh., 1862. — Zur Geschichte der Gründung der deutschen Liga, 1865. — Der grosse Plan Heinrichs IV. von Frankreich, 1866. — Zur Erläuterung der Politik des Churf. Moritz von Sachsen. 1866. — Churf. Moritz von Sachsen gegenüber der Fürstenverschwörung 1550—1551. 1867.

21. **Bittner, Franz,** geb. 1812 zu Oppeln; 1835 zu Münster ordinirt und zum Doktor der Theologie promovirt, war er von 1835—48 Professor der Dogmatik und Moral am erzbischöfl. Klerikalseminare zu Posen. Seit Winter 1849 ordentlicher Professor am Lyceum Hosianum in Braunsberg, wurde er 1850 ordentlicher Professor der Moraltheologie an der Universität Breslau.

Seine Schriften (in Posen): De logo Joanneo, 1835. — Patristisch speculative Lehre von dem Mysterium der hl. Eucharistie, 38. — De SS. Cruce Servatoris Divini 38. — De civitate Divina Commentarii (Lehrbuch der Dogmatik), 43. — Historiae Ecclesiasticae Christianae adumbratio, 46. — De Graecorum et Romanorum deque Judaeorum et Christianorum sacris jejuniis, 46. — De Catholicae Theolog. Romanae liberrimo studio, 47. — (In Braunsberg): De Ciceronianis et Ambrosianis officiorum libris, 49 und der Index von 1850. — (In Breslau): De Catholicae Theol. Romanae inter praecipua philosophiae genera [illegible] mediocritate, 50. — Die Lehre des z. Generalsuperintendenten in Schlesien, 52. — Der Protestantismus als politisches Princip, 53. — Lebensgeschichte des h. Joh. Britto (aus dem Franz.), 54. — Studien über die Kirchenväter von Charpentier, 55. — Des Card. Gousset Dogmatik, 55. — Lehrbuch der kath. Moraltheologie, 55. — Ueber die Gleichförmigkeit des menschlichen Willens mit dem Willen Gottes von Drexel S. J., 57. — De numero Sacramentorum septenario epistola critica, 59. — Ueber die Geburt, Auferstehung und Himmelfahrt Jesu Christi, 59. — Ueber die Siebenzahl der katholischen Sakramente, 64. — Literarische Anzeigen und Artikel in andern Zeitschriften.

22. **Menzel, Andreas,** geb. zu Mehlsack den 25. Novbr. 1815, besuchte von 1831—37 das Gymnasium in Braunsberg, studirte am Lyceum Hosianum Theologie, wurde d. 1. Aug. 1841 ordinirt und Vicarius in Braunsberg. Im Spätherbste desselben Jahres begab er sich nach Breslau, um seine Studien fortzusetzen, woselbst er um Ostern 1843 Lic. der Theologie wurde. Den Sommer über brachte er als Hospitant in Berlin zu. Nachdem er wieder kurze Zeit Vikar in Braunsberg gewesen, begab er sich, im Genusse der Pranck'schen Stiftung, vor Ostern 1844 nach Rom. Nach seiner Rückkehr im Herbste 1845 wurde er zum Subregens des Klerikalseminars in Braunsberg berufen. Durch Patent vom 7. Mai 1850 zum P. P. E. am Lyceum für Dogmatik und Moral ernannt, begann er sofort mit dem Sommersemester seine Vorlesungen. Durch Patent vom 9. März 1853 wurde er zum Ordinarius befördert. Im Jan. 1857 erhielt er von Breslau die theologische Doktorwürde. Er führte das Rektorat von 1863—66. Menzel war 1849—50 Mitglied der zweiten Kammer; dann 1862 und 63, jedesmal durch zweimalige Wahl der Kreise Braunsberg und Heilsberg. Er ist Ritter des rothen Adlerordens 4. Kl.

Menzel hat ausser einigen Dissertationen zur Habilitation und für den Index Lectionum nichts mögen drucken lassen; desto einflussreicher und nachhaltiger ist er als Docent durch seine dogmatischen Vorlesungen gewirkt. — Seine Dissertationen sind: De natura concupiscentiae. Braunsb. 1853. — Traducianismus et Creatianismus. Braunsb. 56. Indices von 51/52 und 54 (über den Begriff von Dogmengeschichte und biblischer Theologie).

23. Beckmann, Franz, geb. den 10. April 1810 zu Schönholthausen im Regierungsbezirk Arnsberg, studirte, vorgebildet auf dem Progymnasium zu Attendorn und auf den Gymnasien zu Arnsberg und Recklinghausen (bis 1830), von 1831—36 zu Bonn, dann noch in Berlin Philologie, Philosophie und Geschichte, bekleidete darauf bis 1850 Hauslehrerstellen bei dem jetzigen Oberpräsidenten v. Düesberg, damals in Berlin, bei dem Grafen Henckel v. Donnersmarck und bei dem jetzigen General-Lieutenant Prinzen v. Croy, wurde 1844 zu Berlin zum Doktor der Philosophie promovirt und, nachdem er pro facult. doc. geprüft, ein Semester am Gymnasium zu Münster unterrichtet hatte, unter dem 11. Septbr. 1850 zur Docentur in der philosophischen Facultät am Lyceum Hosianum zu Braunsberg berufen. Am 3. Decbr. 1850 als Docent habilitirt, docirte er zunächst Geschichte und deutsche Literatur, dann nach Erledigung der bezüglichen Professur, griechische und römische Literatur und wurde am 28. Decbr. 1852 zum Extraordinarius, am 13. Juni 1855 zum Ordinarius befördert. Er ist Mitbegründer und Mitvorstand des Vereins für Geschichte und Alterthumskunde Ermlands.

Schriften: Exegetische Versuche in der bonner Zeitschrift für Philosophie und katholische Theologie. Jahrg. 1835, 37—39, 47, Heft 18, 24, 28, 29, 33, 34. — De Pythagoreorum reliquiis diss. Berol. 44, 50. — Quaestionum Pythagorearum Part. I—IV. Brunsb. 52, 53, 59, 60. — De primo episcopo Varmiae. Brunsb. 54. — De rei [illegible] in Warmia origine ac progressu. 1, 2. Brunsb. 57, 61. — De Copernici ed lectores in revol. orb. coel. praefatione. Brunsb. 59. — Ursprung und Bedeutung des Bernsteinnamens Elektron. Br. 59. Zugabe dazu: Glaesum und Eridanus. Br. 60. — Zur Geschichte des kopernikanischen Systems. Vier Artikel. Br. 61—66. [illegible] über Preussen und seine [illegible] in Pr. 64. — De Aeschyli [illegible] Agam. 3 et Eum. 60. Brunsb. 65. — Bemerkungen zum Prolog und zur Parodos des äschyleischen Agamemnon. Br. 67. — Einzelne dieser Schriften erschienen zugleich oder nur in der Zeitschrift für ermländische Geschichte und in den Indices lect. Lyc. Hos. — Ausserdem gelegentliche Erörterungen und Mittheilungen, bis auf eine grössere latein. Ode (56) nur in Zeitschriften.

24. Paschke, Anton, geb. zu Danzig 1800, studirte, vorgebildet auf der lateinischen Franziskanerschule zu Neustadt und auf dem Gymnasium zu Braunsberg, am Lyceum daselbst seit 1820 Theologie. 1838 ordinirt, wurde er Kaplan in Thiergardt. 1839 erhielt er eine Domvikarie zu Frauenburg, während welcher Stellung er ein Jahr in Münster seine theologischen Studien fortsetzte und sich den Licentiatengrad erwarb. Nachdem er kurze Zeit wieder die Domvikarie versehen und im Sommer 1842 als Kaplan zu Königsberg in der polnischen Seelsorge thätig gewesen, erhielt er am Ende desselben Jahres die Pfarrei Altmark. Seine Neigung zu ungestörtem Studium, so wie die Verantwortlichkeit des Pfarramtes veranlassten ihn nach etwa 4 Jahren eine Beneficiatenstelle in Allenstein anzunehmen, bis 1851 sein langjähriger Wunsch, im Lehramte thätig zu sein, erfüllt werden

konnte. Er trat mit Anfang dieses Jahres als Docent in die theologische Facultät des Lyceums, welchem er durch Vertretung der verschiedenen Fächer seine Kräfte widmete. Die Mannigfaltigkeit der von ihm vorgetragenen Disciplinen, so wie die eifrige Aushülfe in der Seelsorge, griffen seine ohnehin schwache Gesundheit noch mehr an, so dass er sich am Schlusse des Sommersemesters 1850 veranlasst sah, seine Lehrstelle niederzulegen und sich in das Emeritenhaus nach Krossen zu begeben. Im Jahre 1865 liess er sich in das St. Marienkrankenhaus zu Braunsberg bringen, worin er am 13. März desselben Jahres starb, sein nicht unbedeutendes Vermögen den Armen und Kranken vermachend.

Ausser einer exegetischen Abhandlung in der breslauer theologischen Zeitschrift von 1833 und einem Aufsatze in den Pr. Prov. Bl. von 37, schrieb er das Prooemium zum Index 54/55 (De ratione, qua gratia divina et doctrina christiana arcana sunt conjunctae). (Ein Nekrolog über ihn im danziger kathol. Kirchenbl. 1865 № 19.)

25. Thiel, Andreas, geb. 28. Septbr. 1820 zu Lokau bei Seeburg, studirte, vorbereitet auf dem Progymnasium zu Rössel und dem Gymnasium zu Braunsberg (1837—1845), ebendaselbst am Lyceum und Klerikalseminare von 1845—1849 Philosophie und Theologie. Am 30. Septbr. 1849 ordinirt, war er bis April 1851 Kaplan in Memel und dann in Drangowski-Tilsit. Alsdann nochmals die theologischen Studien an der Universität Breslau aufnehmend, wurde er den 19. Febr. 1853 zum Lic. (20. Juli 1859 zum Dr.) der Theologie promovirt. Zur Docenz für die Fächer der Kirchengeschichte und des Kirchenrechts ans Lyceum Hosianum berufen, habilitirte er sich am 9. Mai 1853, wurde 1855 Extraord. und den 11. Juli 1858 Ordinarius. Die theologische Facultät in Wien ernannte ihn 1865 zu ihrem Ehrenmitgliede. Er ist Ritter des rothen Adlerordens 4. Kl.

Thiel hat ausser seinen Inauguraldissertationen (De Nicolao Papa I. legislatore ecclesiastico, 1859, und Nicolai Papae I. idea de primatu Rom. Pontif. explicata) und den Prooemien zu den Indices (58 De Capituli Cathedr. Varmiensis primordiis; 61/62 De synodo dioecesana Henrici III. ep. Warm.; 64/65, 65/66, 66 De decretali Gelasii Papae de recipiendis et non recip. libris et Damasi conc. Rom.) als Hauptwerk herausgegeben: Epistolae Romanorum Pontificum genuinae et quae ad eos scriptae sunt a S. Hilaro usque ad Pelagium II. Tom. I. Braunsb., 1868. Auch schrieb er mehrere Aufsätze für den ermländischen Kalender, der 1857 von ihm, Bender und Regens Hoppe begründet worden ist. Auch gehört er zu den Mitstiftern und Vorstehern des histor. Vereins für Ermland, in dessen Zeitschrift von ihm erschien im I. B.: Das Verhältniss des Bischofs Lucas v. Watzelrode zum deutschen Orden; im III. B. Beiträge zur Verfassungs- und Rechtsgeschichte Ermlands. Endlich sind von ihm mehrere Abhandlungen in der [illegible] Q. Schrift von 64, so wie im Archiv für Kirchenrecht von 66.

26. Junkmann, Wilhelm, geb. zu Münster den 2. Juli 1811, studirte, vorbereitet auf dem Gymnasium seiner Vaterstadt (1822—1829), Philosophie und Geschichte abwechselnd zu Münster und Bonn. Im Novbr. 1833 bestand er in Münster das Examen pro fac. doc. Als er Ostern 1834 die Universität zu Berlin besuchte, wurden seine Studien durch den Demagogenprozess unterbrochen. Von April bis Aug. 1835 bewohnte er die Hausvogtei, privatisirte dann zwei Jahre in Münster, war von Octbr. 1837 bis

39 Kandidat am Gymnasium zu Münster, darauf 4 Jahre Hülfslehrer zu Coesfeld. Nachdem er 1844 privatisirt und 1844—47 wieder in Bonn studirt, wurde er 1847 zum Dr. phil. promovirt. Von Mai 1848 bis 1850 war er nach einander Abgeordneter der Nationalversammlung zu Frankfurt, der zweiten Kammer in Berlin und des Volkshauses zu Erfurt. Ostern 1851 habilitirte er sich als Privatdocent der Geschichte zu Münster. Ostern 1854 kam er als ausserord. Prof. der Geschichte an das Lyceum Hosianum, von wo er nach einem Jahre als ordentl. Professor der Geschichte nach Breslau abging.

Von Junkmann erschienen Gedichte 1836 und 44 zu Münster. Er gab heraus: Trutz-Nachtigall (mit Höppe), Münster, 41; das geistl. Jahr von A. v. Droste (mit Schlüter). Stuttgart, 51; kathol. Magazin. Münster, 1845—48 (mit Brahe und Bisping), wofür er manche Beiträge schrieb, wie auch für die kathol. Zeitschrift. Münster, 51; für das Kirchenlexikon von Aschbach. Ueberhaupt zeigte er stets die regste Theilnahme für derartige Bestrebungen und liess es nie an Aufmunterung fehlen. Dissertationen von ihm sind: De vi et potestate quam habuit Pulchri studium in omnem Graecorum et Rom. vitam. Colon., 47; De peregrinationibus et expeditionibus sacris ante synod. Claromont. Vratisl., 59. (Vgl. Rassmann, münsterl. Schriftsteller.)

27. Watterich, Joh. Matth., geb. 21. Decbr. 1826 zu Trier, woselbst er auch das Gymnasium besuchte und Theologie studirte. 1849 ordinirt, studirte er auf der Universität Bonn erst Philosophie, dann Geschichte, und wurde zu Münster am 16. März 1853 zum Doktor der Philosophie promovirt. Nachdem er in Bonn privatisirt, wurde er am Schlusse des Jahres 1855 als P. P. E. für die Geschichte am Lyceum Hosianum berufen, wo er zu Ostern 1856 seine Vorlesungen begann. Im Jahre 1858 unternahm er mit Urlaub eine Reise nach Rom. Er verliess Braunsberg als Ordinarius zu Ostern 1863, um die ihm verliehene Pfarrstelle in Andernach zu übernehmen.

Watterich schrieb in Braunsberg, ausser dem Indexprocesse von 1853 (Bonino's Schrift ad rationem), Die Gründung des deutschen Ordensstaates in Preussen. Leipz. 57; Gottfried von Strassburg, ein Sänger der Gottesminne. Leipz., 58; De Lucae Watzelrode Eppi Warm. in Nic. Copernicum meritis. Regim., 56; Nikolaus Koppernik ein Deutscher. 59 (in d. erml. hist. Zeitschrift I. B.); Vitae Pontificum Romanorum qui fuerunt inde ab exeunte saeculo IX usque ad finem saeculi XIII. Lips. 1862. 2 tomi. (Auch im ermländischen Kalender Einiges von ihm.) Seine Doktordiss. ist De veterum Germanorum Nobilitate. Monast., 53.

28. Pohlmann, Anton, geb. den 6. Mai 1829 zu Retsch bei Heilsberg, studirte, vorbereitet auf den Gymnasien zu Rössel und Braunsberg, 1849—52 Philosophie und Theologie am Lyceum Hosianum, wurde nach seiner Ordination (21. Mai 1853) Kaplan zu Langwalde, bis er im Decbr. 1853 zur Fortsetzung seiner Studien (bibl. Exegese und orient. Sprachen) die Universität Breslau bezog. Hier erwarb er sich den 23. März 1855 den Licentiatengrad in der Theologie und trat im Herbste desselben Jahres als Privatdocent am Lyceum zu Braunsberg ein. Am 26. Septbr. 1859 wurde er ausserordentlicher Professor. Im Genusse der Preuschen Stiftung war er 1859—60 zu einer Reise nach Rom beurlaubt. Von 1861

bis 63 war er zugleich Präfekt des bischöflichen Convictoriums in Braunsberg. Am 6. Novbr. 1862 von der theologischen Facultät zu Münster zum Dr. theol. creirt, wurde er ordentlicher Professor am 28. Jan. 1863, zuerst der Moraltheologie, dann (nach Krüger's Abgange) der bibl. Exegese. Im Jahre 1866 war er auf dem Kriegsschauplatze in der freiwilligen Krankenpflege thätig und ist Inhaber des Erinnerungskreuzes für 1866 und Ritter des rothen Adlerordens 4. Kl. Seit 1867 ist er Mitglied des norddeutschen Reichstages und des deutschen Zollparlaments.

Er schrieb: Ueber das Ansehen des 3. B. Esdras (Tüb. Q. Schrift, 1859) — Ueber die syrische Schrift: Liber generalis ad omnes gentes in einer Hdschr. der Bibl. der Propaganda in Rom (1861, Zeitschrift der deutsch-morgenländ. Gesellschaft, deren Mitglied er ist). — S. Ephraemi Syri commentariorum in s. scripturam textus, I und II, 1863 und 64, Brunsb. — De matrimonii vinculo indissolubili ex s. scriptura probato (Index Lect. 1862/63).

29. Gerkrath, Ludwig, geb. zu Cöln am 22. Juni 1832, besuchte das dortige Marzellengymnasium und machte seine Universitätsstudien von 1850—56 zu Bonn, Berlin und Wien. Anfangs Theologie und Philosophie studirend, widmete er sich bald ganz der letztern Wissenschaft. Die philosophische Doktorwürde erwarb er sich 1854 zu Bonn. Seit Ostern 1856 als Privatdocent der Philosophie an der Universität Bonn thätig, folgte er im Frühjahre 1861 einem Rufe an das Lyceum Hosianum als ausserordentlicher Professor der Philosophie. Ein frühzeitiger Tod, der in Folge eines Unterleibsleidens am 1. Januar 1864 zu Braunsberg erfolgte, entriss den begabten, unermüdlich fleissigen, von dem reinsten Streben nach Wahrheit beseelten Gelehrten der Wissenschaft und der Docentur.

Er schrieb: Kritische Abhandlung über die Kantische Kategorienlehre, 1854. — Franz Sanchez, ein Beitrag zur Geschichte der philosophischen Bewegungen im Anfange der neuern Zeit. Wien, 1860. — De connexione, quae intercedit inter Cartesium et Pascalium. Brunsb., 1863 (Index Lect. Lyc. Hos.)

30. Bender, Joseph, geb. den 30. Juli 1815 zu Meschede in Westfalen, studirte, nach Absolvirung des Gymnasialcursus zu Brilon und Arnsberg (1829—36), in Bonn Philosophie, Philologie und Geschichte. Am 15. August 1840 wurde er daselbst zum Doktor der Philosophie promovirt und bestand in demselben Monate das Examen pro fac. doc. Darauf trat er sein Probejahr am Gymnasium zu Arnsberg an und blieb auch noch nach Ablauf desselben an derselben Anstalt beschäftigt, bis er Herbst 1842 eine Präceptur in Paderborn übernahm. Zu Ostern 1843 erhielt er eine Anstellung als wissenschaftlicher Hülfslehrer am Gymnasium zu Conitz und rückte im Herbste desselben Jahres in eine ordentliche Lehrstelle ein. Im Octbr. 1846 wurde er an das Gymnasium in Braunsberg versetzt, welcher Anstalt er zuletzt als dritter Oberlehrer angehörte. Durch königl. Patent vom 29. Juli 1863 wurde er zum ordentlichen Professor der Geschichte und der neuern Literatur in der philosophischen Facultät des Lyceum Hosianum ernannt.

Schriften: Geschichte der Stadt Warstein, Werl und Arnsberg, 1844. — Die deutschen Ortsnamen in geographischer, historischer und sprachlicher Hinsicht. Siegen und Wiesbaden, 1846 u. 55. — Geschichte der Stadt Rüden. Werl u. Arnsb., 1848. — Lehrbuch der Geographie. Soest und Olpe, 53. — Ferner Dissertationen: Rerum doctrinae apud Hesiodum initia. Bonnae, 40. — De veterum Prutenorum diis. Brunsb., 65. Braunsberger Gymnasialprogramme 48, 50, 57 (Ueber geographischen Unterricht; de primariis optimatium Karthaginiensium gentibus; über Ursprung und Heimath der Franken); Indices lectionum 66/67 u. 67 (De Henrico Episc. Warm. ante Anselmum; de Livoniae, Estoniae, Prussiae episcopis saec. XIII. peregrinantibus). Ausserdem Abhandlungen und Aufsätze in der Zeitschrift des Vereins für Geschichte und Alterthumskunde Westfalens, welcher ihn 1867 zu seinem Ehrenmitgliede ernannte (19 B. „das kölnische Westfalen"); in der Zeitschrift des historischen Vereins für Ermland, dessen Mitstifter und Vorstandsmitglied er ist (B. 1 und 2. Vorgeschichte und Namen Ermlands; über den Namen Preussen; über preuss. Ortsnamen; Begrenzung und Eintheilung Pomesaniens; über Santir, die altpreuss. Landschaften in der Diöcese Ermland); im Anzeiger für Kunde der deutschen Vorzeit 62 № 6–8 (Genealogie der hl. Ida); in den Blättern zur nähern Kunde Westfalens, Arnsb., 63 (Ueber den Esterwald); in den neuen Pr. Prov. Bl. 65 (Geschichte des braunsberger Buchhandels und Bücherdrucks); in der altpreussischen Monatsschrift von Reicke und Wichert 65, 67 (altpreuss. Mythologie); in dem ermländischen Hauskalender, dessen Mitbegründer er ist (57, 59, 60, 61, 62, 63); im braunsberger Kreisblatte (ausser manchen Kleinigkeiten: 50—52 ein Abriss der ermländischen Geschichte und 64 und 65 eine Geschichte der Stadt Braunsberg unter dem Titel: „Zur Topographie Braunsbergs.")

31. Hipler, Franz, geb. 17. Febr. 1836 zu Allenstein, studirte, vorgebildet auf den Gymnasien zu Rössel und Braunsberg (1846—1854), zu Breslau, Münster und Braunsberg (am Lyceum und im Klerikalseminare) von 1854—58 je ein Jahr Philosophie und Theologie. Am 22. August 1858 zum Priester geweiht, war er neun Monate als Kaplan zu Postlin thätig, studirte nochmals je ein Jahr in Münster und in München Theologie, wurde hier am 2. Januar 1861 zum Doktor der Theologie promovirt, verweilte während des folgenden Sommers in Wien, und trat dann als Kaplan in die Seelsorge, zunächst in Dittrichswalde und dann seit Novbr. 1861 in Königsberg. Als er den 1. August 1863 Conviktspräfekt in Braunsberg geworden, habilitirte er sich im Herbste desselben Jahres als Privatdocent der Theologie am Lyceum. Zu Ostern 1865 schied er, inzwischen zum Subregens des Klerikalseminars ernannt, vom Lyceum aus.

Schriften: Jacobi Balde S. J. Carmina lyrica. Monast., 1856. — Des ermländischen Bischofs Johannes Dantiscus und seines Freundes Nikolaus Kopernikus geistliche Gedichte. Aus dem Lateinischen. Münster, 57. — Dionysius der Areopagite. Regensb., 61. — M. Johannes von Marienwerder und die Klausnerin Dorothea von Montau. Brbg., 65 (auch in der ermländischen histor. Zeitschrift). — Zur Erinnerung an Jos. Ambr. Geritz. Brbg., 67. — Literaturgeschichte des Bisthums Ermland I. Brbg., 67 (zu den Monum. Warm. gehörig). Nikolaus Kopernikus und Martin Luther. Brbg., 68. Ausserdem Aufsätze und Recensionen in: Natur und Offenbarung, der wiener theol. Q. Schrift u. s. w.

32. Lämmer, Hugo, geb. 25. Januar 1835 zu Allenstein, besuchte das altstädtische Gymnasium zu Königsberg (1844 bis Ostern 1852), studirte daselbst und in Leipzig Theologie und Philosophie, wurde Decbr. 1854 Dr. der Philosophie, bezog Ostern 1855 die Universität Berlin und erwarb sich Sommer 1856 den Licentiatengrad in der Theologie. Hierauf wirkte er als Religions-

lehrer am Friedrichs-Gymnasium daselbst und habilitirte sich Ostern 1857 für historische Theologie. Im Sommer 1858 machte er wissenschaftliche Reisen. Nachdem er zu Braunsberg die professio fidei catholicae abgelegt, trat er Novbr. 1858 als Alumnus in das Klerikalseminar, und wurde den 24. Juli 1859 zum Priester geweiht. Am 10. Novbr. desselben Jahres in Breslau zum Doktor der Theologie promovirt, unternahm er eine Reise nach Rom und wurde den 16. Juni 1861 apost. Missionar. Im Herbst desselben Jahres wurde er Subregens am braunsberger Seminare. Am 30. Decbr. 1862 vom Papste zum Consultor der Congregation für die orientalischen Angelegenheiten ernannt, arbeitete er ex officio seit Januar 1863 sechs Monate lang in Rom. Seit März bis zum Herbste 1864 gehörte er als P. P. O. dem Lyceum Hosianum an. Er wurde als Ordinarius der Dogmatik nach Breslau versetzt, wo er schon am 29. Octbr. dess. J. auch als Domherr installirt wurde. Seit 1865 ist er Ehrenmitglied der wiener theologischen Facultät.

Schriften: Clementis Alex. de λόγῳ doctrina. Leipz., 1855. — Papst Nikol. I. und die byzant. Staatskirche. Berlin, 57. — S. Anselmi Cantuar. lib. II Cur Deus homo. Berl., 57. — Die vortridentinische kathol. Theologie des Reformationszeitalters. Berl., 58. — Eusebii Histor. Ecclesiastica. Schaffh., 59—62. — Analecta Romana. Schaffh., 61. — Monumenta Vaticana. Freib. im Br., 61. — Misericordias Domini. Freib., 61. — Zur Kirchengeschichte des 16. und 17. Jahrh. Freib., 63. — Scriptorum Graeciae Orthodoxae bibliotheca. Freib., 64. — De Leonis Allatii Codicibus. Freib., 64. — In decreta Concilii Zamosciani Animadversiones. Freib., 65. — Coelestis Urbs Jerusalem, 66. — Ausserdem eine grosse Menge von Abhandlungen und Aufsätzen in folgenden Zeitschriften: Deutsche Zeitschrift für christliche Wissenschaft. Berlin; Hengstenberg's Kirchenzeitung; Zeitschrift für die historische Theologie. Gotha; danziger Kirchenblatt; tübinger theolog. Q. Schrift; Analecta juris pontificii. Rom; Moy's Archiv für Kirchenrecht; schles. Kirchenblatt; Revue des sciences ecclésiastiq., Arras; dazu kommen noch viele Recensionen und Beiträge für die deutsche Zeitschrift, erml. Kirchenblatt, histor. polit. Blätter, Münst. Handweiser, schweizer Kirchenzeitung u. s. w.

83. Michelis, Friedrich, geb. zu Münster den 27. Juli 1815, absolvirte daselbst das Gymnasium (1827—34) und die philosophischen und theologischen Studien und wurde den 10. August 1838 zum Priester geweiht. Darauf übernahm er eine Hauslehrerstelle beim Grafen von Westphalen zu Laar, studirte zu Bonn Philologie und bestand dort die Prüfung für das höhere Schulfach 1844. Dann fungirte er als Kaplan und Religionslehrer zu Duisburg. 1849 2. Juli wurde er als Professor für Philologie und Geschichte an das Seminarium Theodorianum zu Paderborn berufen, nachdem er 1849 in Bonn zum Dr. philosophiae promovirt worden. Im Jahre 1853 berief ihn der Bischof von Münster zum Direktor des Collegium Borromaeum dorthin, mit der Aussicht auf die an der Academie zu errichtende Professur für Religionswissenschaft. Als dieser Plan nicht zur Ausführung kam, wurde ihm Octbr. 1855 die Pfarrei zu Albachten bei Münster verliehen, von wo er 1864 zum P. P. E. der Philosophie an das Lyceum Hosianum berufen wurde. Er kam kurz vor Pfingsten in Braunsberg an, um sofort seine philosophischen Vorlesungen zu beginnen. Im Jahre 1866

war er Mitglied des Abgeordnetenhauses für Allenstein-Rössel und 1867 des constituirenden Reichstags für Kempen.

Schriften: Die letzten Hermesianer und ihr Anwalt. Neuss, 1844. — Entwicklung der beiden ersten Kapitel der Genesis. Münster, 45. — Der Katholicismus und die Lüge. Dulsb., 48. — De consolationis natura ap. Platonem. Bonn, 49. — Abwehr der von Stein auf die kathol. Reichsanstalt gemachten Angriffe. Paderb., 53. — Kritik der Günther'schen Philosophie. Ebend., 54. — Der kirchliche Standpunkt in der Naturforschung. Ebend., 55. — Der Materialismus als Köhlerglaube. Ebend., 56. — Beiträge zur Reform der Grammatik. I. Hft. Ebend. 57. — Die Philosophie Plato's in ihrer innern Beziehung zur geoffenbarten Wahrheit. Kritisch aus den Quellen dargestellt. 2 Abth. Ebend., 59—60. — Bemerkung zu Kleutgen's Philosophie der Vorzeit. Freiburg, 61. — Limberg's Gedanken und Aussprüche. Münster, 61 (mit Schlüter zusammen). — Plato moriens. Ein motiv. Gutachten über den gegenwärtigen Stand der Wissenschaft. Ebend., 63. — Preussens Beruf für Deutschland und die Weltgeschichte. Pad., 63. — Kirche und Parthei. Ein offenes freies Wort an den deutschen Episcopat. Münster, 64. — Renan's Roman vom Leben Jesu. Ebend., 64 (3. Aufl.) — De Aristotele Platonis in idearum doctrina adversario. Braunsb., 64 (Habilitationsschrift). — De philosophiae vi ac munere. Gratia, ibid. 64. — Parergon an die Adresse des Mainzer Katholiken. Braunsb., 65. — Geschichte der Philosophie von Thales bis auf unsere Zeit. Ebend., 65. — Wer ist der Dr. K.? Eine Gewissensfrage an die kath. Theologen Deutschlands. Ebend., 66. — 50 Thesen über Gestaltung der kirchl. Verhältnisse der Gegenwart. Ebend., 67 u. Leipz., 68. — Ausserdem eine grosse Menge von Beiträgen für verschiedene Zeitschriften, besonders für die Zeitschrift: Natur und Offenbarung, Münster 55—68, deren Hauptgründer er ist. Dann für das westfäl. Kirchenblatt, Bonifaciusblatt (Paderb.), kathol. Magazin (Münster), zur kathol. Zeitschrift (Münster). (Die Titel der einzelnen Abhandlungen bei Raszmann a. a. O.)

34. Dittrich, Franz, geb. 29. Januar 1839 zu Thegsten bei Heilsberg, machte seine Gymnasialstudien neun Jahre lang zu Rössel und Braunsberg bis 1859, absolvirte die Philosophie, Theologie und den pastoraltheologischen Cursus am Lyceum und Seminare zu Braunsberg bis 1863, war nach seiner Ordination kurze Zeit Kaplan zu Sturmhübel, ging darauf, im Genusse der Preuck'schen Stiftung, nach Rom, bis Anfang 1865, setzte dann seine Studien in München fort, wo er am 30. Novbr. desselben Jahres zum Dr. theologiae promovirt wurde. Im Febr. 66 trat er als Privatdocent am Lyceum Hosianum.

Er schrieb: Dionysius der Grosse von Alexandrien. Freiburg, 1867. — De Socratis sententia, „virtutem esse scientiam". Braunsb., (Ind. lect. Lyc. Hos. 68.)

Verbesserungen: S. 83. Z. 10. v. o. lies 1350 statt 1320; Anm. 63. Z. 3. v. u. lies Lauer statt Lehrer; Anm. 66. Z. 3. v. u. 1565 statt 1561.

Zusätze: zu Anm. 41: Christburg ist gestiftet 1695; zu S. 79: Professoren der Theologie waren noch: Joh. Schwang 1686, Andr. Thiater 1686, Adolph Grabowski 1686 u. 87, von welchem ausser kasuistischen theol. Tractaten auch ein handschr. Lexicon Latino Graecum 1689 (Bibl. des Gymn. zu Br.) vorliegt, worin er Graecae Ling. Prof. genannt wird. Er kommt schon oben in Anm. 117 vor; zu Anm. 220: Kochanowski starb auf einer Landpfarre; Owsdowicz, zu den Studien im Kloster (Cisterc.) zu Koronowo (poln. Krone) vorbereitet, starb als Domvikar in Pelplin.

www.ingramcontent.com/pod-product-compliance
Lightning Source LLC
Chambersburg PA
CBHW020226030726
47497CB00009B/2972